끝나지 않은 도전
도전과 개척의 삶 60년

벤처 선구자 이민화 자서전
끝나지 않은 도전 _ 도전과 개척의 삶 60년

초판 1쇄 인쇄 2012년 9월 5일 | **초판 1쇄 발행** 2019년 10월 20일
글 이민화 | **펴낸곳** KCERN |
주소 서울시 강남구 논현로28길 25, 205호 | **전화** 02-577-8301 | **팩스** 02-577-8302 | **홈페이지** www.kcern.org
ISBN 978-11-86480-78-6 **03320** | **정가** 18,000원

* 잘못된 책은 바꾸어 드립니다. ** 본 책의 내용에 대한 무단 전재 및 복제를 금합니다.
*** 본 책에 사용된 이미지의 출처 표기 및 저작권과 관련하여 문제가 있는 경우 연락주시기 바랍니다.

60 도전과 개척의 삶

벤처 선구자 이 민 화 자서전

끝나지 않은 도전
도전과 개척의 삶 60년

이 민 화 지음

머 리 말

아직 끝나지 않은 도전의 삶

    2012년은 내 나이 60이 되는 해다. 멀게만 느껴졌던 환갑이 한 해 남은 것이다. 갑자기 그동안 살아온 길을 한번 정리해보는 것은 어떨까 하는 생각이 들었다. 아직 끝나지 않은 도전의 삶을 60년 만에 한 번 정리하고자 하는 욕심이 생긴 것이다.

    60년을 지나온 나의 삶을 한 단어로 표현한다면 내 애창곡이기도 한 '선구자'란 단어가 아닐까 싶다. 교과서에 있는 대로 하는 것은 성격에 맞지 않아 대학 시절 거의 수업에 들어가지 않았다. 물론 고등학교 때도 결석을 자주했다. 이미 만들어진 길은 가기가 싫었던 것이다. 길 없는 길을 개척하는 선구자가 하늘이 나에게 준 과업이 아닌가 생각했다. 없는 길을 만들다 보면 낭떠러지로 갈 때도 있었고, 후배들을 위해 좋은 길을 개척할 때도 있었다. 결과가 어찌 되었든 길 없는 길을 가는 그 도전 자체가 나에게는 즐거움이었다. 인생은 목표(소유)인 동시에 과정(삶)이기 때문이다.

    도전을 위한 밑거름은 조용하게 지낸 국민학교와 중학교 시절이었다. 그 시절, 나는 역사와 과학 분야의 백과사전적 지식을 섭렵해 기초를 닦았다.

첫 번째 도전은 대학 입학이었다. 1971년, 인문계 졸업을 한 달 남기고 법관파동을 접하고는 이공계로 바꾸었다. 독재권력하에서 법률을 공부해야 하는 의미를 잃어버린 것이다.

군사정권 시절의 대학에서는 과외선생으로서 도전을 했다. 대학 1학년생 과외선생 수입이 아버지보다 많았으니, 성공이라면 그야말로 대성공이었다.

대학 4학년 때는 개발 프로젝트에 도전했다. 국산 155mm 화포 개발에 일조를 한 것이다.

카이스트 졸업 이후 대한전선에서는 신규 사업에 도전했다. 대한전선 정보처리 분야에서 대부분의 신규 사업을 일으키고, 사업 분야별로 후계자를 만들었다. '시작은 내가 하되 마무리는 적절한 인재에게 맡긴다'는 방침이 이때부터 확립된 평생의 원칙이었다. 나는 최대한 한 가지 일을 1년 이상 하지 않으려 했다. 1년 안에 길을 닦고, 성공적으로 넘겨준 뒤 새로운 길을 개척하러 갔다.

내 인생 최대의 도전은 카이스트 박사과정 중에 설립한 메디슨이었다. 한국 최초의 벤처, 최초의 세계적 의료기 회사를 일으키면서 많은 사람이 기업가로 도전하게끔 메디슨 문화를 만들어 갔다. 메디슨 문화는 기업가정신을 키우는 문화다. 메디슨의 창조적 도전, 실패에 대한 지원이 어우러진 창업조직에서 100명이 넘는 기업가들을 배출했고 7개가 상장했다.

메디슨 상장 이후에는 벤처기업협회를 만들어 한국의 벤처산업 형성에 도전했다. 코스닥과 벤처기업특별법을 제정해 벤처의 양대 인프라를 만들고, 실험실 창업제도, 인큐베이터, 테크노파크, 인케, 벤처리더스클럽, 기술거래소, 인터넷코리아 운동 등 수많은 벤처제도를 이끌어냈다. 결과적으로 대한민국 산업계가 바뀌었다. 그 결과로 메디슨의 기업가치가 최대 조 수준이었다면, 벤처산업은 수백 조의 규모에까지 이르렀다.

그다음, 새로운 도전 분야로 세계 의료산업의 블루오션 디지털병원과 유헬스$^{u-health}$에 도전했다. 디지털병원과 유헬스는 단일 기업의 사업이 아니다. 기업생태계의 사업이다. 애플, 구글과 같은 거대한 기업생태계다. 그러나 새로운 개념을 제시했음에도 꽃을 피우기까지는 메디슨 법정관리 여파로 한참 미뤄질 수밖에 없었다. 메디슨 부도 이후 한동안 자숙하며 지냈기 때문이다. 그러면서 또 하나의 인생 진리를 깨달았다.

>   내려갈 때 보았네
>   올라갈 때 보지 못한
>   그 꽃
>   – 고은 '그 꽃'

이후 한국의 새로운 국가발전전략에 대한 도전으로 유라시안 네트워크 사업을 시작했다. 유라시안 네트워크는 대한민국의 미래전략이다. 새로운 대한민국의 발전은 유라시안 대륙에 펼쳐진 알타이어 인종들의 개방 네트워크 형성을 통해 이룩하자는 것이 유라시안 네트워크의 목적이다. 이를 위한 유라시안 알타이 인문학의 연구를 1차 목표로 하고 있다. 이제 이공계만이 아니라 인문사회 분야의 도전을 촉구하기 위한 프로젝트였다. 2만 불 넘는 일류 국가 진입은 이공계 기술만으로는 불가능하다. 인문사회의 열린 제도의 경쟁력이 뒷받침해야 한다. 이런 생각으로 또 하나의 무모한 도전을 한 것이다.

내 인생의 특이한 도전 하나는 정부 직책을 직접 맡은 기업호민관이다. 2009년 7월 차관급 기업호민관에 취임해 대·중소기업의 문제, 공정거래의 문제, 소상공인 규제, 인터넷 규제 등 중소기업의 규제를 철폐하는 활동을 전개했다. 2년이 채 안 되는 짧은 기간이었지만 공정거래 문제의 개선 정착 등 사회적 성과는 메디슨이라는 한 개 기업에서 15년 동안 이룩한 성과보다 더 큰 것이었다.

이어 대한민국 미래 영재를 키우는 특허 영재기업인 프로젝트에 도전했다. 한국의 국가경쟁력의 근간은 기업가정신을 가진 특허 영재라는 비전으로 도전한 것이다. 시작은 카이스트의 시범 사업으로 출발했지만 전국으로 확산해 한국의 미래 성장동력인 인재를 육성하는 발판을 삼고자 한다.

마지막 도전은 디지털병원과 유헬스를 전 세계로 확산하는 일이다. 한국 의료의 블루오션은 새로운 의료 패러다임을 세계로 전파하는 데 있다고 보았다. 2011년 디지털병원수출조합을 설립해 의료산업의 패러다임 변화에 도전하고 있는 중이다. 제조업으로서 조선업 못지않은 서비스산업의 수출 모델을 만들어보고자 한다. 이는 단일 기업의 사업이 아니다. 대한민국 의료산업 생태계의 경쟁력에 달려 있다.

내 인생은 끝없는 도전으로 점철되었고 나름대로 성공한 것도 있었다. 그러나 결과적으로 내가 개인적으로 소유한 것은 거의 없다. 그래서 항상 아내와 가족에게 미안하다. 그 도전 자체가 어떤 의미에서는 나의 취미생활이었기 때문인지도 모른다. 앞서 말했듯 도전은 나에게 즐거움 그 자체였고 인생의 본질이었다. 나는 소유보다 도전하는 삶이 더 소중하고 가치 있다고 생각한다. 지난 60년간 나는 복잡한 현상에서 단순한 본질을 찾아내는 추리 과정을 즐겼다. 부딪치는 몸싸움은 약하나 멀리 바라보는 역량은 조금 있었다고 생각한다.

도전은 기업가정신의 본질적 속성이며, 안정과 혁신을 선순환시키는 묘합妙合의 비밀이다. 그래서 내가 좋아하는 단어들은 '도전', '선구자', '선순환', '생명', '기업가정신'이다. 복잡성에서 단순성을 찾아내고 상극을 상생으로 바꾸는 생명의 힘이 바로 기업가적 도전이다. 이러한 사고의 형성 과정에는 우주과학, 생명과학, 복잡계 과학, 역사, 철학, 기업가정신, 한의학, 홍익인간의 사상 등이 융합되었다.

이러한 생각이 많은 사람을 도전시켜 기업가로 이끌어냈던 점은 보람 있게 생각하지만, 이 도전 과정에서 많은 이에게 너무 강한 주장을 펼쳐 못마땅한 괴짜로 보인 점은 죄송하게 생각한다. 아내는 나에게 헛된 명예욕이 너무 많다고 핀잔을 주곤 했다. 요컨대 멋있게 보이려고 재산도 지위도 던졌지만 결국 손에 쥔 것이 없지 않느냐는 것이다. 나로서는 명예가 아니라 자아실현을 넘은 타아실현을 추구한 것인데, 아무래도 억울한 닦달이다. 그에 대한 대답으로 머리말을 마치고자 한다.

"나의 사랑하는 이사랑 여사님, 죄송하고 감사합니다. 소갈머리 없는 남편을 믿고 따라주어서……."

2012년 9월

도곡동 카이스트 연구실에서 **이민화**

CONTENTS

벤처 선구자 이민화 자서전 | 끝나지 않은 도전

4   머리말

01 | 성장기
도전의 씨앗을 뿌리다

18   어린 시절
23   장충국민학교
25   중앙중고등학교
34   아버지와 어머니
40   대학 시절
46   카이스트 시절
49   첫 직장, 대한전선
58   다시 카이스트로

02 | 메디슨
대한민국 벤처 선구자, 멋모르고 시작하다

67   차라리 창업해 말아먹을까?
72   자금을 구해 사업을 시작하라!
77   모두가 사장정신, 창업 5년 만에 이룩한 메디슨 신화
81   세계화로 가는 불가능에 도전
88   신제품 개발보다 몇 배 힘든 해외시장 개척

93	7대 거점 구축에 도전하다
97	사내벤처 성장기
101	사외벤처 발전기
105	메디슨의 추락과 부활
109	메디슨 부도의 숨은 이야기
115	메디슨 OB
117	메디슨 문화

03 | 벤처 이야기
한국산업의 새로운 역사에 도전하다

129	벤처기업협회 출범
134	코스닥의 역사적 출발
140	벤처기업특별법 제정
146	벤처창업 로드쇼
152	IMF 위기 극복
154	섬머스쿨
157	우리 시대의 영웅
161	실험실 창업 운동
165	디지털단지와 벤처빌딩제도
169	한글 살리기 운동

CONTENTS
벤처 선구자 이민화 자서전 | 끝나지 않은 도전

173 인터넷코리아 운동
176 벤처 세계화 프로젝트, 인케
180 벤처나눔 운동과 인터넷홀딩스
182 벤처리더스클럽
185 세계 최초의 개방혁신센터
189 오픈이노베이션
191 추락하는 것은 날개가 있다
194 벤처 재도약정책
197 벤처기업협회와 정보통신벤처협회 통합
201 천억 벤처와 글로벌 벤처포럼
204 21세기 벤처 대국을 향하여
207 벤처기업협회 회장직 사임

04 | 기업호민관
공정한 산업생태계 조성에 도전하다

225 호민관실 설립
242 공인인증서 규제 해소
252 비보복정책 도입
261 대·중소기업 공정거래
272 동반성장

05 | 유라시안 네트워크
인문사회 국가전략에 도전하다

297 왜 지금 유라시안 네트워크인가?
302 스마트 코리아로 가는 길, 유라시안 네트워크
307 홍익인간과 천부경

06 | 카이스트 이야기
새로운 대학교육에 도전하다

319 카이스트 동문회
322 카이스트 교수로서
324 'Academic Excellenc'에서 기업가정신을 병행하라
328 이민화홀

07 | 영재기업인
특허 기반의 영재기업인 양성에 도전하다

335 태동의 과정
340 교과목의 구성
345 선발 캠프 그리고 미래의 가치

CONTENTS

벤처 선구자 이민화 자서전 | 끝나지 않은 도전

08 | 디지털병원
세계 의료산업의 새로운 패러다임에 도전하다

373 디지털병원 수출을 구상하다
380 유헬스 프로젝트
386 디지털병원 부활하다
392 디지털병원 수출조합 설립

09 | 창업 활성화
창업국가 형성에 도전하다

407 성장과 고용을 동시에 창출하는 청년창업
412 스타트업이 희망이다

10 | 삶의 단상들
생활의 발견, 진정한 행복을 마주하다

434 기부 활동
438 다양한 사회 활동
442 수상
445 취미

11 | 가족 이야기
언제나 사랑과 헌신으로, 나는 산다

450 삶의 영원한 동반자, 이사랑
459 세 딸들에게 보내는 글
462 추억의 가족여행

467 마치면서
474 이민화가 걸어온 길

일송정 푸른솔은 늙어 늙어 갔어도
한줄기 해란강은 천년 두고 흐른다.
지난날 강가에서 말 달리던 선구자,
지금은 어느 곳에 거친 꿈이 깊었나.
_ 나의 애창곡 '선구자'

성장기 **01**

도전의 씨앗을 뿌리다

- 어린 시절 • 장충국민학교 • 중앙중고등학교
- 아버지와 어머니 • 대학 시절
- 카이스트 시절 • 첫 직장, 대한전선
- 다시 카이스트로

어린 시절

조용한 방랑의 은둔자

나는 전국구다. 전국 각지에서 어린 시절을 보냈다는 얘기다. 국민학교를 무려 여섯 군데나 전학 다녔다. '깨벗쟁이 친구'는 없지만 다행히 누구를 만나더라도 지역 연줄을 맺을 수 있는 좋은 점도 있다. 유일하게 빠진 지역이 호남이었는데, 아내가 호남(전북 고창) 사람이라 진짜 전국구가 되었다.

    어린 시절, 전학을 다닐 때마다 한 달씩의 휴학 기간이 있었다. 그 당시에 무슨 전산시스템이 있었겠는가. 서류가 이동되어 새 학교에 배정되는 동안 한 달여의 오롯한 시간이 나에게 주어지곤 했다. 그 공백의 시간에 나는 박쥐처럼 두 학교 사이에서 갈 곳 없는 외톨이가 되었다. 외톨이인 나에게 유일한 친구는 책이었다. 덕분에 엄청나게 많은 책을 읽었다. 물론 종류를 가리지 않고 닥치는 대로 읽었다. 당시 읽은 과학, 역사, 문학의 세 분야는 이후 50여 년에 걸쳐 내 인식과 행동의 저변을 형성했다.

1953년은 중요한 해다. 6·25 한국전쟁이 끝난 해인 동시에 내가 태어난 해이기 때문이다. 나는 대구 동인동의 작은 피난 셋집에서 태어났다. 그 무렵 한국은 세계에서 가장 못사는 나라 중 하나였다. 당연히 먹을 것은 항상 모자랐고 내 위의 형, 누나 모두 먹을 것에 굶주린 궁핍한 시대였다. 나도 아마 어머니 뱃속에서 무척이나 배가 고팠을 것이다.

고향이 대구이긴 하지만 대구에 대한 기억은 없다. 그래도 누가 물으면 대구가 공식 고향이라고 대답한다. 태어난 직후 대구 옆의 군위군 효령면 중리의 집안 선산이 있는 할아버지 집으로 이사를 갔다. 군위軍威는 지명에 군사 軍이 들어가는 특이한 곳이다. 고대 신라의 출정 기지였기에 붙여진 이름이다. 아버지의 산소도 군위의 햇살 좋은 선산 기슭에 자리하고 있어 지금도 매년 서너 차례 찾아뵙는다.

군위에서 어머니는 형과 누나를 할머니께 맡기고 나를 데리고 남편이 있는 강원도 속초로 갔다가 다시 원주로 옮겼다. 지금도 원주의 초라한 민가에서 찍은 사진을 보면 살갑게 느껴진다. 어린 나이에 먹을 것이 없어 더부살이 초가집의 흙벽을 파먹던 시절이었다. 사

원주에서

실, 황토는 지금도 건강식으로 먹는 사람이 있다. 황토벽을 먹는 중요한 비결은 침이다. 침을 발라 약간 부드럽게 만들어 파먹으면 된다.

그 시절의 가난한 이야기는 네 살 위의 누나와 숙모님이 해주곤 했다. 이영희 누님은 불과 네 살 터울인데 나를 업어 키웠다. 그 나이에 얼마나 놀고 싶었겠는가. 한번은 나를 데리고 나가 내팽개쳐 놓고는 고무줄놀이를 하느라 정신이 없었다. 숙모님이 나를 숨겨놓고 아이를 잃어버렸다고 한바탕 소동을 벌이기도 했단다. 그 시절은 아이가 아이를 키우는 시대였다.

원주에 대한 추억은 거기에서 끝난다. 경남 진해로 이사를 했기 때문이다. 이순신 장군의 전통이 스며들어 있는 군항 진해는 무척이나 아름다운 도시다. 진해에서 나는 유치원에 입학했다. 진해의 육군대학 관사에서 동생 규화와 벚꽃이 흐드러지게 피는 봄날에 풍선놀이를 했던 추억이 지금도 새롭다. 가스를 넣은 귀한 풍선을 놓쳐 그것이 하늘로 날아갔을 때 발을 동동 굴렀던 안타까움과 슬픔을 지금도 잊지 못한다. 그런데 다음 날 그 풍선이 하늘에서 내려와 관사 마당에 자리하고 있었다. 인연이란 이렇게 헤어지고 또 만나기도 하는 것일까. 재회의 기쁨을 맛본 첫 번째 경험이었다.

국민학교 입학은 서울에서 했다. 중구 신당동의 청구국민학교(현 청구초등학교)다. 그 입학 동기가 옆집에 사는 딸 부잣집 둘째 딸 김혜주란 아이였다. 아침마다 학교에 함께 다니는 재미가 제법 쏠쏠했는데, 1년도 안 되어 끝나고 말았다. 아버지의 전근으로 또 다시 부산으로 전학을 갔기 때문이다. 오호 통재라! 그러나 혜주는 대학에 들어가면서 다시 만나게 된다.

아름다웠던 부산 금정동

부산에는 매우 아름다운 금정공원이 있다. 동래 온천장에서 금정산 올라가는 어귀에 있는 차량재생창에 아버지가 창장으로 부임하셨다. 그 관사는 어찌나 넓던지 집 안에 놀이 언덕도 있고 그네가 매달린 놀이터도 있었으며 작은 강당도 있었다. 서울 청구동에서 태어난 막내 여동생 수복이가 그네를 타다가 기둥에 부딪혀 크게 다치는 사고도 있었다. 지금도 살펴보면 상처가 얼핏 보인다. 당시 무슨 성형외과가 있었겠는가.

아버지, 형과 함께

수복이는 세계 최초로 웹하드를 개발한 스토리즈온 네트워크, SON을 창립한 창업자였다. 지금은 뉴질랜드에서 초밥집을 운영하며 가족과 오손도손 살고 있다.

넓은 관사에서의 추억을 뒤로 하고 우리 가족은 첫 번째 자가주택으로 이사를 했다. 금정공원 바로 밑의 아담하고 예쁜 집이었다. 사시사철 꽃이 피고 뒷마당에는 연못이 있었다. 일본 적산가옥이었는데, 무화과와 치자를 비롯해 온갖 나무들과 꽃들이 자태를 뽐내는 집이었다. 봄에는 치자 향이 온 집 안을 휘감고 가을에는 무화과가 익어갔다. 연못은 동네 아이들에게 환상의 놀이터였다.

훗날 대학에 입학한 후 물어물어 그 집을 찾아갔다. 어느 중년의 여류 화가가 그림을 그리면서 살고 있었다. 자초지종을 설명하고 집을 한 번 둘러보았다. 그리고 추억과 더불어 따뜻한 차 한 잔을 마시고 돌아왔다. 내 기억 속에 자리한, 나의 일생에서 가장 아름다운 집이 아닌가 싶다.

부산에서는 두 번의 전학을 했다. 두 번째 학교인 금정국민학교(현 금정초등학교)에서는 천재 소리를 들었다. 뭐 어릴 때는 모두 왕자, 공주이고 천재이지 않은가. 그런데 서울로 다시 전학을 와서는 천재라는 칭송 대신 둔재 소리를 듣게 되었다.

장충국민학교

천재에서 둔재로, 다시 우등생으로

1963년, 국민학교 4학년 때 서울로 이사를 왔다. 서대문구 홍은동에 강화도령 철종의 어머니 묘를 지키는 웅장한 묘대감집이 있었다. 스위스 그랜드호텔을 거쳐 지금은 힐튼호텔이 자리한 곳이다. 아버지는 그 묘지기집 뒤쪽에 우리 집을 장만했다. 나는 홍은동에서 중구 장충동에 있는 장충국민학교(현 서울장충초등학교)까지 매일 통학을 했다.

당시는 중학교 입학시험이 가장 치열했다. 그러니 명문 국민학교는 학군을 위반해서라도 다녀야 하는 곳이었다. 그 명문 중 하나가 장충국민학교였는데, 어른에게도 꽤 먼 거리였다. 홍은동에서 학교까지 가는 차비가 2원으로 기억된다. 아침에 5원을 받으면 1원이 남았다. 그 1원을 꼬박꼬박 저축해 나름대로 목돈을 모은 기억이 있다. 그런데 아쉽게도 그 돈으로 무엇을 했는지는 떠오르지 않는다. 동생 규화는 5원을 받아 학교에 갈 때 2원을 쓰고 집으로 돌아올 때는 군것질을 하고는 장충동에서 홍은동까지 걸어올 때도 있었다. 그때 이미 동생에게는 자유분

방한 보헤미안 기질이 있었던 것 같다.

부산 금정국민학교의 천재가 서울로 온 4학년 때 사투리로 인해 놀림감이 되었고, 성적은 중간 정도에 불과해 집안의 충격이 되었다. 아! 서울 애들은 다르구나! 그러나 6학년 때는 나름대로 선전해 전국학력경진대회에서 우승을 차지하는 기염을 토했다. 아카데미로 기억되는 회사였는데, 부상으로 중학교 전액 장학금이 지급되었다. 장충국민학교를 3년이나 다녔지만 학교 친구들은 가물가물하다. 이상필, 박승엽, 최인기…… 등등 몇몇의 이름만 떠오른다. 과연 나는 그 학교를 정말 다녔던가 하는 의문이 들 때도 있다. 중학교 입학시험 공부를 한 기억 외에는 남는 것이 별로 없다. 지금 고3 문제가 당시는 국민학교 6학년의 문제였던 것이다.

중앙중고등학교

내 인생의 영원한 자긍심

장충국민학교에서 전국학력경진대회 우승 이후 이민화는 당연히 경기중학교에 합격할 것이라고 모든 사람이 믿었다. 그러나 보기 좋게 미역국을 먹고 후기 모집에서 다행히 중앙중학교에 합격을 했다. 학교에만 오면 '천재 엄마'라고 대접받던 어머니를 포함해 집안의 실망이 컸을 것은 당연했다. 학부모의 위상은 자식의 학업 성적에 비례한다는 법칙은 예나 지금이나 변함이 없다.

그러나 나처럼 경기중학교 입시에서 낙방을 하고 중앙중학교에 입학한 동기들의 면면을 보면 이후 대학입학시험에서 전국 수석과 고득점을 차지한 친구들이 즐비했다. 천재라고 일컫던 한태숙, 권오곤 등의 친구들이 함께 중앙중학교에 입학했다.

나는 경기중학교 낙방에 죄송한 마음이 들어 아무도 모르게 혼자 새로운 도전을 했다. 중학 졸업 검정고시에 도전한 것이다. 1학년 때 독학으로 검정고시를 보는데, 운 나쁘게도 합격자 중에서 유일하게 나

홀로 이름이 신문에 공개되었다. 그해 수석합격이었기 때문이다. 당연히 학교에서는 한바탕 소동이 벌어졌다. 여러 어른들의 결론은 검정고시로 빨리 가는 것보다 제대로 학교생활을 하는 게 좋다는 것이어서 검정고시는 그렇게 해프닝으로 끝나고 말았다.

검정고시 준비로 중학교 1학년 때 이미 중학교 3학년 과정까지 소위 '선행 독학'을 한 결과 2~3학년은 비교적 여유롭게 보냈다. 마침 은세윤(수원에서 소아과병원 운영) 군과 바둑 경쟁이 붙어 1년 사이에 바둑 급수가 14~15급에서 매달 한 급씩 올라 1급이 되었고 아마추어로서는 꽤 둔다는 수준에 도달했다. 이후에도 바둑을 꾸준히 두어 현재 공인 아마 5단증을 가지고 있으나 실전 기회 부족으로 예전만큼의 실력은 나오지 않는다. 2000년대 중반에 졸업생 단체전에 63회 대표로 출전해 우승에 기여한 것이 마지막 실전이었다.

중학교 시절, 두 가지 공부는 열심히 했다. 역사와 과학이다. 삼성출판사에서 발행한 두꺼운 책 『대세계의 역사』 12권을 몇 번씩 정독했다. 특히 고대사 부분은 추리소설처럼 흥미로웠다. 훗날 '유라시안 네트워크' 활동의 바탕이 된 책으로 꼽는다. 학원사에서 간행한 더 두꺼운 책 『과학백과 사전』도 몇 번씩 독파했다. 나중에 물리와 화학의 천재 소리를 들은 것은 이 책 덕분이라 생각한다. 시간이 남아서 한 일이었다.

중학교 시절에도 친구는 별로 없었다. 은세윤 군 외에는 자산관리공사 사장을 지낸 이철휘 군과 철학 토론을 하고, 1학년 때 권오선 군과 자주 이야기를 나눈 정도였다. 부산에서 국민학교 4학년 때 전학을 와서 여전히 나도 모르게 사투리가 튀어 나왔는데, 그것이 부끄러워 이야기를 잘 하지 않은 그야말로 조용한 학생이었다.

당시 중학교에서 고등학교 진학을 할 때 같은 학교로 진학할 때는 동계진학이라 하여 시험을 보지 않았으며 다른 학교로 진학할 때만 시험을 보았다. 학교의 상당수 소위 잘나가는 학생들이 경기고등학교를 지망했다. 나는 무슨 생각이 들었는지 동계진학을 선택했고(아마도 영웅심의 발로였을 것이다) 예체능 선생님들의 집중적인 지원으로 중앙중학교 수석 졸업을 차지했다. 나처럼 음치, 몸치에게 음악, 체육 점수를 높이 주다니! 오직 선생님들에게 감사할 따름이다. 이후 수능고시와 서울대학교 전체 수석을 한 한태숙 군에게 지금도 약간 미안한 마음이 든다.

여러 방면에서 활동한 고교 시절

동계 고교 진학으로 중앙고등학교에 입학한 첫날, 선생님께서 나를 반장으로 지명했다. 이유는 간단했다. 수석 입학생이기 때문이었다. 지명 수락 연설을 하러 교단에 올라선 순간 눈앞이 캄캄하고 다리가 떨리고 얼굴이 붉어져 한마디도 못하고 그냥 내려왔다. 매 수업 시간마다 "차렷, 경례!" 하는 구호도 너무나 힘들었다. 계속 이래서는 안 되겠다 싶어 그 주말에 홍은동 집 뒷산에 올라갔다.

홍은동에는 은평동과의 사이에 제법 커다란 야산이 있었다. 계곡도 있고 나무도 꽤 울창한 산이다. 계절마다 매우 아름다웠는데, 특히 봄에 피는 진달래 군무는 '흐드러지게 핀다'는 표현이 바로 이것이구나 하는 감탄이 들 정도였다. 그 산에 올라 연설 연습을 시작했다. 목소리 키우는 연습, 생각을 전달하는 연습 등 소위 말하기 연습이었다. 말하기 연습의 핵심은 결국 문제를 단순하게 정리하고 대안을 제시한 후 최선의 선택이 무엇인가 하는 결론을 도출해 나가는 것이라고 정리했다.

팔자에 없는 초보 반장은 전교 학생회에 참석하는 팔자로까지 이어졌다. 학생회에서는 여러 가지 학교 관련 사항들을 토의하고 상당 부분 자율성을 가진 활동을 전개했다. 나는 학생회 활동에 적극적으로 참여했는데, 나중에는 연설을 가장 잘한다는 평을 듣게 되었다. 그러고 보니 서울생활을 한 지 8~9년 되면서 사투리는 많이 사라졌다.

덕분에 졸업 때까지 학생회의 주축을 이루면서 각종 활동을 하게 되었다. 오랫동안 책을 읽고 정리했던 생각들이 말로 표현되기 시작한 시기가 고등학교 시절이었다. 영자신문반, 문예반, 바둑반 등 많은 서클에서 활동했으며 대부분 주도적으로 하게 되었다. 영자신문은 영어의 귀재 정성훈 군과 함께했고, 문예반과 바둑반은 은세윤 군과 짝을 이루었다. 청소년 시절에 흔히 하는 문예 활동, 문학의 밤 등에도 적극 참여했고, 은세윤 군과 『청포도』라는 시집도 냈다. 지금 돌아보면 치졸하기 짝이 없지만 시 하나를 소개한다.

> 도시의 객혈을 동정하다 퇴색한 그는 이미 도시 파수꾼
> 그러나 그 이면에는 푸른 고향의 희원이 용솟음 치고 있는 것을
> 우리, 그 내면을 들여다보자 …
> _ 가로수

이 시는 선후배들과 문학의 밤을 통해 여학생들에게도 문제작으로 회자되었다. 학교 교지에 쓴 논문을 읽고 편지를 보내온 여학생들도 있었다. 그중 한 명이 무학여고의 '잘나가는 여학생'으로 소문난 김영민이다. 그녀와는 대학 입학 이후에 만나게 된다.

엘리트클럽이라는 서클에 가입한 것도 잊지 못할 추억이다. 이름이 좀 꺼림칙했지만 소위 중앙고등학교의 엘리트들을 모아 미래의 역군이 되자는, 정말 의도는 좋은 서클이었다. 이 엘리트클럽을 통해 소중한 사람들을 많이 만났다. 동기였던 정성훈(한신메디칼 고문), 이원흠(이대 교수), 김광민(메디칼 서플라이 사장), 박찬종(현대해상 부사장), 이창희(외대 교수), 김정래(현대종합상사 사장) 등의 친구들과 송문섭(팬택 사장), 이재성(현대중공업 사장) 등 선배님들, 이명성(SK 사장), 고정식(특허청장) 등 후배님들이다. 정말 인생의 소중한 만남을 이 서클을 통해 얻게 되었다. 특히 이재성 선배님과의 인연은 이후 여동생과 결혼하게 되면서 혈연관계로까지 발전했다!

그러나 늘 엘리트다운 행동만 한 것은 아니었다. 조금 '오버 액션'한 것도 있었다. 흡연을 막기 위해 1인 시위를 했던 것이다. 어깨에 '담배를 피우지 말자!'라는 띠를 두르고 점심시간이면 화장실 앞에 나 홀로 서 있었다. 지금 생각하면 친구들의 눈에 내가 얼마나 밉상이었을까. 그러나 확고한 논리로 워낙 진지하게 주장을 하니, 그 누구도 대놓고 반발을 하지 못했다. 당시에는 요즘 말하는 '일진'이 없었으니 정말이지 큰 다행이었다.

고등학교 시절의 가장 큰 사건 하나를 꼽으라면, 대학 입학시험을 한 달 남기고 문과에서 이과로 전과를 한 것이라 할 수 있다. 엘리트클럽을 통해 세상의 본질적 가치가 무엇이냐는 화두를 달고 살던 나에게 1971년 일어난 사법파동은 엄청난 충격을 주었다. 사법파동은 정권에 반대하는 판결을 내린 법관을 제주도에서의 작은 회식을 문제 삼아 징계한 사건이다. 이를 보고 어린 마음에 이 정권에서 법을 공부한다는 것은 의미가 없다는 결론을 내리고 법대를 가려던 계획을 포기했다.

그 대안으로 선택한 것이 순수과학이었다. 참고로 물리 화학은 내가 고등학교 시절 가장 잘하던 과목이었고 문과였지만 문제를 틀린 적이 거의 없었다. 정치와 무관한 학문은 순수과학이라 생각하고 이과로 전과를 했다. 물론 집안의 반대는 거셌다. 그리하여 아버지와 서로 양보한 선이 법학도 순수과학도 아닌 공대의 전자공학이었다. 사실, 나는 전자공학이 정확히 무엇인지 알지 못했다. 그냥 제일 어렵다고 해서 선택한 것이었다. 당시 전자공학과는 의대보다 훨씬 입학이 어려웠으며 대부분의 수석 합격자는 전자공학과에서 배출되었다. 훗날 그들이 한국의 IT산업의 견인차가 된다.

가끔 사람들이 묻는다. 문과의 수학과 과학은 이과에 비해 현격하게 차이가 나는데 어떻게 극복했느냐는 것이다. 물리 화학은 원래 주 전공이라 문제가 없었고 이과 수학은 포기하면 되었다. 요즘은 한 문제라도 틀리면 합격에 큰 영향을 주지만 당시는 몇 문제 틀리는 것은 일도 아니었다. 나중에 들으니 본고사의 이과 수학 문제가 워낙 어려워 이과 친구들도 서울대 입시 문제를 거의 풀지 못했다고 한다. 나는 아예 포기하고 다른 문제에 집중했으니 오히려 전화위복이었다.

여하튼 나는 고3 때의 전과 덕분에 문과와 이과 친구들 모두와 교류할 수 있었다. 고교 동창은 주로 문과이고 대학은 이과다. 양쪽을 넘나드는 교류가 이후 메디슨 사업에 큰 도움이 되었다. 당연한 얘기지만 한국은 왜 문과와 이과를 구분하는지 여전히 의아하다.

평생 잊지 못할 추억들

중앙고등학교! 지금도 종로구 계동의 학교 골목을 올라가자면 가슴이 뛴다. 홍은동 집을 나와 만원버스를 타고 을지로에서 내려 할리우드 극장을 거쳐 계동까지 그 긴 길을 아침마다 달리곤 했다. 중앙고등학교의 은사님들과 친구들, 학교, 골목, 골목 안의 짜장면 집 모두가 그

중앙고등학교 시절에 친구들과 함께

리운 추억들이다.

1908년 설립된 중앙중고등학교는 역사도 유구할 뿐만 아니라 민족 정통성을 지닌 학교였으며 특히 캠퍼스가 아름다웠다. 학교와 비원이 담 하나로 붙어 있었는데, 교정에서 바라보면 비원은 학교에 딸린 정원 같았다. 점심시간에 몇몇 학생들은 비원 담을 넘어 놀러 가기도 했다. 중앙중학교에 다니던 1960년대 후반에는 비원 안에 레슬링선수 김일의 도장이 있었다. 한번은 학생들이 김일 도장에서 놀다가 붙잡혀 얼차려를 받은 진기한 사건도 있었다.

아늑한 풍수 효과 덕분인지 중앙 출신들은 사회 각계각층에서 묵묵히 소신을 다했다. 중앙학교는 민족 역사의 한 축을 담당했던 곳이다. 1919년 3.1운동을 기획했던 곳이었기에 선생님들은 민족의식, 민주의식이 투철하셨다. 우리는 그러한 중앙에서 민족 역사에 대해 배웠으며 민족적 자부심이 대단했다. 중앙고등학교를 졸업하고 대학 시절에 다른 학교 출신들과 대화를 하면서 우리가 배운 교육이 상당히 특이했다는 것을 종종 느꼈다.

한국의 뿌리를 찾는 인식, 천지인天地人과 홍익인간弘益人間, 재세이화在世理化의 순환구조 등 내 사고의 근간은 중앙학교 시절에 주어진 선물이다. 둘은 대립한다. 대립하는 둘을 순환시키는 그 순환의 힘이 바로 사람의 힘이다. 천지天地를 순환시키는 것은 인간이기에 민족정신은 인중천지일人中天地一이라는 개념으로 정리된다. 사람 속에 하늘과 땅이 있다!

중앙고등학교 건물은 고려대학교 건물과 똑같은 삼분三分 구조다.

중앙·좌우의 삼분 사상은 우리 고대 역사로부터 삼조선三朝鮮과 모든 몽골리안 국가들의 삼분법과도 연결된다. 석조로 지어진 이 건물은 겉에서 보기에는 무척 웅장하고 아름답다. 그러나 안으로 들어가 보면 냉난방도 제대로 안 되어 생활하기에는 상당히 불편하다. 하지만 겉은 멋있기에 배용준이 출연했던 〈겨울연가〉의 배경이 되었다. 드라마에서는 춘천에 있는 학교로 설정되었지만 실제 촬영은 중앙고등학교에서 한 것이다. 〈겨울연가〉가 일본에서 방영된 후 학교 앞에 일본 사람들을 위한 선물가게들도 생겼다. 지금도 많은 일본 팬이 성지순례를 하듯이 학교를 찾는다.

어느 일요일에 강당에서 동문대항 바둑대회가 열렸다. 그곳은 최지우와 욘사마가 피아노를 치던 불멸의 장소였다. 한쪽에서는 바둑대회가 열리는데 일본 아줌마 부대들이 들이닥치고 있었다. 단지 그 피아노 앞에서 최지우처럼 피아노를 쳐보고 인증샷을 찍기 위해서였다. 문화의 힘은 참으로 대단하다는 것을 절감한 현장이었다. 극일克日의 중앙학교에 친한親韓의 스토리가 생겨나는 아이러니라니!

다행히도 나의 모교 중앙학교는 강남으로 이사 가지 않고 여전히 강북의 옛터를 지키고 있다.

아버지와 어머니

언제나 존경하고 사랑하는 부모님

아버지는 내가 철들면서 가장 존경하는 분이다. 그러나 안타깝게도 내가 메디슨을 창업하기 2년 전인 1983년에 돌아가셨다.

아버지는 우리의 고향인 경북 군위군 효령면 중리에서 한국 최고의 명문가라 일컫는 연안延安 이씨 가문의 정심정공淨心亭公파 10대 손으로 태어나셨다. 〈한국 성씨대전〉에 따르면 한국의 명문가 순위는 연리광김달서延李光金達徐라 한다. 즉 연안 이씨, 광산 김씨, 달성 서씨라는 것이다.

아버지는 일제 치하에 대구 농림학교에 입학하셨으나 일본군의 강제징집으로 일본 병기兵器 학교에서 훈련을 받고 종전을 3년 앞둔 1942년에 태평양의 솔로몬제도로 파병되었다. 얼마나 힘든 시절을 지냈는지 짐작이 간다. 아버지는 내가 어릴 때 가끔 그 시절 이야기를 들려주시곤 했다. 과달카날 전투 이후 다행히 미군은 솔로몬제도를 개구리 뛰어넘듯이 건너 뛰어(FROG JUMP 작전) 보급로를 차단하면서 일본 본토로 진격해 나갔다. 그 섬들에 남은 일본군은 당연히 보급이 두절되고 식량은 전혀 없었다. 바다에서 잡은 물고기로 연명했으며 심지어 죽은 병사들의 해골 속에 사는 낙지를 잡아먹었다고 한다.

아버지는 그 역경을 이겨내시고 생명을 구할 수 있었다. 그러나 학질에 걸려 종전 후 솔로몬제도에서 돌아오실 때 온몸을 오들오들 떨었다. 이미 전사통보까지 받은 둘째 아들이 살아 돌아왔을 때 할머니에게는 얼마나 큰 행복이었을까. 이후 아버지의 삶은 우리나라 국방 기술 향상에 이바지한 군인의 일생이었다. 국군 창단에 참여해 병기학교 교관으로 활동했으며 1948년 어머니와 결혼하셨다.

어머니는 참 대단한 분이시다. 군위군의 번화가인 군위읍의 뼈대 있는 영천 이씨 가문의 막내딸로 귀염 받고 자라셨다. 그러나 군인의 아내가 되어 지금까지 어느 하루도 편하게 다리 뻗고 주무신 적이 없는 억척같은 분이셨다. 군인의 아내가 오죽했을까.

첫딸을 낳고 이어 연년생으로 큰아들을 출산하셨다. 6.25 한국전쟁이 발발하던 1950년에 누님은 세 살, 형님은 두 살이

가족과 함께 범어사에서

었다. 부평 병기학교 관사에서 전쟁이 났다는 전화를 아버지에게 받고는 짐을 꾸려 갓난아기들을 안고 업고 고모님과 함께 피난길에 올랐다. 천신만고 끝에 기차를 얻어 타고 대구로 내려갈 수 있었다. 대구에서 아버지를 만났는데, 그 피난길은 험난하기 그지없었다. 도중에 기차가 멈춰 피난민들을 태우는 동안 고모님이 시골 민가를 돌아다녀 겨우 밥을 얻어 허기를 면했다. 그 밥과 눈물을 마실 때 북한군 비행기가 퍼붓는 기관총 세례를 받기도 했다. 전쟁통에 고생한 이야기는 대한민국의 70대 이후 세대라면 누구나 다 간직하고 있는 아픈 추억이다.

이후 대구에서 나는 휴전둥이로 태어나고 아버지는 속초, 원주를 돌면서 군생활을 하셨다. 내가 기억하는 아버지의 첫 번째 모습은 진해 육군대학에 계실 때다. 장교의 멋진 제복이 지금도 눈에 어른거린다. 아버지는 1968년에 육군 대령으로 예편하셨다. 이른바 '스타'가 되지 못한 것이다. 장군이 되지 못한 것을 두고 어머니는 간혹 한탄을 하셨다. 너무 깨끗해 진급을 못했다는 것이었다. 예나 지금이나 군장성은 대단한 지위다. 아버지는 병기차감을 지내고 병기감 승진에서 한 해는 양보하고, 다음 해에는 밀려나셨다.

예편 이후 아버지는 충북 병무청장으로 부임하셨다. 중학생 시

육군대학 시절의 아버지

절, 나는 방학 때마다 청주에 내려가곤 했다. 병무청 관사 옆에는 무심천이 흘렀으며 아버지는 무심천변에 숙부님을 위해 양계장을 지으셨다. 숙부님은 그곳에서 숙모님을 만났으니 우리 가족에게는 인연이 깊은 곳이다. 청주에서 가까운 보은 속리산에 텐트를 치고 한 달 동안이나 살았던 즐거운 추억도 있다. 지금도 속리산은 곳곳이 매우 친근하게 느껴진다. 아버지는 충북을 거쳐 부산, 대구 병무청장을 지냈으며 연안이씨 가문의 대구 화수회花樹會를 주도해 재건하셨다.

아버지는 참 많은 사람에게 베풀어주셨다. 내가 존경할 수밖에 없는 이유다. 그리고 시대를 앞서가셨다. 내가 알고 있는 일가친척들 중 아버지가 베풀어주지 않은 사람은 거의 없다 해도 과언이 아니다. 많은 사람이 우리 홍은동 집을 거쳐 갔는데, 그 뒷바라지는 온통 어머니의 몫이었다.

아버지는 대구 병무청장을 끝으로 퇴임하시고 1973년 국방과학연구원ADD 창설에 참여하셨다. 내 기억에 ADD 창설 이후 아버지는 매일 새벽에 나가셔서 기름에 젖은 옷으로 밤늦게 들어오시곤 했다. 당시 우리나라의 군 전력은 북한과 비교조차 되지 못할 정도로 빈약했다. 미군이 없으면 그냥 무너지는 상황이었다. 경제력도 북한이 앞섰는데, 1974년에야 비로소 남북한의 1인당 국민소득이 같아졌다.

박정희 대통령은 자주국방에 뜻을 세우고 국방과학연구소를 창설했다. ADD 창설 멤버인 아버지는 155m 곡사포 개발을 맡았다. 155m 곡사포는 내가 알고 있는 ADD의 당시 유일한 작품이다. 이후 유도탄 개발은 대전으로 이관되어 대전기계창이란 이름으로 출발했으며 완성이 된 것은 그로부터 10년이 지난 후다.

나는 아버지를 도와 동두천의 다락대 포 시험장, 마산 창원의 대포 개발 현장을 다니면서 포 초기속도를 측정하는 프로젝트를 수행했다(그런 의미에서 나는 우리나라의 국방과 군력 증강에 적으나마 일조를 한 셈이다). 아버지는 ADD에서도 그 덕과 인품이 출중하셨다. 돌아가신 지 10년이 훨씬 지났음에도 제삿날이 되면 국방과학연구소에서 함께 근무했던 동료들이 찾아오곤 한다. 권력은 내놓는 순간 사라지지만 삶의 향기는 오래 지속되는 법이다.

내가 카이스트 대학원에 입학한 후 전두환 대통령은 ADD를 축소하라는 지시를 내렸다. 아버지는 ADD에서 은퇴하시고 안성의 국방과학연구소 레이저연구팀으로 자리를 옮겼다. 그러면서 우리 집안의 안성 시대가 시작되었다. 안성 우거寓居를 위해 나는 아버지와 함께 여러

부모님, 형제들과 안성집에서

곳을 돌아다녔다. 대림동산은 너무 비쌌기에 가지고 있는 돈과 타협해 안성군 공도면 양기리 362번지에 터를 잡았다. 현재 어머니가 살고 계시는 집이다. 그 집터에 작은 2층 집을 짓고 우거하시다가 1983년에 지병인 천식으로 환갑을 못 넘기고 운명하셨다. 내가 카이스트 박사과정에 다닐 때였다. 아버지를 생각하면 참으로 가슴이 아프다. 아버지 시신을 차로 옮기면서 한없이 정말 한없이 울었던 기억이 지금도 생생하다.

내가 아버지에게서 배운 것은 많다. 그중 원칙에 충실하고, 미래를 내다보고, 세상에 베푸는 사람이 되라는 가르침은 나의 평생 나침반이 되었다.

"아버지, 언제나 존경합니다."

내가 아버지 이야기를 길게 쓰고 어머니 이야기를 그다지 하지 않은 것은 할 이야기가 없어서가 아니다. 어머니 이야기 역시 아버지만큼이나 많다. 단지 어머니는 아직 내 곁에서 생존해 계시기에 그 이야기를 하지 않는 것뿐이다. 사실, 진짜 고생은 오로지 어머니의 몫이었다. 그러기에 내 마음에 가득 찬 말로 어머니에 대한 감사를 전한다.

"어머니, 언제나 사랑합니다."

나의 어머니

대학 시절

과외와 청춘 사업을 오간 공돌이

1972년 3월, 나는 서울대학교 공과대학 전자공학과에 입학했다. 그리하여 '서울공대 전자공학과 72학번'은 지금도 나에게 따라다니는 수식어다. 당시 서울공대는 공릉에 있었다. 지금의 서울과학기술대학교 자리다. 청량리에서 스쿨버스를 타고 한참을 들어가는 촌구석이었다. 이제 그 공돌이 시절로 되돌아가 보자.

공릉캠퍼스에 여학생은 가뭄에 콩 나듯이 드물었다. 흔히 공대생은 세 마디 말만 하는 사람이라고 한다.

"과제했냐? 밥 먹었냐? 저 여학생 예쁘지 않냐?"

사실 모든 여학생이 다 예뻤다. 그나마 다행인 것은 1학년 교양 과정은 미대와 함께 있었다는 점이다. 미대생들의 파격적인 옷차림이 새내기 공돌이들 눈에 얼마나 큰 충격이었겠는가. 나 역시 마찬가지였으며 그렇게 공돌이 생활이 시작되었다.

대학 입학 후 첫 번째 사건은 그렇듯 미팅이다. 서울공대 전자공학과는 전통적으로 이대 불문과와 첫 미팅을 한다. 나는 물론 망설이지 않고 참가했다. 그런데 파트너가 무학여고 출신이었다. 혹시나 해서 "김혜주를 아느냐?"고 물으니 그 여학생은 김혜주뿐만 아니라 나도 잘 안다고 대답하는 것이었다. 놀랍게도 그 여학생이 바로 김영민이었다. 중앙고 시절에 내가 쓴 작품을 보고 편지를 보낸 '무학여고의 잘나가는 여학생'이었다. 이것도 인연이구나! 그러나 인연은 그것으로 끝이었다. 내가 워낙 숙맥이라 다음 수순을 몰랐던 것이다.

나는 미팅이나 학교 수업은 제쳐두고 곧 새로운 일을 찾아 몰두했다. 과외선생으로 나선 것이다. 얼마 지나지 않아 나는 명 과외선생으로 장안에 명성을 드높였다. 처음에는 중앙고의 엘리트클럽 후배들에게 물리, 화학 두 과목을 무료로 지도했다. 이는 클럽의 전통이었다. 그런데 나에게 과외를 받은 학생들이 시험에서 늘 최고 점수를 받았다. 혁신적인 학습기법을 개발해 가르친 결과였다. 그 반응은 폭발적이었으며 소문이 널리 퍼져 과외 요청이 쇄도했다. 1학년 때 가르친 제자들이 100여 명에 육박했다. 그중 1/3은 무료로 가르쳤는데, 2/3의 학생들에게서만 과외비를 받아도 수입이 엄청났다.

갑자기 친구들 사이에서 내 인기가 올라갔다. 이유는 간단했다. 만나면 밥과 술을 늘 내가 사기 때문이다. 대학생 재벌이 탄생하는 순간이었으며 집에 등사기를 마련해 출판시스템까지 갖추고 본격적으로 과외에 매진했다. 국방과학연구소 실장으로 계시던 아버지보다 수입이 많았다. 당연히 집안에서는 처음에는 박수를 쳤다. 약간의 술값 외에는 어머니에게 돈을 맡겼고, 어머니는 이를 차곡차곡 저축하셨다(이 돈으로 나중에 집을 샀으니 얼마나 많은 돈을 벌었는지 짐작이 갈 것이다).

그러나 나의 '과외 재벌기'는 1년으로 끝나고 말았다. 어느 날 아버지가 나를 불러 "과외를 중지하라"고 엄명을 내리셨다. 나는 의아한 생각이 들었다. 아버지의 말씀은 간단하고 분명했다. "학생은 공부를 해야 하며, 어린 나이에 돈에 빠져들면 안 된다"는 것이었다. 과외 재벌의 꿈은 그렇게 막을 내렸다.

나는 다시 가난한 공대생이 되었다. 시간은 많이 주어졌지만 학교 수업에는 여전히 흥미가 없었다. 사실, 학교는 갈 필요가 없었다. 박정희 독재에 항거하는 데모가 끊이지 않아 수업이 제대로 이루어지지 못했고, 그러니 1년에 두 달 학교를 가면 잘 가는 것이었다. 그 두 달도 대부분 수업에 들어가지 않았다. 책에 있는 것을 가르치는 수업에는 전혀 흥미를 느끼지 못했기 때문이다.

사실, 나는 고등학교 시절에도 한 달 정도 결석을 했다. 교과서에 있는 내용을 가르치는 수업에 굳이 참석할 필요가 없어서였다. 혁신을 추구하는 사고는 청소년 시기부터 나타난 나의 인생관이었다. 공대 교수님 중에는 출석을 부를 때 "이민화가 왔으면 모두 왔다"고 말씀하실 정도였다. 그러나 내가 공부를 하지 않았다고 오해하지는 말라. 나는 우등생으로 서울공대를 졸업했다. 단지 수업에 들어가지 않았을 뿐이다.

대학 2, 3학년 때는 청춘 사업에 빠져들었다. 공릉동에 있는 서울여대 학생회장이던 권ㅇ주, 여동생의 친구인 이ㅇ주, 한국은행에 다니던 안ㅇ주 등과 차례로 청춘 사업을 벌였다. 그중에서 가장 큰 사업은 국민학교 친구이자 동네 소꿉친구인 김혜주였다. 혜주는 서울교대에 입학해 선생님의 꿈을 키워가고 있었다. 집안끼리도 워낙 잘 아는 사이인지라 그 집의 일곱 명의 딸들과도 친숙했다.

혜주의 언니인 영주 누님은 나의 형님하고도 '가까이 지낼 뻔' 했다 (물론 본인들은 부인할 것이다). 한번은 내가 엉겁결에 공대 데모에 앞장섰는데(그때는 1980년대의 NL, PD 같은 조직은 전혀 없었다), 피신하느라 혜주의 집에서 며칠 머무른 적도 있다. 동생들은 나를 친오빠처럼 따랐다. 정작 문제는 혜주였다. 방황하는 인생의 전형을 보여주는 것이었다. 가출을 여러 차례 했으며 겨우 찾아서 집에 모셔놓으면 또 가출을 했다. 그런 그녀를 돌보느라 2, 3학년이 휙 지나갔다. 그러나 가족들의 정성과 나의 마음도 아랑곳하지 않고 혜주는 음독을 하고 말았다. 다행히 생명은 건졌으나 나와의 인연은 그렇게 끝났다. 이후 나는 여인들과의 만남을 올스톱했다. 그 다음에 첫 번째로 다시 만난 여인이 지금의 아내다.

대학 4학년이 되었다. 이제는 무언가를 해야 할 것 같다는 생각이 들었다. 학교는 어차피 데모 때문에 수업이 없었고 시간이 남아돌았다. 마침 아버지가 국방과학연구소에서 155m 화포를 개발하고 있었다. 그런데 포탄의 초기 발사속도를 측정하는 것이 큰 골칫거리였다. 나는 그 모습을 보고 "제가 문제를 해결해 드리겠습니다" 하며 나섰다. 아무것도 모르는 왕초보 공돌이가 고난도의 문제를 해결하겠다고 나선 것이다. 사실, 나는 전자공학에 대해서는 전혀 흥미가 없었고 납땜조차 할 줄 몰랐다. 다행히 과 친구들 중에는 나와 다른 아이들이 몇 명 있었다. 특히 노기홍 군은 정말 탁월한 '전자돌이'였다. 그들을 믿고 155mm 포탄 속도 측정 프로젝트에 뛰어든 것이다.

물론 결코 쉽지 않은 일이었다. 대포에서 발사되는 포탄의 초기속도를 어떻게 잴 것인가? 지금 같으면 쉬운 문제지만 1970년대 중반은 집적회로^{IC}의 초창기 시절이었다. TI사가 TTL이라는 것을 처음 발표한 때였다. 나는 이 TTL을 이용하면 문제를 풀 수 있을 것이라 생각했다.

TTL IC를 사용해 포탄을 자화시켜 자장을 감지하는 코일을 만들고, 코일 두 개를 통과하는 시간을 측정해 초기속도를 재고자 했다. 당연히 한국에는 이러한 설계에 관한 책들이 없었다. 마침 미국과 일본에 적절한 책이 있어 공부를 한 뒤 회로를 설계하고 시스템을 만들었다. 그리고 드디어 납품했다. 아버지의 골칫거리를 해결했다는 기쁨과 함께 또 다른 부산물도 얻을 수 있었다. 공부한 책을 번역 출판한 것이다. 나와 친구들의 이름으로 대학 4학년 때인 1975년에 『TTL IC의 설계와 응용』이라는 번역서를 최초로 냈다. 이 분야의 신간이었기에 책은 불티나게 팔렸다. 그런데 인세는 한 푼도 받은 기억이 없다! 도대체 어찌된 것일까?

155mm 대포는 그 외에도 여러 추억과 삶의 자세를 일깨워 준 소중한 경험이었다. 아버지와 함께 동두천, 마산 등 여러 곳을 다니면서 현장에서 직접 일을 한 체험은 나에게 큰 자산이 되었다. 또 문제에 부딪혔을 때 그것을 풀어나가는 방법과 자신감을 터득한 것도 소중한 소득이었다.

참고로 155mm 곡사포는 박정희 대통령이 국방과학연구소를 설립한 후 결실을 맺은 최초의 큰 성과였으며 직접 시연에 참여해 관계자들을 치하했다. 아버지는 그 개발 책임자로서 훈장을 받았으며 그 사진이 지금도 집안에 걸려 있다.

카이스트 시절

비로소 학문의 즐거움을 터득하다

1975년 졸업이 가까워 왔다. 예나 지금이나 한국의 젊은이들은 모두 군대를 가야 했다. 1974년 박정희 대통령은 한국과학원^{Korea Advanced Institute of Science : KAIS}을 만들어 입학생들에게 군대 면제의 혜택을 주었다(앞서 언급했듯 1974년은 한국이 북한과 국민소득이 같아진 해다). 과

대학 시절 공수훈련을 마치고

학원의 설립은 미국 벤처의 아버지라 일컫는 터만 박사가 큰 역할을 했다.

나는 즉각 지원했으며 다행히도 합격을 했다. 전기공학과 합격생은 20명이 안 되었는데, 서울공대 이외의 출신은 4명(그중 2명은 육군과 해군 출신)에 지나지 않았다. 어떻게 보면 서울공대 대학원이라 할 수도 있었다.

홍릉과학원의 파정사, 소정사, 해정사라는 기숙사는 지금도 눈에 어른거린다. 입학해서 기숙사에 처음 들어가는 날, 아버지와 어머니가 나를 기숙사로 데려다 주면서 "이제 같이 사는 시기는 끝나는 것 같구나"라고 말씀하셨다. 그 말씀이 지금도 귓전에 맴돈다.

나는 과학원 입학 이후에야 비로소 제대로 된 전자공학 공부를 시작했다. 전기 및 전자공학과를 맡은 나의 존경하는 은사님 박송배 교수님은 실사구시의 철학으로 후학 교육에 정열을 불태웠다. 서울대에서 4년 동안 배운 공부는 과학원에 입학해서 한 달 동안 배운 것보다 훨씬 적었다(아마 일주일 정도 될 것이다). 한 달이 지나자 어렴풋이나마 학문의 길이 보였다. "아! 나도 학문을 할 수 있구나!"라는 희열을 처음으로 느꼈다. 3개월 동안 불철주야로 정신없이 공부만 하다가 속세의 친구들을 만나러 내려왔다. 그런데 말이 제대로 나오지 않았다. 그 사이에 인간의 언어를 잊어버릴 정도로 몰입한 것이었다.

과학원에서의 공부는 그야말로 스파르타식이었다. 2년 내내 오로지 공부에만 매진했다. 교수님들이 많지 않았는데 그분들에게 지금도 감사의 마음을 갖고 있다. 박송배, 김충기, 김재균, 나정웅 교수님께 진심으로 감사드린다. 과학원은 내가 제대로 된 공학인으로 자리 잡는 시기였다. 함께 배운 친구들은 훗날 한국의 IT산업을 일으키는 주역들이 되었다. 백만기(김앤장 대표 변리사), 임형규(삼성전자 사장), 박노병(삼성전자 사장), 황선영(서강대 교수), 이종명(하나로텔레콤 부사장) 등등 수많은 친구가 그 시절의 학우들이다.

첫 직장, 대한전선

도전과 실패를 통한 경영수업

과학원 졸업은 친구들보다 6개월이 늦었다. 나는 석사학위 논문이 나 스스로 판단컨대 부족하다고 생각했다. 지도교수인 박송배 교수님께 "석사 논문이 완벽하지 않아 반년을 더 공부하겠습니다"라고 요청했다. 박 교수님은 "논문 자격이 충분하다"고 말했으나 나는 빨리 졸업하는 것보다 제대로 하는 것이 중요하다고 고집을 피워 코스모스 졸업을 했다.

그렇게 1978년 카이스트의 혹독한 석사학위 과정을 마치고 대한전선 중앙연구소에서 사회생활을 시작했다. 박송배 교수님은 석사 졸업 후 바로 박사과정에 진학하는 것보다 현장 경험을 쌓는 것을 권유했다. 더구나 카이스트 출신 석사는 대리 발령을 받고 월급도 많이 준다고 하지 않는가.

그 산업 현장이 대한전선이었다. 삼성, 금성사(현 LG)와 더불어 가전산업의 3대 기업이 대한전선이었다. 매출 규모는 삼성전자와 비슷했다(안타깝게도 대한전선은 1983년 대우에 인수돼(가전 부분) 대우전자로 변신했다).

3주의 군사훈련을 마치고 머리를 빡빡 깎은 상태로 회사에 출근하자 시흥공장 여공 아가씨가 나에게 말을 걸어왔다.

"얘, 너 언제부터 근무하니?"

그 아가씨는 나를 자기보다 어린 '고딩'이라고 생각했던 것 같다.

여하튼 1970년대 말, 대한전선을 포함해 한국의 전자산업은 일본에서 설계 도면을 도입해 조립생산만 하던 단계에서 벗어나 자체 연구개발을 막 시작한 때였다. 대한전선도 야심차게 연구개발을 전담하는 중앙연구소를 설립하는 등 대대적인 투자를 시작했다. 일본 도시바로부터의 기술 도입 차원을 넘어 자체 기술개발을 시작한 것이다. 그러나 중앙연구소는 무엇을 개발해야 할지 몰라 우왕좌왕하는 수준이었다. 내가 발령을 받은 부서는 정보처리연구실로 당시로서는 첨단인 마이크로프로세서를 활용한 정보기기의 개발이었다. 과학원에서 엄청난 실험을 했던 마이크로프로세서 설계, 마이크로 프로그래밍 등은 한국의 산업계에서는 생소한 개념이었다. 당연히 나는 입사를 하자마자 스타로 떠올랐으며 물밀듯 일이 밀려 들어왔다. 그 덕분에 홍은동 집에서 시집살이를 하던 아내는 남편 얼굴 보기가 힘들어졌다.

우리는 중앙연구소 정보처리연구부를 줄여 '중앙정보부'라 불렀는데, 이 큰일 날 소리를 밖에서도 했다. 한번은 한 직원이 밤늦게 술에 취해 귀가하다가 경찰의 검문을 받았다. "어디 근무하냐?"는 질문에 겁도 없이 "중앙정보부에서 일한다"고 대답했는데, 천만 뜻밖에 극진한 안내를 받았다는 실화도 있었다.

여하튼 나는 다른 연구원들과 함께 한국 최초의 한글단말기를 만든다는 자부심을 가지고 신혼인 아내 얼굴은 가끔 보면서 '월화수목금금금'으로 연구에 몰입했다. 한국의 정보산업이 발전하기 위해서는 한글을 입력하고 출력하는 단말기와 프린터는 필수라는 사명감으로 일을 했다.

드디어 1978년의 어느 날, 최초의 한글프린터가 우리 한글을 인쇄하기 시작했다. 경쟁사를 압도한 이 성과는 하느님 같은 설원량 대한전선 회장을 모시고 브리핑을 하는 등 중앙연구소의 대표적인 성공 사례가 되었다. 그 후 1979년 오스트리아 비엔나에서 열린 유엔포럼에서 발트하임 유엔 사무총장 앞에서도 한글의 원리와 함께 이 제품을 자랑스럽게 설명했다. 여기까지는 성공담이다.

한글프린터에 이어 모두가 불가능하다고 하는 컴퓨터용 대형 스마트 단말기 연구에 착수했다. 팀원들을 독려해 설계도를 완성한 후 개발부에 이관했다. 그러면서 나를 칭찬하는 문서가 오기만을 기다렸다. 그러나 얼마 후 도착한 것은 도저히 생산이 불가능해 개발을 포기한다는 장문의 비판 문서였다.

대안은 오직 하나, 내가 직접 개발까지 완료하는 것이었다. 다시 월화수목금금금 작전으로 일을 끝내고 생산부서로 이관했다. 그러나 역시 도저히 양산이 불가하다는 통보가 왔다. 나는 생산부로 부서를 옮겨 그들과 함께 근무하면서 살펴보았다. 생산부의 의견은 정확했다. 양산할 수 없는 제품이었던 것이다. 이제 나는 중앙연구소의 자랑이 아니라 문제아로 전락하고 있었다. 그래도 어찌어찌하여 생산을 완료하고 미국 수출영업의 계약을 기다리는 단계까지 진도가 나갔다. 그러나 미국에서 온 회신은 도저히 제값을 받고 팔 수 없는 제품이라는 절망적인 메시지였다.

결국 미국으로 직접 건너가 현장 영업에 돌입했다. 결과는 놀랍게도 제값을 받고 팔았다. 이익률 10% 미만인 가전제품에 비해 3배 이상인 30%의 고수익을 올리는 한국 최고가의 수출용 전자제품이 된 것이다. 내가 설계한 제품에 대한 열정과 사랑이 빛을 본 것이다. 영업 현장에서 고객의 니즈와 연구개발 역량을 결합한 경험의 소산이었다.

이러한 실전 경험을 바탕으로 새로운 정보처리 사업을 기획하고 추진하는 실질적인 책임을 맡게 되었다. 개인용 컴퓨터, 미니컴퓨터, 네트워크 장비, 각종 단말기 등 PC 시대의 거의 모든 사업을 수행할 기회를 갖게 되었다. 그 기간에 다양한 사업 분야에서 유능한 사람들과 함께 일하고, 그 결과물을 신속히 넘긴 후 다른 사업을 추진하는 멘토의 리더십을 배웠다.

대한전선에서 신나게 일은 했지만 그곳이 나의 평생직장은 아니었다. 나는 박사과정을 밟을 계획이 있기에 내가 벌여놓은 사업을 후배들에게 넘겨주어야 했다. 카이스트에서 직접 4명을 스카우트해 그 자리에 앉히고, 대한전선에서 참으로 많은 인재를 분야마다 양성했다. 그 경험은 이후 많은 사업을 하면서 기업가정신을 불어넣는 데 큰 도움이 되었다. 사람은 자기의 비전과 기회가 주어지면 절대 포기하지 않는다는 인간정신도 배웠다.

물론 그 과정이 언제나 즐거웠던 것만은 아니다. 나와 더불어 생고생을 한 팀원들은 여러 차원에서 고통이 많았다. 다른 팀 직원들은 편하게 사는데, 왜 우리만 고생하느냐는 심각한 회의에 빠지기도 했다. 통금에 맞춰 밤늦게 퇴근하는 열성분자들에게 아침에 몇 분 늦었다고 시말서를 제출하라는 지시도 내려왔다. 그러한 교조적인 관리제도, 인간관계만 있을 뿐 아무런 성과도 내지 않는 사람이 열심히 일하는 사람보다 먼저 승진하는 인사제도, 열 가지에 도전해 한 가지 실패를 했다고 '실패자'로 매도하는 조직 구조 등이 우리를 맥 빠지게 했다.

나도 그 화살에서 벗어날 수 없었다. 하루는 인사부에서 나를 호출했다. '나의 엄청난 열과 성을 높이 평가해 칭찬하려는가 보다'라고 생각하고는 부리나케 인사부로 갔다. 그러나 들어서자마자 질책이 날아들었다. 왜 이렇게 출결 사항이 불량하냐는 질책이었다. 출근 시간에 몇 번 늦은 것을 용납할 수 없다는 것이었다. 나는 "밤 11시 넘어서까지 일을 했는데 아침에 몇 번 늦은 것으로 문책을 할 수 있느냐"고 항변했으나 내 사유는 받아들여지지 않았다. 결국 시말서를 썼지만 배운 것도 있었다. 조직 운영에 대해 많은 생각을 하게 된 계기가 되었기 때문이다. 생산적 괴짜보다 사랑스런 바보가 인정을 받는 것이 일반적인 조직의 풍토라는 것을 깨달았다.

도전하는 사람은 반드시 실패를 하게 되어 있다. 실패를 지원하지 않는 구조에서는 도전이 나오지 않는다. 또 신뢰를 깨뜨리는 불공정행위는 조직에 커다란 손실을 입힌다. 나는 이 경험을 통해 훗날 메디슨에서의 문화를 정립했다. 그런 의미에서 대한전선에서의 고생은 주야장천 고생만으로 끝난 것은 아니었다. 참으로 가혹한 고생을 했지만 그 기회를 준 대한전선에 감사드린다.

이 지면을 빌려 밤늦게 일하다 통금으로 귀가를 못해 우리 집 신세를 진 팀원들 뒷바라지를 해준 아내에게 다시 한 번 고마움을 표한다.

실패를 감싸준 설원량 회장, 정선호 소장(국회의원), 권철 전무, 팀원이었던 윤충섭(재미 사업가), 이명근(인터링크 사장), 정원호(교수), 선우종성(교수), 김윤수(교수) 등 대한전선 시절의 수많은 사람에게 감사를 표한다. 그 외에도 많은 사람이 있지만 일일이 이름을 올리지 못함을 미안하게 생각한다.

그때 그 시절, 홍은동 집

1964년부터 15년 동안 살았던 홍은동 집은 우리 가족에게는 전설의 집이다. 어떤 날은 통금을 피해 몰려온 내 친구, 동생 친구, 형님 친구 등이 어우러져 열댓 명이 좁은 집에서 자기도 했다. 광화문에서 20분 거리밖에 되지 않아 통금에 쫓긴 친구들이 몰려오기 딱 좋은 아지트였다.

비좁은 곳에 사람이 너무 많아 누울 자리가 없으니 당연히 잠을 제대로 잘 수 없었다. 밤새 술 마시고 떠들다가 겨우 새우잠이 들어 아침에 눈을 떠보면 온 집 안이 난장판이 되었다. 어머니께서는 그런 친구들에게 싫은 소리 한마디도 하지 않으시고 손님 대접을 했다. 내 친구들은 지금도 어머니께 감사함을 전한다.

친구들의 무용담은 가지각색이다. 김광민 군은 술이 떡이 되어 홍은동 집으로 와서는 침대에서 꼬꾸라졌는데, 자다가 갑자기 벌떡 일어섰다. 시국을 비관했는지 "우리는!"이라고 소리를 한 번 지르고는 침대에 토를 해버렸다.

중앙고 동창인 은세윤 군은 아침에 일어나자마자 "세면대를 사러 가야 한다"고 재촉했다. 왜 그러냐고 물으니 밤새 세면대를 깨먹었다는 것이었다. 밤중에 변기인 줄 알고 올라탔다가 세면대를 깨부순 것이었다. 어떻게 올라탔을까 생각만 해도 웃음이 나온다. 그 외에도 길이 전설로 남을 수많은 사건이 벌어진 곳이 홍은동 집이었다.

또한 많은 친가와 외가, 처가 식구가 거쳐 갔다. 큰아버님의 사촌들, 작은아버님의 사촌들, 외삼촌, 외숙모의 외사촌들…… 연인원으로 수십 명은 될 것이다. 식구들이 모이면 모두 홍은동 집에 대한 추억을 이야기하곤 한다. 1979년 홍은동 집을 떠났어도 1년에 한 번씩 '사촌의 밤'을 열곤 했다. 20~30명이 모이는 거대한 모임이다. 이러한 모임의 뿌리는 다 홍은동 집이었고, 이를 뒷받침한 것은 어머니의 보살핌이었고, 그것을 뒷받침한 것은 아버지였다. 다시 한 번 부모님께 감사드린다.

그 연탄 때는 홍은동 집에는 당연히 쥐가 살고 있었다. 신혼 시절, 내가 늦게 오는 날이면 쥐가 신랑 역할을 했다. 신혼방에까지 들어와 아내와 논 것이다. 겁이 많은 아내가 얼마나 놀랐을까 생각하면 절로 미안해진다. 결혼 후 3주 군사훈련을 받을 동안에는 쥐들이 더 극성을 부렸다. 아내 혼자 신혼방에서 잠을 자다가 부스럭거리는 소리에 깨보

사촌들과 정기적으로 함께한 1박 2일 사촌의 밤

면 어둠 속에서 두 개의 눈동자가 빛났다고 한다. 쥐가 아내를 노려보는 것이었다. 겁이 많아 주사도 맞지 못하는 아내를 3주 동안이나 쥐와 지내게 했으니 어찌 미안하지 않을 수 있겠는가.

이래저래 홍은동 집은 영원히 잊지 못할 추억을 안겨준 곳이다.

다시 카이스트로

생각지도 않은 길을 가다

1982년 다시 카이스트로 돌아와 박송배 교수님 지도 아래 박사과정을 시작했다. 대한전선에서 4년 동안 한글프린터 등 각종 단말기, 미니컴퓨터, 개인용 컴퓨터, 컴퓨터 운영체제 개발 등을 수행했기에 나름대로 한국 최고의 IT 실전 개발 경험자라 자부하고 있었다. 당연히 이러한 경험을 바탕으로 IT 분야에서 세계적인 학자가 되겠다는 야망으로 박사과정에 입학한 것이었다. 향후 메디슨 설립의 근간이 되는 초음파진단기 연구는 안중에도 없었다.

    박 교수님은 관대하게도 당신이 진행하고 있는 의료용 초음파 연구를 강요하지 않고 자유로운 연구를 허용해주셨다. 이는 초음파 관련 연구를 강요당하고 있던 '회로 및 시스템 연구실'의 모든 학생에게 미스터리였다. 박 교수님은 '산업과의 연계'가 학생 지도의 철학이었다. 한국이 세계적인 경쟁력을 가지려면 카이스트가 산학협력을 주도해야 한다는 신앙에 가까운 신념을 가졌던 것이다. 그런데 산학협동 과제를 하지 않고 자유로운 연구를 하라고? 이 의문은 얼마 지나지 않아 풀렸다.

하루는 교수님이 나를 호출했다.

"초음파 연구는 하지 않아도 되네. 다만 자네는 시스템 설계의 귀재이니 핵심 부분 설계만 해주게. 그러면 다른 학생들이 실험을 하도록 조치하겠네."

나는 컴퓨터 연구를 자유롭게 할 수 있다면 그 정도는 매우 좋은 제안이라는 순진한 생각으로 "경쟁업체 제품을 분석하고 그보다 훨씬 뛰어난 설계를 해드리겠다"고 약속했다.

다음 날부터 분석과 설계에 착수해 세계에서 가장 효율적인 회로와 시스템을 두 달 만에 완성했다. 설계도를 교수님께 전달하고는 '대한전선의 경험을 바탕으로 이제 본격적으로 학문을 쌓아 다가올 IT 시대의 선도자가 되겠다'는 장밋빛 꿈에 빠져들었다.

그러나 교수님의 호출로 이 꿈은 잠시 미뤄두어야 했다.

"자네가 설계한 대로 학생들에게 구현을 시켰는데 작동되지 않는다더군. 어쩔 텐가?"

방법은 하나였다. 내가 직접 구현하는 수밖에 없었다. 나는 그제야 박 교수님의 신공神功에 빠져들었다는 사실을 깨달았다.

그렇게 나 역시 초음파진단기 연구팀에 합류한 것이다. 선임 박사과정이던 김진하 박사(지멘스 의료기 부사장, 전 알피니언 사장)와 프로젝트를 양분해 일을 추진했다. 박사과정의 이승우(전 메디슨 사장), 석사과정의 김주한(터보테크 연구소장), 김영모(메디슨 엑스레이 사장), 장흥순(터보텍 사장, 서강대 교수), 다른 김영모(경북대 교수), 신동희(파워텍 사장) 등이 나와 함께 한국 초음파진단기의 여명을 연 쟁쟁한 멤버들이다.

이들의 노력으로 1985년 완성된 시스템은 경쟁업체에 비해 탁월한 성능을 보였다. PC의 10배 이상 규모였으며 한국에서 개발된 최대의 전자장비라고 자부했다. 경쟁사 제품과 비교해 시스템의 크기를 무려 1/4로 축소한 획기적인 신개념 제품이었다. 애초에 내가 설계한 시스템은 동작하지 않는 것이 아니라 구현시키는 데 조금 시간이 걸렸을 뿐이다. 이 회로는 메디슨 창업 이후 경쟁력의 한 축이 되었다.

카이스트는 산학협동 프로젝트만으로는 박사학위를 주지 않았다. 세계적인 SCI급 저널에 논문을 실어야 했다. 나는 초음파진단기 프로젝트에서 얻은 아이디어로 논문을 쓰기 시작했다. 이러한 논문이 진짜 논문이고, 이러한 과정에서 나오는 특허가 바로 기업의 경쟁력을 높이는 원천특허라는 것이 박 교수님의 철학이었다. 프로젝트에 참가한 우리는 논문 주제를 잡기 위해 눈을 부릅뜨고 연구를 거듭했다.

의료용 초음파 기술은 크게 신호처리와 영상처리 분야로 나뉜다. 그런데 논문이라는 것은 학문적인 성과도 중요하지만 어느 정도는 운도 따르는 것이 사실이다. 나는 무엇을 주제로 논문을 쓸까 고심하다가 어느 날 영상처리 분야에서 획기적인 아이디어가 떠올랐다. 부채꼴 모양의 초음파신호를 모니터에 왜곡 없이 표현하는 기술이었다. 이 새로운 개념은 의학 분야 최고 저널인 〈IEEE Medical Imaging〉에 게재돼 'Excellent'(훌륭한)라는 평을 받았다. 또한 '변환 클럭'이라는 회로기술은 〈IEEE Instrumentation〉에 실려 박사학위에 필요한 요건을 모두 충족시켰다. ULA라 명명한 이 기술은 훗날 메디슨 경쟁력의 핵심이 되었다.

이어 나는 초음파신호처리에도 도전하기로 했다. 인체에서 반사되는 많은 초음파를 집속하는 기술은 가히 꿈에서나 가능한 경지였다. 이러한 꿈의 기술을 나는 실제 현실에 떠올렸다. 기존의 신호처리 순서를 바꾸면 가능하다는 결론이었다. 더구나 이 기술의 구현은 복잡한 아날로그 기술이 아니라 단순한 디지털 기술로 가능하다는 장점이 있었다. SDF라 명명한 이 기술은, 그러나 주문형 반도체 투자가 필요해 실제 구현은 메디슨 상장 후에야 이루어졌다. 지금도 안타까운 점은 디지털 초음파 원천 기술이 카이스트의 재정적 문제로 인해 해외 특허출원이 되지 않은 것이다. 그 결과 60억 달러에 달하는 산업을 상실했다.

이후 새로운 초음파 이미징 방식 등 다수의 논문 아이디어가 지속적으로 터져 나왔다. 일련의 획기적인 논문 발표로 박 교수님은 학자들의

카이스트 졸업식에서

로망인 IEEE co-editor가 되었다. 영원한 은사 박송배 교수님의 철학과 집념이 초음파 연구를 통해 꽃을 피운 것이다.

학문적 수월성이냐, 산학 프로젝트냐? 이 두 가지 목표를 두고 지금도 카이스트는 고민 중이다. 아니 모든 대학이 고민 중이다. 나는 이 두 가지 목표는 서로 상충되지 않는다고 생각한다. 산학협동 과제를 통해 현장의 실제 문제를 발굴하고, 그 문제를 극복하는 과정에서 좋은 논문이 나온다. 카이스트 전기과에서, 박송배 교수님 연구실에서 가장 많은 벤처창업(상장사만 메디슨, 터보테크, 파워텍 등 3개가 있다)이 이루어진 것은 당연한 결과라 할 수 있다.

> 노란 숲 속에 길이 두 갈래로 났었습니다.
> 나는 두 길을 다 가지 못하는 것을 안타깝게 생각하면서,
> 오랫동안 서서 한 길이 굽어 꺾여 내려간 데까지,
> 바라다볼 수 있는 데까지 멀리 바라다보았습니다.
> (중략)
> 훗날에 훗날에 나는 어디선가
> 한숨을 쉬며 이야기할 것입니다.
> 숲 속에 두 갈래 길이 있었다고,
> 나는 사람이 적게 간 길을 택하였다고,
> 그리고 그것 때문에 모든 것이 달라졌다고.
> _ 로버트 프로스트 '가지 않은 길'

메디슨 02

대한민국 벤처 선구자, 멋모르고 시작하다

- 차라리 창업해 말아먹을까? • 자금을 구해 사업을 시작하라!
- 모두가 사장정신, 창업 5년 만에 이룩한 메디슨 신화 • 세계화로 가는 불가능에 도전
- 신제품 개발보다 몇 배 힘든 해외시장 개척 • 7대 거점 구축에 도전하다
- 사내벤처 성장기 • 사외벤처 발전기 • 메디슨의 추락과 부활 • 메디슨 부도의 숨은 이야기
- 메디슨 OB • 메디슨 문화

메디슨은 나의 첫 번째 거대 도전이었다.
메디슨 창업을 통해 내 삶이 바뀌었으며
나아가 대한민국의 산업지형도 바뀌었다.
여기에 메디슨의 창업에서부터 부도와 회생의 과정을 실어
극적이고 행복했던 도전 스토리를 전한다.

차라리 창업해 말아먹을까?

메디슨 창업, 의기투합하다

1985년 4월, 카이스트 초음파 연구실에 경사가 났다. 박송배 교수님이 1년간 미국으로 교환교수로 가면서 선임 박사과정인 내게 연구실 운영을 맡긴 것이다. 그동안 호랑이 같은 지도교수의 압박과 설움(?)에서 벗어나 여유로운 학창생활을 구가할 기회를 얻었다는 기쁨으로 들떠 있었다.

그러나 기쁨도 잠깐, 4월은 잔인한 달이라는 T.S.엘리엇의 시처럼 잔인한 사건이 벌어졌다. 초음파진단기 연구 프로젝트의 후원 기업인 남북의료기에서 사업철수 의사를 표명해 초음파 프로젝트가 좌초 위기에 처한 것이다. 프로젝트가 사라지면 석·박사과정 학생들의 보조금이 덩달아 사라지는 비극이 초래되는 것이었다.

그리하여 초음파진단기 프로젝트의 새로운 후원기업을 찾는 역할을 어쩔 수 없이 내가 떠맡게 되었다. 대한전선 근무 시절 연구개발에서 생산·영업·기획에 이르기까지 탁월한 역량을 인정받은 자신감을 가지고 "내가 책임지고 해결할 터이니 여러분은 연구에 전념하라"는 희망을 주며 대장정에 나섰다. 대한전선의 경험을 바탕으로 멋진 사업계획서를 작성할 때까지는 모두 희망에 부풀어 있었다.

많은 기업과 어렵게 미팅 약속을 잡고 방문해 사업을 설명하면 모두가 좋은 사업이고 좋은 기술이라는 칭찬을 해주었다. 그러나 경쟁기업이 누구인가라는 질문에 "미국의 제너럴일렉트릭, 유럽의 지멘스, 필립스입니다" 하는 순간 후원은 물 건너갔다. 결국 과거에 나의 역량을 인정했던 대한전선의 설원량 회장을 포함해 한 명도 설득하지 못하는 참담한 결과만 낳았다. 나를 쳐다보고 있을 석·박사과정 학생들, 남북의료기 파견 연구원들의 얼굴을 떠올리는 순간 나의 설득력에 한계가 있다는 자괴감에 빠져들지 않을 수 없었다.

한 달이 지나도록 돌파구가 열리지 않아 모두가 초초해하는 5월의 어느 날 갑자기 이런 생각이 떠올랐다.

'남들에게 좋은 사업이라고 설명하면서, 왜 스스로 사업을 하지 않는가?'

나는 창업을 떠올린 순간 쏜살같이 연구실로 달려가 석·박사과정 학생들과 파견 연구원들을 전부 소집했다. 후원기업을 섭외한 것이라 생각하고 기대에 부풀어 모인 그들에게 나는 "우리 스스로가 창업을 하자"는 기상천외의 제안을 했다.

잠시의 침묵이 흐른 뒤 누가 먼저랄 것도 없이 이구동성으로 말했다.

"형님! 젊은 나이에 회사 한번 말아먹으면 재미있겠네요."

이렇게 7명의 세상 물정 모르는 젊은이들이 벤처의 효시인 메디슨을 일견 장난처럼 창업한 것이다. 우선 미국에 있는 박송배 교수께 의견을 올린 바 적극적 반대가 없는 것을 찬성으로 억지 해석하고 본격적으로 창업 준비에 돌입했다.

아내와 부모님 모두 두 손 들고 반대했으나 그 정도는 충분히 나름의 카리스마 혹은 옹고집으로 돌파할 수 있었다. 나는 카이스트 박사과정 학생이었으나 졸업에 필요한 세계학회논문 게재가 몇 편 확정되어 학업 부담이 없었던 것이 그나마 행운이었다.

우선 대한전선의 경험을 바탕으로 사업의 양대 요소인 시장과 핵심 역량에 대한 분석을 했다. 초음파진단기 시장은 10억 달러의 규모로 연간 20% 성장하고 있었으며 경쟁사가 많지 않은 매력적인 시장이었다.

7인의 메디슨 창업자들

기술 장벽은 대단히 높았으나 나의 논문 주제인 디지털 초음파 기술, 연속집속 기술, 획기적인 디스플레이 기술 등을 상용화하면 충분한 기술적 비교우위가 가능하다는 결론을 내렸다. 모두가 꿈에 부풀어 창업 준비에 매진하게 되었던 것이다.

사업에는 당연히 자금이 필요하다. 우선 대치동에 있는 아파트를 담보로 대출을 받았다(이 아파트를 장만한 쌈짓돈은 대학 1학년 때 과외 지도로 번 돈이었다). 박사과정을 밟는 나는 수입이 없었고 아내가 바이올린을 가르쳐 그 수입으로 호구지책을 해결하던 터였다. 그러기에 아내의 걱정은 태산보다 더 커졌다. 그럼에도 앞으로 전진 외에는 선택의 여지가 없었다.

공장은 경기도 안성공단의 허름한 자동차 수리공장의 2층 한구석을 빌렸다. 사무실은 강남구 논현동 경복빌딩의 한 귀퉁이를 얻었다. 회사 이름은 메디슨(MEDISON)라는 그럴듯한 이름으로 짓고는 모두

창업 당시의 모습

가 좋아했다. 'MEDIcal(의료용)+ SONics(초음파)'라는 원래의 작명 방정식에 'MEDical+SON', 'Medical+EDISON' 등의 해석을 덧붙이고는 더욱 좋아했다. 회사 로고도 초음파가 퍼지는 모양으로 만들고는 창의·책임·조화라는 사훈도 만들었다.

세상 물정 모르는 엔지니어 7명에 법학을 전공한 김시우(하이닉스 전무)와 회계를 전공한 김종황(벤처 창업전문가)이 가세해 드디어 1985년 7월 2일 장맛비 속에서 고사를 올리고 대망의 메디슨은 출항을 시작했다.

자금을 구해 사업을 시작하라!

메디슨의 돈키호테들, 맨땅에 헤딩하다

메디슨 창업은 한편으로는 젊은이들의 불장난이었다. 그러나 세상은 그들의 불장난을 냉혹하게 바라보았다. 당연히 등장할 것이라 생각했던 투자자는 나타나지 않았다. 그때는 벤처기업특별법도 코스닥도 없었다. 벤처의 양대 인프라인 벤처기업특별법과 코스닥은 그로부터 10년 후에 내가 설립한 벤처기업협회가 주도하여 만들었다.

한마디로 벤처투자 인프라가 극히 취약했다. 물론 창업투자회사들이 존재했으나 대부분 무늬만 벤처투자를 하는 실정이었다. 실제로 투자는 하지 않고 융자만 하고 있었던 것이다. 그래도 사업을 시작했으니 물러설 수 없었다. 주변 사람들을 설득해 개인투자를 유치하기 시작했다. 요즘 얘기하는 소위 엔젤 캐피탈리스트를 끌어들이자는 음모를 꾸민 것이다. 도일시스템, 이장우 박사(경북대 교수), 이남식 총장(전주대 총장) 등이 그 희생양이 되었다.

그들을 만나 "제가 이번에 첨단기술회사를 설립하는데, 투자할 기회를 드리지요"라고 제안했다.

"투자 조건은?"

상대가 이렇게 물으면 "1,000만 원을 투자하면 액면가 500만 원 지분을 드리겠습니다" 하고 답했다. 말하자면 프리미엄 할증투자라는 얘기였다. 투자해주는 것만 해도 고마운데 할증투자를 하겠다는 배짱에 여러 사람이 알고도 속아주었다(다행히 이분들은 10년 후 메디슨이 상장되어 수십 배의 수익을 올렸다).

다음 목표는 벤처투자 전문회사들이었다. 여러 벤처캐피탈을 설득했으나 경쟁 상대가 GE, 지멘스라고 말하면 곧 물러섰다. 남은 것은 지금의 KTB 전신인 KTDC였다. KTDC는 특별법에 의해 전국경제인연합회와 과학기술부가 설립한 특수법인으로 최고의 실력가들이 김창달 사장의 지휘하에 포진하고 있었다.

당연히 쉽게 넘어가지 않았다. 메디슨이 상장된 후 KTDC는 "이민화의 사업 설명을 듣고 즉각 투자 결정을 했다"고 언론에 얘기했으나 사실은 그렇지 않다. 투자와 융자를 합쳐 2억 원의 의사결정을 내리는데 무려 6개월이나 걸렸다. 서갑수 부장(전 KTIC 회장)의 "박사학위 하나에 1억 원은 되지 않겠느냐"는 엉뚱한 논리를 듣고 최종 결정을 내린 것이다.

드디어 개인투자자와 KTDC의 투자로 최소한의 자금은 준비가 됐다. 그 자금이라는 것은 초음파진단기 10대를 사면 없어지는 규모였으나 철모르는 기술자들은 마냥 꿈에 부풀었다.

"벤처가 벤츠를 타느냐, 벤치에 앉느냐 그것이 문제로다."

우리는 그렇게 우스갯소리를 해댔다.

이제 사업을 시작해야 했다. 우선 나의 법적 지위가 문제가 됐다. 사업가가 카이스트의 국비 장학생으로 남아 있을 수는 없었다. 해당 학생 이민화, 소속 기관장 이민화라는 이상한 서류를 만들고는 지원받은 국비 전액을 상환했다(이 규정은 아직도 부분적으로 남아 카이스트의 창업 활성화의 걸림돌이 되고 있다). 그때까지 사업을 후원한 남북의료기에도 투자금액 전액인 9천만 원을 지급하고 일체의 권리를 넘겨받았다. 이제 법적으로, 재무적으로 사업을 시작할 준비는 끝났다.

창업을 한 1985년 9월에 키메스 Korea International Medical & Hospital Equipment Show : KIMES 라는 의료기기 전시회가 열린다는 소문을 입수하고 전시 참가를 결정했다. 1명의 여직원이 조달하는 김밥으로 끼니를 때우면서 두 달간 밤샘 작업 끝에 전시 시작일 새벽에 간신히 출

신제품 발표를 앞두고

국내 최초로 만든 초음파진단기

품을 했다. 모두 이틀간 곯아떨어져 집안에서 난리가 났다는 전설도 전해진다.

그러나 첫 전시회 성과는 참담했다. 의사들이 반응을 보이기는 했다.

"이게 무슨 기계지요?"

"첨단 초음파진단기입니다."

"흠, 초음파 비슷하기는 한데……."

우리는 초음파진단기 비슷한 기계만 전시했던 것이다. 초음파진단기가 아니었다. 시장의 벽은 그처럼 너무 높았다. 모두가 모여 근본적인 고민을 했다. 여기에서 포기할 것인가, 아니면 앞으로 나아갈 것인가? 우리는 논란 끝에 "못 먹어도 가자"는 결단을 내리고 생존전략을 구상했다.

전략 1 : 정면승부는 피하자. 경쟁자가 오면 우리는 숨는다.

전략 2 : 경험 있는 고객에게는 판매하지 않는다.

전략 3 : 모르는 고객을 가르쳐서 팔자.

만들고 보니 누군가가 말했다.

"중국 마오쩌둥의 전략과 흡사하네요."

영업 첫해, 우리는 대한민국의 산간벽지를 파고들었다. 전남 여수, 진도, 해남, 경북 청송 등 경쟁자가 가지 않는 시장에서 근근이 연명을 했다. 당시 우리 제품의 별명은 '신기루 초음파'였다. 화면이 보이다가 보이지 않다가를 반복했다. 발로 차면 보이는 그런 수준의 제품이었다. 그래도 애프터서비스는 열심히 했다. 고장 신고가 들어오면 서울에서 밤새 여수로 내려가 원장님 출근 전에 병원 문 앞에서 머리를 조아리고 기다렸다. 그런 메디슨 직원을 나중에는 식구로 받아주는 병원이 차츰 늘어났다. 문제를 통해 감동을 시키는 전략이었다. 메디슨의 출발은 이렇듯 가시밭길의 연속이었다.

모두가 사장정신, 창업 5년 만에 이룩한 메디슨 신화

도전의 메디슨 철학, 신화를 창조하다

영업 첫해인 1986년, 우리는 경쟁 상대가 버려둔 주변 시장에 숨어서 영업을 했다. 신기루 초음파인 SA-3000은 사실, 1년 이상 더 다듬어 출하했어야 했으나 우리에게는 그런 여유가 전혀 없었다. 파느냐, 문 닫느냐 오로지 그 문제에만 매달렸다. 그 결과 영업 첫해에 30대를 팔아 모양상으로는 흑자를 달성했다. 최초의 영업사원 이장용(한신메디칼 전무)은 용감한 애국자인가? 아니면 조금 모자란 사람인가? 지금도 정답은 알 수 없다.

냉엄한 시장 현실에 직면한 메디슨의 미치광이들이 드디어 양보한 것이 첨단 기술이지만 아직은 미완성인 연속집속 기술은 당분간 접어두고 구현이 용이한 기존의 기술로 전환한 것이다.

1987년 SA-3000A는 이승우(전 메디슨 사장) 박사를 중심으로 조영신(메디코어 사장), 김국진 등의 피땀으로 개발되어 10억 원의 매출을 달성했다. 숨겨진 이야기를 하나 공개하자면, 첫 제품(이름하여 신기루 초음파)을 무상으로 교환하는 과정에서 일부 병원에서는 내용도 모르고 오히려 고마워하는 일들이 많았다. "여하튼 감사합니다"라고 할밖에…….

1987년 메디슨은 시골에서 중소도시로 진출 거점을 확보했다. 중소도시에서도 주로 초음파진단기를 사용해보지 않은 의사들을 가르쳐서 판매했다. 이를 위해 '메디슨 레이디'라는 이름으로 미모(?)의 아가씨들을 초음파 실습 교사로 동원한 것이 주효했다.

이후 메디슨의 글로벌전략의 핵심 부분이 교육용 책자 등 교육과 영업의 통합이었다. 그러나 아직은 메디슨이 정면으로 세계적 기업들과 상대하기에는 역부족이라 판단하고 숨어 다니는 지하철 영업을 계속했다. 한 번 더 제품의 혁신이 필요했던 것이다.

2년간 준비를 마치고 1988년 드디어 수도권과 대도시에 진출했다. 정면승부를 건 것이다. G사, T사 등 해외 강자들은 우리를 보자마자 강력한 스트레이트 공격을 해왔다. 단숨에 제품가를 30% 이상 낮춘 것이다. 우리도 대응해 가격 인하에 돌입했다. 그러자 그들은 다시 가격 인하로 공격해 왔다. 피 튀기는 한판 전쟁은 조병일(M2커뮤니티 사장), 임영순 등 마케팅 포병들의 지원하에 김용백(용메디칼 사장), 안인규(인메드 사장) 등 용맹한 영업사원들이 보병 전투로 전진 또 전진했다. 그렇게 1988년 메디슨은 3배의 영업 신장을 이룩하며 대도시 공략에서 승리했던 것이다. 영업을 진두지휘한 정성훈(큐메드 사장) 군이 왜 현대그룹에서 이적해 왔는가는 여전히 미스터리다.

1990년 드디어 장성호(삼성 상무) 박사, 조동식(에코넷 사장) 등이 가세해 개발한 신제품 SA-4500으로 시장에서 선두로 부상했다. 새로 영입한 권용기(메디너스 사장) 차장은 국내시장 장악을 진두지휘하고 창업그룹인 이승우 박사와 조영신 군은 연구개발을, 정만돌 군은 생산을, 김국진 군은 서비스를 맡아 메디슨 신화의 첫 번째 작품을 만들어냈다. 메디슨의 국내시장 석권은 기술만이 아니라 영업·서비스·관리의 총체적인 협력의 결과라 보아야 할 것이다.

이 과정에서 한국의 뜻있는 의사 선생님들의 도움이 천사처럼 다가왔다. 서울대병원의 문신용 교수, 전북대 총장을 지낸 두재균 교수 등의 헌신적인 지원은 천군만마와 같은 힘이 되었다. 사실, 이 분들을 자칫 메디슨 영업사원으로 오해하는 사람들도 있었으나, 영업 사례금을 드린 적이 없다는 점에서 분명히 영업사원이 아니다.

이후 메디슨은 국내 최고 기업 삼성과 세계 최강 의료기 회사인 GE의 합작사인 삼성GE를 압도적 차이로 제압하고 국내시장 1위를 고수한다. 그 차이는 브랜드도 아니고 기술도 아니며 제품도 아니었다. 모든 면에서 취약한 메디슨이 삼성GE를 누르고 초음파시장을 석권한 바탕은 바로 치열함이었다고 본다. 그 치열함의 뿌리는 공유된 메디슨 문화였다.

메디슨 문화는 '도전을 장려하고 실패를 지원한다'는 기업가정신에 기반을 둔다. 기업 목표는 고객가치(국부 창출)와 사원가치(인간 존중)의 결합에 있으며 이를 선순환 통합하는 비밀이 바로 도전에 있다. 도전을 통해 인간과 업적이 통합되고, 교육과 업무가 통합되고 혁신과 유지가 통합된다는 도전의 메디슨 철학이었다. 이 도전을 한국인의 신바람으로

메디슨 창립 8주년 기념식에서

승화시키는 관리체계가 메디슨의 목표관리인 '보이지 않는 관리'다. 도전을 통한 업적 달성과 자아 완성을 추구하는 것이다. 〈메디슨 문화〉는 사내용 책으로 간행되었으나 수많은 벤처기업에 전파되어 벤처 문화의 DNA 역할을 수행했다.

메디슨의 직원은 그냥 직원이 아니었다. 그들은 모두 사장이었다. 300명의 직원 중에서 100명의 사장이 배출된 것은 결코 우연이 아니다(그중 6개 사는 상장했다). 바로 치열한 기업가정신 덕분이었다. 신바람 문화에 미친 젊은이들이 모여들면서 국내시장을 창업 5년 만에 석권한 것이다.

> '생명의 환희와 경이에는 아픔이 자리한다. 새로운 시초는 혼돈으로 시작한다. 메디슨의 탄생은 모순을 극복하는 역리의 과정이었다.'
> _〈메디슨 문화〉

세계화로 가는
불가능에 도전

메디슨, 세계시장을 개척하다

메디슨 창업 5년 후인 1990년, 국내시장에서 선두자리를 차지했다. 이 과정이 험난하기는 했으나 세계화로 가는 길에 비해서는 연습게임에 불과했다. 세계화를 통해 3차원 초음파진단기시장의 선두에 올라선 과정은 한마디로 '불가능에 대한 도전의 역사'였다.

창업 3년째인 1988년, 우리는 세계무대를 두드리기 시작했다. 사전 준비는 나름대로 충분하다고 지레 착각했다. 경기도 안성의 후미진 자동차공업사 구석을 벗어나 중소기업진흥공단의 도움으로 강원도 홍천 농공단지에 번듯한 공장을 지었다. 아무런 연고가 없는 홍천을 선택한 이유는 수도권에서는 공장 허가가 나지 않고, 인천 지역 등은 노사문제로 혼란스러웠기 때문이다.

여하튼 청운의 꿈을 품고 세계 의료기 회사들의 본격적인 무대인 독일의 메디카MEDICA라는 세계 최대의 의료기 전시회에 단기필마로 참가했다. 지금도 눈에 가물거리는 것은 입구에 전 세계 16개 참가국 국기와 더불어 자랑스러운 태극기가 휘날리고 있는 모습이다. 뒤셀도르프의 11월 추위는 매서웠지만 마음은 흥분으로 가득했다. 우리가 16번째다!

코엑스보다 10배 더 넓은 전시장 한구석에 자리한 아시아 두 번째 참가국 대한민국 메디슨 부스에 가끔 바이어들이 찾아왔다. 그들은 그저 건성으로 물었다.

"얼마요?"

"2만 달러입니다."

"한국이 대단하네."

그리고 그들은 스쳐갔다. 한마디로 한국은 1만 달러가 넘는 제품을 수출하는 나라가 아니라는 빈정거림이었다. 결론은 'Made in Korea'가 팔리려면 1만 달러 이하인 제품이 되어야 한다는 것이었다. 한국의 가장 비싼 수출품인 포니 승용차가 5,000달러가 안 되었다는 점을 감안하면 국가브랜드의 중요성을 새삼 절감한다.

귀국 이후 모두 모여 의논을 했다. 1만 달러 이하의 제품이 가능한가? 결론은 많이 팔면 가능하다는 것이었다. 많이 팔려면? 가격이 저렴하고 모든 면에서 경쟁사보다 30% 이상 우월해야 한다. 닭과 달걀의 논쟁이 시작되었다. 결국 협력사들에게 간청을 했다. 많이 팔 테니 가격을 엄청 내려달라고……. 왜 그분들이 우리의 제안을 받아들였는지는 이해가 가지 않으나 가격 문제는 못 팔면 배상하는 조건으로 해결했다. 디자인과 금형 투자의 문제도 설득인지 간청인지 여하튼 넘어갔다. 브랜드는 88 서울올림픽의 이미지를 차용해 팔팔하게 날아오른다는 88

로 정했다. 드디어 저가의 글로벌 소형 모델을 출하하는 작전명 '팔타세'(88 타고 세계로)의 출정식을 가졌다. 중화권에서 8이 좋은 숫자니 88은 무조건 팔릴 것이라는 기대를 품고……

시장지향적으로 설계된 소형 초음파기 88은 FDA 승인 이후 본격적으로 수출되면서 1991년 드디어 국내시장 매출을 넘어서는 수출의 견인차 역할을 했다. 메디슨 최초의 World Product 88에 참여한 김기원(원 메디칼 사장), 서정철(메디슨 연구위원), 김병재(누가의료기 연구소장)를 비롯한 신참 연구원들의 혼신의 노력에 감사드린다.

이어 소형 초음파시장의 결정적 모델인 1500, 600 등이 시장지향적 설계 개념에 의해 완성되어 메디슨의 세계시장 진출을 가속화했다. 완벽한 경쟁사 분석과 영업 현장의 목소리를 신속히 반영한 기술과 영업의 소통 능력이 경쟁력의 근간이었다. 하기는 사장이 영업 현장을 뛰면

아시아 원정

서 아우성을 치니 연구부서가 따라올 수밖에 없었다. 미국의 GE, 독일의 지멘스 등은 현장의 요구가 제품에 반영되는 데 1년이 걸리면 다행이지만, 메디슨은 3개월 내에 고객 요구를 반영했다. 속도경영만이 우리의 살 길이었다. 그러나 백조가 우아함을 유지하기 위해서는 수면 아래에서 엄청난 발 젓기가 있어야 하듯이 메디슨의 연구진은 시간과의 피 말리는 전투를 지속했다. 고석빈(알피니언 사장), 이성모(메디슨 지사장), 김종철(멕 사장) 등이 이때 터득한 기술·영업 결합 속도경영으로 사업 성공의 노하우를 체득했다.

고생은 연구소와 생산부 등 국내 용사들만의 전유물은 아니었다. 해외에서 뛰는 해외 영업맨들의 분전도 엄청났다. 유영종 부장(유니텍 사장)을 필두로 길문종(메디아나 사장), 고광찬(바이오넷 부사장), 박준형(바이오스페이스 이사), 정용찬, 조광호(KMDC 대표) 등 5인방이 전 세계 시장을 나누어 공략했다. 이 중 4인방은 메디슨이 첫 직장이었으나 자신의 관할 지역을 사장이 관여하는 것을 거부할 정도로 시작부터 사장의 마인드로 시작했다. 그들은 실패를 두려워하지 않고 젊은 패기로 전 세계의 백전노장들과 일전을 겨루면서 전우의 시체를 넘고 넘었다.

유럽에서 미주, 동남아 정글에서 중동의 사막까지 제대로 된 대리점을 확보했으며 그 과정에서 평균 2회 이상의 실패를 겪었다. 24시간 힘든 여행을 거쳐 아프리카에 도착한다. 쉴 틈 없이 상담에 임한다. 두 끼를 굶고 저녁은 두 번 먹을 때도 있었다. 일주일 만에 김치를 마주하고 눈물을 흘리기도 했다. 무수한 시행착오를 거치면서 비로소 전 세계 70개국의 대리점을 확보했다.

이제 메디슨은 또 하나의 핵심역량을 갖추게 되었다. 카이스트의 세계적 논문에 바탕을 둔 기술역량에, 전 세계에 걸친 의료 영업망이라는 또 하나의 핵심역량을 갖춘 것이다. 앞서 세계로 나간 의료기 회사가 없었기에 메디슨은 스스로 세계시장을 개척할 수밖에 없었다. 불과 10만 달러어치를 팔기 위해 24시간 비행기를 타고 간다는 것은 정상이 아니다. 시쳇말로 신발값조차 나오지 않는다. 전 세계 70개국을 누빈 2000년 당시, 나의 항공 마일리지는 250만 마일이 넘었다(미국을 200번 왕복한 수준이다).

메디슨의 경험으로는 세계시장 개척비는 연구개발비보다 훨씬 많이 들었다. 시장은 공짜가 아니다. 오히려 세계시장을 갖는 것이 기술보다 더 중요한 가치다. 이러한 전 세계 영업에 물류, 서비스, 금융 등 관리 체계의 중요성은 아무리 강조해도 지나치지 않다. 메디슨 방식을 뒷받

인도 지사에서

침하는 관리 부문의 숱한 고생을 담당한 이두현 상무, 이성훈 이사(엠게임 부사장), 안병윤 대리(인버스 사장), 김병장(메가 메디칼 대표) 등에게 이제야 죄송함을 표한다.

중동, 동남아, 남미에 이어 드디어 북미, 유럽에 입성했다. 전 세계 시장 진입에 성공한 직후인 1992년 전 세계 대리점 회의를 한국에서 개최했다. 시장의 중요성을 뼈저리게 느낀 우리는 메디슨 대리점 회의의 개최 시기를 한국 의료기 전시회 기간에 맞추어 소집했다. 대리점 회의 이후 바이어들을 전시장 앞에 내려놓아 한국 제품을 발굴해 귀국하도록 했다. 이후 한국의 의료기산업 전체 성장률이 연간 7%에서 21%로 급증했다. 2000년이 되자 한국 의료기 수출의 70% 이상을 메디슨 대리점들이 담당하게 되었다. 시장 선도업체가 전체 산업 성장의 견인차라는 사실이 입증된 것이다.

메디슨 제4회 세계 대리점 회의

이제 한국 의료기산업의 미래 성장전략을 그릴 수 있었다. 메디슨이 전 세계 영업을 담당하고 수많은 벤처기업이 신제품 개발을 나누어 추진하는 것이다. 새로운 의료 벤처기업들이 메디슨과 같은 생고생을 반복할 이유는 전혀 없지 않은가. 시장 시너지를 극대화하는 것이 한국 벤처의 유일한 생존전략이다. 전 세계는 단일 기업 간 경쟁이 아니라 기업생태계 간의 경쟁으로 변화했다. 생태계에서는 시장을 담당하는 선도기업과 기술을 담당하는 혁신기업의 역할이 있다. 이제 메디슨에게는 세계시장 개척을 통해 새로운 역할, 즉 생태계의 주춧돌^{Keystone}을 담당하는 공정한 전문상사의 역할이 부여된 것이었다.

신제품 개발보다 몇 배 힘든
해외시장 개척

변방의 강자 메디슨, 메이저리그에 올라서다

세계시장 진입은 성공했다. 70개 나라를 개척하고 한국 의료산업의 전문상사로서 수출의 견인차 역할을 맡은 것이다. 그러나 아직은 변방의 강자에 불과한 것이 1995년까지의 메디슨 위상이었다. 중저가 이하의 초음파진단기를 'GOLD QUALITY, SILVER PRICE, ROYAL SERVICE'라는 슬로건 아래, 주로 마이너리그인 개업의開業醫 시장을 공략했던 것이다. GPS라 일컬어지는 GE, 필립스, 지멘스 3대 강자들은 고가의 장비로 메이저리그인 병원급 시장을 독과점하고 있는 실정이었다. 언제 마이너리그를 벗어나 메이저리그로 가는가는 1995년 메디슨의 전략 과제였다. 준비 없이 GPS에 덤비면 결국은 장렬한 옥쇄가 기다리고 있음은 역사가 증명한 엄연한 현실이었다.

전쟁을 위한 준비를 갖추기 위해 군자금을 마련해야 했다. 1995년 메디슨이 주식상장을 한 이유가 바로 이 때문이었다. 당시에는 코스닥이 없었기에 메디슨은 벤처기업 최초로 코스피에 상장했다. 이를 통해 자금을 조달하고 드디어 우리의 오랜 과제에 도전했다. 바로 3차원 초음파진단기였다.

모차르트의 고향 오스트리아 잘츠부르크에서 2시간 가는 시골 동네에 크레츠^{Kretztechnik}라는 초음파 회사가 있었다. 1952년 초음파 개발 이후 기념비적인 중요한 발명을 여러 번 해낸 연구 중심의 회사였다. 이 회사가 자랑하는 기술이 바로 3차원 초음파진단기였다. 실제로 산모 뱃속의 태아 얼굴이 나오는(화면이 찌그러지기는 했으나) 센세이션을 불러일으켜 GPS를 긴장시킨 회사였다. 그러나 GPS는 이 3차원 영상은 쇼에 불과하다는 것을 깨닫고 무시했다. 영상 1장을 얻는 데 30분이 걸려 실용화가 불가능하다고 판단했기 때문이다. 그러나 우리는 메디슨의 디지털 초음파 기술과 3차원 초음파 기술이 결합하면 3차원 영상도 실시간으로 볼 수 있다고 확신했다. 1996년 4월, 연간 이익 50억 원인 회사가 감히 1,000만 유로를 투자해 유럽 회사를 인수하는 사건을 벌이고 만 것이다.

주사위는 던져졌다. 메디슨의 연구소 용사들은 오스트리아에서 밤을 지새우기 시작했다. 크레츠의 연구진들도 불타오르기 시작했다. 후진국이라 여기던 한국의 중소기업이 감히 자신들을 인수한 것도 불쾌한데 연구 경쟁에서까지 질 수는 없었다. 양사가 보유한 기술을 공개하고 메디슨이 제공하는 첨단 디지털칩을 활용했다. 양사가 별개의 제품을 개발하는 경쟁 결과는 세상이 놀란 실시간 3차원 초음파진단기 두 종류였다. 메디슨이 세계 최초로 실용 가능한 3차원 초음파를 개발한 것이다.

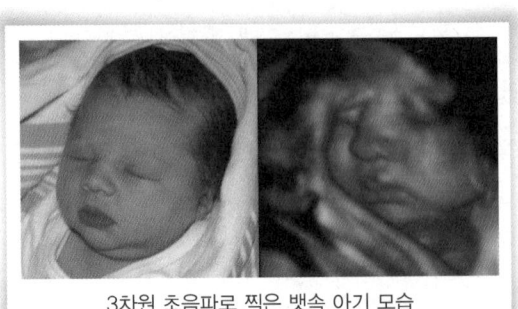
3차원 초음파로 찍은 뱃속 아기 모습

3차원 초음파는 가히 혁명이었다. 뱃속 아기가 하품하고 웃는 모습을 보고 부모들은 환호했다. 기존에 판독이 어려운 핏줄의 입체 구조를 보는 등 3차원 초음파의 응용은 무궁무진했다. 전 세계의 초음파 강자들이 긴장했다. 세계를 선도하는 미국의 토마스제퍼슨병원$^{Thomas\ Jefferson\ University\ Hospital}$, 일본 도쿄대병원 등 일류 대학병원에 진입이 시작됐다.

그러나 메이저리그에서 엄청난 수익이 나올 것이라 기대했던 꿈은 1년이 다 가도록 실현되지 않았다. 최첨단 병원에서 연구용으로 몇 대를 구입하고 실제 임상을 하는 대학병원들은 사용 용도를 몰라 구매하지 않았기 때문이다. 또한 선진국의 시장은 보험수가가 등재되어야 하는데, 보험등재는 임상 논문이 뒷받침되어야 했다. 제품개발이 전부라는 생각은 추격자$^{Fast\ Follower}$전략에만 통용된 것이다. 선도전략$^{First\ Mover}$에서는 제품개발과 더불어 임상개발이 중요한 것임을 깨달았다. 한국 기업이 세계 최초로 제품을 개발해 블루오션인 시장을 개척한 예가 당시까지는 없었다.

머리를 싸매고 생각을 거듭했다. 임상 논문을 만들자. 그러려면 논문을 실어줄 저널이 있어야 하고 학회가 있어야 했다. 그래서 세계 3차원 초음파진단학회를 결성했다. 한국이 주동해 새로운 학회를 만들고 세계 학회의 대륙별 지회도 결성하자 놀라운 일이 벌어졌다. 그동안 만나기 어려웠던 각국의 최고수 초음파 교수들이 지회장, 임원을 노리고 자기 발로 찾아왔다. 그분들께 3차원 초음파를 이용한 임상 응용의 아이디어를 제공하면 신속히 논문을 발표하는 선순환 구조에 들어섰다. 논문들이 쌓여 가면서 새로운 임상 기술에 보수적인 미국의 보험계에 1999년 드디어 3차원 초음파를 보험등재했다.

이제 3차원 초음파는 실험적 장비가 아니라 병원에 돈을 벌어주는 장비가 되었다. 세계에서 가장 어려운 시장이라는 일본에서 GPS를 물리치고 수입 초음파 중 최대 시장점유를 했다. 일본 최고가 초음파진단기보다 2배 비싼 2억 원 이상에 팔았다. 상장을 통한 자금 조달과 크레츠 인수라는 도박이 메디슨의 미치광이들을 만나 성공의 꽃을 피운 것이다.

1999년 한국 초음파의 태두인 최병인 교수님(서울의대 방사선 과장)은 세계초음파학회의 한국 유치를 위해 혈혈단신으로 베를린에 입성했다. 호주는 이미 유치를 확신하고 파티 준비까지 했다. 그러나 메디슨에 우호적인 골드버그, 큐르약 등 교과서에도 나오는 전설적 인물들의 지지로 한국이 막판 뒤집기 유치를 하는 놀라운 사건이 벌어졌다.

사실, 해외 사업인수 경험이 없던 터라 크레츠 인수 이후 문화적 충격을 극복하는 게 큰 문제였다. 다들 어렵다고 했다. 그러나 여기에서도 개방과 자율이란 메디슨 방식은 통했다. 이전까지 각자의 기능

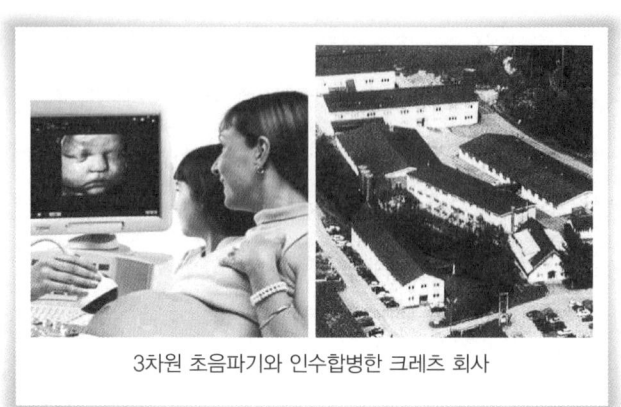

3차원 초음파기와 인수합병한 크레츠 회사

적 역할만 하던 크레츠 직원들이 회사 전체의 정보를 얻고 의사결정에 참여하면서 단순한 샐러리맨에서 메디슨식 미치광이들로 변하기 시작했다.

초기 일화를 하나 소개하면, 금형에서 판금까지 내부 제작 방식을 탈피하기 위한 부문별 소사장 분양에 아무도 지원하지 않았다. 마음 고생하는 사장보다는 여유 있는 샐러리맨을 선택하던 사람들이 변하기 시작한 것이다. 또 주식옵션도 주어졌다. 한국의 메디슨 직원들이 집을 샀다는 소문이 퍼지자 더욱 변했다.

크레츠는 고석빈, 조동식 사장이 바통을 이어가며 키워 2000년 봄 하창원 이사가 유럽 증시에 상장시켰다. 한때 시가총액이 5억 유로에 달했다. 이때 투자원금 이상인 3천만 유로를 회수했다. 내부 혁신을 넘어 인수합병$^{M\&A}$을 통한 개방혁신이라는 새로운 도전의 성공이었다.

7대 거점 구축에
도전하다

메디슨, 7개의 심장을 달다

이제 전 세계 영업의 활성화를 위해 7대 거점 지역에 순차적으로 현지 지사를 설립한 좌충우돌 성공기를 돌아보자.

1990년 노태우 정부의 북방정책에 의해 러시아 원조협상이 진행된다는 소식을 듣고 폴란드에서 2박 3일 기차를 타고 모스크바에 잠입했다. 과연 기회는 있었다. 구소련 붕괴에 따른 혼란이 극심해 사회주의 종주국의 한 달 월급으로 불과 담배 한 갑을 살 수 있는 시절이었다.

여하튼 러시아의 사회 분야 부총리를 초청하는 등 각고의 노력 끝에 3천만 달러의 의료기기가 러시아경협에 포함되는 쾌거를 올렸다. 그러나 1991년 친위쿠데타 이후 정권을 장악한 옐친이 과거의 협상 품목은 무시한다는 청천벽력 같은 발표를 해 일장춘몽이 되고 말았다(이 충격으로 나는 하루 세 갑 피우던 담배를 끊어버렸다). 하지만 이때 맺은 관계로 1992년 러시아의 국립의료기연구소와 최초의 해외합작사인 울트라메드Ultramed를 설립했다. 러시아 사업은 꾸준히 지속되어 메디슨의 주요 영업 거점이 됐다.

　역시 1992년 미국에 MAI, 유럽에 M2유럽이라는 현지 회사를 설립했다. 선진국 진입에 필요한 품질 규격을 획득하고 영업 지원을 위한 밀착 서비스를 위해 반드시 필요하다고 판단한 것이다. 그러나 미국의 MAI는 메디슨에게 너무나 많은 실패 비용을 치르게 했다. 처음 생각은 단순했다. 미국은 50개 주가 있으니 한 주에 한 대만 팔아도 월 50대다. 그러면 현지 운영이 가능했다. 순진한 꿈은 첫해 영업을 하고는 접었다. 전 세계 수많은 회사가 미국에 도전해 결국은 투자금만 날리고 물러나는 일을 반복하고 있었다.

　미국은 틈새시장을 찾아 정확한 마케팅을 하는 것이 핵심이고 엄청난 사후관리 비용을 감당해야 하는 시스템이 필요하다는 사실을 깨달았을 때는 이미 손실이 1천만 달러를 넘었다. 현지 사장인 마크 헤이워드는 그때마다 새로운 전략을 구상하고 시도했다. 그러나 3차원 초음파가 진입하기 전까지 미국은 돈 먹는 하마 역할을 충실히 수행했다. 3차원 초음파 이후 미국은 권태욱 지사장의 분전으로 핵심 수익원으로 탈바꿈했다. 미국은 정말 어려운 시장이었다.

　유럽은 그나마 미국보다 먼저 자리 잡기 시작했다. 유럽시장은 미국과 달리 최고가 제품보다는 가격 대비 성능이 좋은 제품이 주력을 이루었다. 의료체계의 차이가 초래한 결과였다. 독일 라인 강변의 마인즈에 위치한 유럽 지사는 비교적 순조롭게 자리 잡아 이후 크레츠 인수로 날개를 달았다. 특히 남유럽이 한국인의 성향과 잘 맞았다. 전 세계적으로 게르만보다는 라틴 지역에서 메디슨이 좋은 실적을 올린 것은 우연이 아니리라.

1992년 한국은 중국과 수교했다. 당연히 기회를 찾아 중국에 입성했다. 상하이는 지금과는 완전히 다른 모습이었다. 도로는 엉망이고 차도 없고 야간 조명도 없고, 심지어 술집도 없었다. 우리는 러시아의 경험을 바탕으로 1993년 9월 상하이 의료기연구소인 SMEIF와 상하이메디슨이라는 제조 합작사를 설립했다. 생산품이 출하되어 판매되면서부터 우리는 너무나 흥분했다. 영업이 날개를 달았으며 제품은 불티나게 팔렸다.

그러나 곧 문제가 드러났다. 중국에서 판매는 쉽고 수금이 어렵다는 사실을 몰랐던 것이다. 고석빈, 이두현, 조재옥으로 이어지는 메디슨 파견 총경리는 대륙의 이해하기 어려운 영업 여건에서도 상하이메디슨을 중국 10위권 의료기 회사로 성장시키는 괴력을 발휘했다.

상하이메디슨의 다음 전략은 전국 영업과 서비스망을 구축해 한국 의료산업 진출의 플랫폼을 만드는 것이었다. 2002년 메디슨의 법정관리로 이 전략이 실행되지 못한 점은 못내 아쉬운 일이다. 이후 한국의 의료기 회사들이 개별 진입을 시도했으나 모두 막대한 자원을 투입하고도 성공하지 못했다. 중국 사업은 플랫폼이 반드시 필요하다.

1994년 메디슨의 오랜 숙제였던 일본 자회사 메디슨재팬을 설립했다. 초대 지사장을 맡은 문정익 사장은 게이요 대학에서 철학 박사과정으로 통역을 하다가 끌려 들어왔다. 창립식 때 많은 재일교포가 눈물을 글썽였다. 문 사장은 일본 전국을 몸으로 부딪쳐 갔으나 일본은 시장경제 측면에서 이해하기 어려운 점이 너무 많았다. 경쟁사의 영업사원을 스카우트하기 위해 두 배의 급여를 제시해도 통하지 않았다. 그들은 돈보다 관계를 중요시했다. 한마디로 외부 세력의 진입이 원천 봉쇄되었다. 이러한 장벽을 돌파한 것이 3차원 초음파 혁명이었다. 이후 일본은 너무나 쉽고 허망하게 돌파되었다.

1995년 남미의 핵심 브라질에 메디슨브라질이 설립되었다. 라틴 국가와 메디슨은 궁합이 맞는다는 말을 증명하듯 브라질은 박준형, 조재옥 지사장 시절 외환위기의 어려움을 극복하고 현지화를 통해 대성공을 거두었다. 지금도 메디슨에서 시장점유율 선두를 지키고 있는 국가다. 브라질은 우리에게 기회의 나라였으나 출장이 너무 힘들다는 것이 단점이었다. 하루를 꼬박 비행기를 타야 하는 고난의 행군을 메디슨맨들이 극복하면서 이룩한 성과였다.

메디슨인디아가 설립돼 미국·유럽·일본의 3대 축에 브릭스^{BRICS} 4개국이 더해진 7대 거점이 완성된 것은 메디슨 상장 후인 1997년이다. 이후 메디슨은 7대 거점의 현지 자회사와 70개국 대리점의 이원체제로 운영되었다.

세계화를 꿈꾸는 기업들이 피할 수 없는 과제가 바로 '세계화로 가는 길'이다. 세계화를 구축하면 전 세계 영업망을 바탕으로 기술혁신이 가속화되고, 전 세계 서비스망을 바탕으로 고객의 문제가 파악된다. 전 세계를 연결하는 시장과 기술의 연결망이 벤처기업의 궁극적인 핵심역량인 것이다. 그 연결망의 중요한 허브가 메디슨이 수많은 실패를 통해 도전했던 7대 거점이었다.

사내벤처 성장기

신성장동력, 사내벤처에 시동을 걸다

7개국 자회사와 70개국 대리점으로 전 세계 판매망을 구축한 메디슨의 다음 과제는 확보한 시장에 투입할 신성장동력이었다. 기술혁신은 기업가정신에 기반한 창조적 도전이라는 믿음으로 사내벤처 양성에 돌입했다. 도전을 통해 새로운 혁신을 이룩할 수 있기에 메디슨 문화는 한마디로 도전의 문화였다.

메디슨의 근본 가치인 인간존중과 국부창출은 도전을 통해 완성된다고 보았고 이러한 도전을 장려하는 사내관리제도는 메디슨 방식의 목표관리^{MBO}였다. 메디슨 문화에서 양성된 수많은 도전정신으로 무장된 사내 기업가들의 다음 행보가 사내벤처의 창업으로 이어진 것은 너무나 당연한 귀결이었다.

최초의 사내벤처는 1992년 출범한 동서사업부였다. 경락을 통한 진단과 치료를 IT 기술과 결합한 한방의료의 세계화를 꿈꾼 야심찬 프로젝트를 갖고 1994년 메리디안(경락)이라는 이름으로 출범했다. 메리디안은 혁신 기술로 평가되어 좋은 조건의 벤처투자를 받고 나스닥 장외시장에도 등록되었으나 한방의료 사업 자체의 부진으로 현재는 답보 상태에 있다.

곧이어 전자차트^{EMR} 사업을 위한 마이다스 사업부가 출범했다. 마이다스 사업부는 서울대 의공학과의 민병구 교수님 휘하에 우수한 박사 연구진이 있다는 소문을 듣고 찾아가 의료산업 발전을 위해 헌신하라는 억지를 써서 박사과정을 중단시키고 출범한 조직이었다. 과연 김진태(유비케어 사장), 이상경(유비케어 상무), 김영훈(능률교육 이사)은 발군의 인재였다. 이들이 이룩한 세계적인 발명품이 바로 '의사랑'이라는 전자차트다. 1994년 12월 메디다스라는 이름으로 독립법인으로 출범했다. 의사랑은 한국이 의원급 전자차트 보급률 세계 1위를 유지하며 저비용 고효율의 의료경쟁력을 이룩하는 데 큰 역할을 했다. 이후 메디다스는 상장기업이 되었고, 현재는 유비케어로 이름을 바꿔 SK의 자회사로 성장을 구가하고 있다.

병원의 필수 장비인 환자 감시장치 분야는 대우전자에서 이적해 온 아이디어맨 강동주 군(바이오넷 사장)이 창설하고 LG에서 온 김종철 군(멕 사장)이 합류했다. 초음파진단기와 더불어 최대 의료시장 중 하나로 평가 받을 만큼 시장 규모가 컸고 가전 기술의 연장선상에 있다는 점에서 한국의 전략 분야가 될 수 있다고 판단했다. 최태영 사장님이 운영하던 세인전자와 합작회사를 만드는 형태로 바이오시스라는 회사를 만들어 사업을 시작했다. 바이오시스는 최단기 상장이라는 기록을 세웠으나 기업사냥꾼의 매각 과정을 거치면서 사라졌다.

그러나 핵심 요원들이 창업을 하면서 하나의 기업이 아닌 여러 기업으로 환생했다. 현재는 강동주 사장의 바이오넷과 김종철 사장의 멕아이씨에스, 길문종 사장의 메디아나, 그리고 비스토스, CU메디칼, 휴비딕, 참케어, 바이오닉스 등으로 두꺼운 선수층(생태계)을 형성해 이 산업을 이끌고 있다. 이 회사들의 총 매출이 1천억 원 이상인 것을 보면 "가능성 있는 인재를 가능성 있는 시장으로 결합시키는 과정만 가능하다면, 스스로 재생 복사하는 능력을 가지는 생명의 순환"이라는 벤처 메커니즘을 보여주는 사례였다.

의료용 내시경 분야는 1996년 서울대 의공학과의 지영준(울산의대 교수) 군이 중심이 돼 1998년 웰슨엔도라는 회사로 분사했다. 내부 기술개발만으로 해결하기에는 오랜 세월이 걸리는 미세 광학기계 분야는 내공이 필요해 독일의 MGB라는 세계 최초의 내시경 기업 중 하나를 인수했다. 문신용 서울대 교수, 두재균 전북대 교수가 베를린에까지 가서 살펴보고 많은 조언을 해주신 것에 대해 깊은 감사를 드린다. 아날로그 기술의 내시경을 디지털 기술로 바꾸고 병원이 아닌 의원급 최적화 장비를 개발하면 승부를 겨룰 수 있다는 전략을 세우고 도전해 나름대로 성공을 거두었다. 하지만 메디슨 부도 이후 바이오넷에 합병돼 핵심역량이 소실된 감이 있다.

엑스레이 사업부는 김영모(당시 메디슨 상무)가 주도해 설립했다. 최대 의료산업인 엑스레이산업은 기술의 변혁기에 들어서고 있었다. 아날로그 방식인 과거의 엑스레이가 디지털 방식으로 변화하기 시작한 것이었다. 핵심 분야인 디지털 검출기의 경쟁력을 확보하면 세계적 강자들과 한판 승부가 가능하다고 판단해 가능성이 공존하는 두 가지 검출기술에 벤처투자를 했다. 투자한 검출기 회사 중 하나는 뷰웍스(김후식 사장)이고 다른 하나는 디알텍(윤중기 사장)이다. 각각 해당 분야의 세계 3위권에 진입하는 놀라운 분전을 하고 있다.

MRI^(핵자기 공명장치)는 메디슨이 도전한 가장 큰 신기술개발 프로젝트였다. 아쉽게도 MRI 사업은 엄청난 국가 연구비와 LG의 사업비를 투입하고도 결국 포기하고 말았던 사업이다. 이 사업은 한국이 세계적으로도 앞선 분야이고 기술 인재도 많이 양성된 분야라 꼭 살리겠다는 생각은 굴뚝같았으나, 최소한 100억 원 이상이 필요해 엄두를 못 냈다. 하지만 메디슨 상장 이후 자금이 유입되어 한편으로는 3차원 초음파에 투자하고 한편으로는 MRI 사업에 도전했다.

이흥규 박사(아이솔 대표), 장용호 이사(사이메딕 사장) 등 내부 연구진과 고려대 오창현 교수, 서울대 장기현 교수, 동보의 이근남 사장 등 그동안 칼을 갈아왔던 수많은 MRI 전문가가 가세해 드디어 한국의 첫 상업적 MRI가 시장에 선보였다. 1997년 메디슨은 이 성과로 또 하나의 장영실상을 수상했다. MRI 사업부는 메디너스로 분사되어 3.0T급 장비를 개발하는 등 분전했으나, 메디슨 부도 이후 홀로서기 과정에서 성장이 정체된 점을 아쉽게 생각한다. 여기에서 아이솔과 사이메딕 등이 분사되어 활동하고 있으나, 분열로 인한 규모 부족이 아쉽다.

메디슨의 문화적 DNA는 사내벤처를 통한 분사 과정에 전파되어 지금도 한국의 의료산업계에 살아 움직이고 있다. 바로 '도전하는 기업가 정신'이다.

사외벤처 발전기

개방형 혁신, 사외벤처를 낳다

사내벤처의 성장으로 메디슨의 국내외 영업망은 날로 새롭게 발전을 거듭했다. 그러나 불과 300명의 메디슨 내부에서 공급되는 사내벤처로는 새로운 성장동력의 한계에 부딪혔다. 1995년 상장을 앞두고 우리는 생각했다. 왜 외부의 우수한 인력과 회사를 신기술개발에 끌어들이지 못하는가? 한국에서 동원 가능한 인력을 총동원해야 GPS에 필적할 수 있지 않겠는가!

혁신을 개방적으로 한다는 것은 당시에는 상상하기 어려운 개념이었으나 8년 후인 2003년 미국의 체스브로 교수에 의해 발표된 개방형 혁신(오픈이노베이션)이 바로 우리가 시도했던 시대를 앞서간 활동이었다. 이러한 과정을 거쳐 형성된 기업군들을 우리는 사내벤처에 대비해 사외벤처라 명명했다.

최초의 사외벤처는 1990년 합작투자로 설립한 대원전자(한진호 사장)였으며 프로소닉이라는 이름으로 성공적인 상장을 했다. 이 회사는 초음파변환기 회사로 음향학의 대가인 성굉모 교수와의 연구 과제로 만나 인연을 맺었다. 변환기 기술을 기반으로 초음파 사업의 결정적 핵심 소자인 인체에서 초음파신호를 얻는 탐촉자probe를 만들기로 결정하고 합작투자를 했다. 대부분의 전문가는 회의적이었으나 이 분야의 세계적 기업으로 성장해 많은 분을 본의 아니게 실망(?)시킨 것을 송구스럽게 생각한다.

1994년에는 미래의 꿈의 기술인 '인공심장' 연구에 도전했다. 인공심장은 전자·재료·제어·통신·에너지 등 온갖 기술의 복합체이기에 한국이 도전한다는 것은 상당히 무모했다. 그런데 서울대 민병구 교수 팀은 이를 무려 10년 전에 시작해 고려대 의대의 성경 교수와 동물 임상 단계까지 진입했다. 이 사업에 투자를 결정하고 영입한 김종원 박사와 설립한 회사가 바이오메드랩이다.

민 교수와 바이오메드랩은 놀랍게도 1999년 미국보다 한 달 앞서 세계 최초로 환자 이식에 성공하는 기적과도 같은 성과를 이루었다. 그러나 식약청의 제재로 사업을 포기할 수밖에 없었다. 세계시장 규모가 500억 달러가 넘는 엄청난 기회를 놓친 아쉬움은 지금도 관련 기술자들의 가슴에 한이 되었다. 바이오메드랩은 파생 기술인 DNA칩 회사로 변모해 사업을 영위하고 있다.

1995년 어느 날 메카트로닉스에 일가견이 있는 임상희 사장과 그 측근이 모 기업과의 문제로 찾아와 도움을 청했다. 나는 즉시 스포츠클럽의 헬스 장비를 담당할 회사로 영입했다. 태하메카트로닉스는 임상희 사장의 뚝심으로 생소했던 트레드밀 분야에서 꾸준히 전진해 이제 전 세계 영업망을 구축했다. 성공의 핵심 요소는 역시 기업가적 도전정신이라는 점을 증명시켜준 사례였다.

1995년 가을에는 코메드가 가세했다. 체외충격파 쇄석기라는 수억 원대에 달하는 첨단 장비를 개발한 경남 창원의 한국계전의 한 부문을 인수했다. 이종수(누가의료기 부사장) 사장을 거쳐 이자성(전 메디슨 정책연구실장) 사장이 체외충격파시장의 축소에 대응해 디지털 X-레이 회사로 변신시키고 있다.

배병우 사장이 이끄는 인포피아는 1996년 메디슨과 인연을 맺었다. 한국의 의료 장비 분야에서 가장 취약했던 분야가 혈액 분석, 뇨 분석 등 기초 임상병리 분야였다. 이 분야의 기술개발을 위해 기계·화학·전자가 집약된 융합 기술을 풀어나갈 인재를 수소문하자 모두 배병우 사장을 지목했다.

개발비를 지원하고 생산한 혈액 분석기를 러시아에 수출했으나 놀랍게도 전부 불량이었다. 엄청난 수업료를 지불하고 배 사장은 사업을 접었다. 그러나 인포피아는 이에 굴하지 않고 혈액 분석 기술의 일부인 혈당측정 기술로 특화해 세계적인 기업이 되었고 상장도 했다. 2011년에 '30대 미래 세계화 기업'에 선정되는 영광도 안았다.

참고로 이 기술을 메디슨의 위탁으로 개발한 광운대 차근식 교수도 혈당 기술을 응용해 아이센스라는 회사를 창업해 성공 가도를 달리고 있으며, 그 연구팀의 일부가 설립한 올메디쿠스도 선전을 하고 있어 한국이 혈당 기술의 주요 국가로 부상하는 데 큰 역할을 했다. 암 조기 진단, 유전자 진단 등 많은 미래 기술개발을 통해 이 분야의 기업들은 지속적인 발전을 할 것이다.

2000년 메디슨은 약품 포장 분야의 유망 기업인 대구의 협신메디칼(대표 김준호)에 투자했다. 이 회사는 독보적인 약품 포장 기술로 일본 기업들을 제치고 미국의 최대 공급 회사로 성장했다. 매출이익이 30%에 달하는 초우량기업이 되어 기업가치가 수천 억 원에 달했다. 그러나 2008년 키코 사태로 수백 억 원의 현금이 사라지는 아픔을 겪었다. 그럼에도 앞서가는 디지털약국 토털 솔루션을 기반으로 역경을 딛고 다시 초우량기업으로 우뚝 설 것이다. 2000년에는 미래 한국의 성장동력이 될 바이오 분야의 바이로메드와 싸이제닉(싸이젠하베스트 포함)에 출자했다. 김선영 박사의 바이로메드는 바이오기업의 대표로 코스닥에 상장돼 바이오기업들을 이끌고 있다. 싸이제닉은 치매치료제의 임상을 완료하고 도약을 준비하고 있다.

사내벤처에 이어 사외벤처의 가세로 한국 의료산업의 생태계는 더욱 풍성해지고 이로써 산업 성장은 3배가 증가했다. 혁신은 개방에서 온다는 진리를 다시 한 번 깨달은 계기였다.

메디슨의 추락과 부활

메디슨, 불사조을 꿈꾸다

2000년 초에 결산을 마친 메디슨은 경상이익 720억 원이라는 사상 최대의 실적에 도취되었다. 그러나 영업이익은 150억 원 수준이었고 나머지는 사내외 벤처기업 중에서 상장주식 평가이익과 처분이익이었다. 미국발 닷컴 붐이라는 IT 버블이 최고점을 향해 가고 있는 시점이었다. 메디슨이 '시장을 공유한다'는 이념으로 벤처 소생태계 형성을 위해 투자한 기업들의 가치가 천정부지로 솟구치고 있었다.

1999년 기준으로 상장된 자회사만의 평가가치가 4,000억 원 이상 증가해 총자산 8,500억 원에 부채를 제외한 순자산만도 5,600억 원에 달하는 초우량기업이라는 착시 현상이 빚어졌다. 더구나 2000년 들어서면서 유럽 자회사인 크레츠가 유럽증시에 상장되면서 다시 5,000억 원 이상의 평가이익이 발생했는데, 당장 증권시장에서 매각 가능한 자회사 주식만 1조 5,000억 원에 달해 메디슨의 자만심은 하늘을 찔렀다.

그러나 바로 이 시점에서 메디슨에 엄청난 위기가 다가오고 있다는 것을 인식하지 못한 것이 경영자로서 돌이킬 수 없는 오류였다. 이제 그 시점으로 돌아가 보자.

2000년 4월, 내부에서 "자회사 주식 2천억 원만 매각해 무차입경영을 하자"는 의견이 형성되어 나에게 결정을 촉구했다. 너무나 매력적인 제안이어서 며칠을 생각한 후 내린 결론은 "코스닥을 탄생시킨 사람이 코스닥에 충격을 주는 대규모 매각을 할 경우 미칠 파급효과를 감안해 매각을 반대한다"는 것이었다. 그러나 축제는 여기까지였다. 2000년 하반기 들면서 미국발 IT 버블 붕괴는 그대로 한국 코스닥에 직격탄을 날렸다. 미국의 닷컴 주식이 1/10로 하락하면서 한국의 코스닥 주식은 1/20로 하락했다. 연초의 1조 5천억 원이 연말에는 신기루처럼 1천억 수준으로 줄어들었다.

그리하여 2000년 실적은 영업이익에도 불구하고 주식평가손에 의해 1,300억 원 적자로 마감되었다. 나는 12월에 '주식 매각 반대'라는 잘못된 결정을 내린 것에 대해 책임을 지고 물러난다고 선언했다. 메디슨 경영은 이승우 사장이 주도하는 비상대책위원회로 전환되고, 나는 크레츠 매각을 통해 자금을 마련한 뒤 공식 사임하기로 했다. 메디슨이 벤처를 태동시키고, 벤처로 흥하고, 다시 벤처로 위기를 맞게 된 것이다. 추락하는 것은 항상 날개가 있다.

2001년 10월 드디어 1년여를 끌어온 GE와의 크레츠 매각 협상이 1억 유로에 타결되었다. 그 사이 유럽증시도 버블이 붕괴되면서 협상 초기의 가격보다 엄청나게 하락했으나 메디슨은 금융권의 극심한 부채 상환 요구에 시달리고 있어 선택의 여지가 없었다(이후 GE는 1억 달러 규모의 3차원 초음파 매출을 5배 이상으로 키워 업계 정상으로 등극했다. 지금도 많은 메디슨 사람들이 가장 아쉬워하는 것이 크레츠 매각이다).

GE로부터 입금이 된 다음 날인 2000년 10월 9일은 잊을 수 없는 날이다. 1985년 설립 이후 15년간 키워온 자식 같은 메디슨에서 사임한 날이기 때문이다. 탄탄한 기술력을 바탕으로 꾸준한 영업이익을 내고 있는 메디슨을 위기에 빠뜨린 책임은 모두 내가 져야 했다. 대표이사직에서 물러난다고 해서 그 책임에서 모두 벗어나는 것은 아니었지만 메디슨 가족에게 다시 한 번 송구스러움을 전한다.

2002년 1월 메디슨은 증자를 앞두고 부도가 났으며 법정관리에 들어갔다. 그 여파로 나의 지분은 전량 소각되어 지분관계도 완전히 단절되었다. 결과에 대한 책임은 설립자로서 응당 감수해야 하지만 그 과정에서 아쉬운 부분은 여전히 남아 있다. 이제 그 이야기를 조금 해보자.

2001년 메디슨은 전년보다 1천억 원 이상 증가한 3,200억 원의 매출과 사상 최대인 220억 원의 영업이익을 올렸다. 법정관리 이후 메디슨은 외부의 수혈 없이 순수한 영업 현금 수입만으로 법정관리를 성공적으로 졸업하는 사례를 남겼다. 2011년에 삼성이 캔사스라는 사모펀드에서 인수한 기업가치는 8천억 원 수준이다. 2001년과 2010년 메디슨의 영업실적은 3,200억 원과 2,300억 원이고 이익은 220억 원과 320억 원으로 큰 차이가 없다. 기업가치도 1조 원과 8천억 원으로 큰 차이가 없었다. 자회사 가치를 감안해도 비슷했다. 법정관리 전후 10년을 보면 기업 본질 가치의 차이는 거의 없는 것이다.

초음파 사업은 꾸준했으나 문제는 투자자산의 평가였다. 법정관리 이후 상장된 자회사만의 현재 가치만도 6천억 원이 넘는 것을 감안하면 2000년 닷컴 버블 붕괴 때 금융권의 지나친 투자자산 저평가가 문제였다. 법정관리 과정에서 금융기관들의 부채는 출자전환된다. 이 금융기관들은 출자전환 금액의 3배수에 해당하는 가격에 매각을 하여 많은 수익을 올렸다. 예컨대 A보증 기금은 전환가의 3배가 넘는 가격에 매각을 해 1천억 원 이상의 수익을 올렸다. 짚고 넘어갈 점은 이러한 수익에도 불구하고 연대보증인인 나에게 지금도 출자전환 금액에 대한 청구를 계속하고 있다는 점이다. 한국의 기업가정신을 옥죄는 가장 큰 문제인 연대보증의 대표적인 문제 사례다. 내가 2009년 기업호민관 근무를 할 때 이에 대한 조치를 정부기관에 건의해 개선키로 했으나 아직 가시적인 결과가 나오지 않음은 참으로 안타깝다.

메디슨은 이제 삼성의 신성장동력인 의료산업의 중심으로 세계적인 기업으로 성장할 것이라고 믿는다. 삼성메디슨(대표 방상원)이 가진 가장 소중한 자산은 전 세계에 펼쳐진 영업망과 브랜드다. 이를 활용해 수많은 의료 기술이 해외로 진출한다면 내가 가졌던 꿈이 불사조처럼 살아날 것이리라.

메디슨 부도의 숨은 이야기

아, 메디슨! 통한의 판단 미스

메디슨에서의 '이민화의 사퇴'와 더불어 '메디슨 부도'는 지금도 많은 사람에게 궁금하고 의아한 일 중의 하나다. 꼭 그 궁금증을 풀자는 것이 목적은 아니지만 메디슨 부도의 진실은 언젠가는 알려져야 할 일이기에 이 책에 그 과정을 밝힌다.

2010년 가을, 미국 나스닥의 IT 버블 붕괴로 내가 메디슨에서 사임한 일은 이미 앞에서 밝혔다. 그때 메디슨의 전체 금융권 채무는 2천억 원 수준이었으며 금융기관들이 채무 상환을 강력하게 요구했다. 사실, 메디슨의 2천억 원 부채는 기업 규모에 비해 통상적인 수준이었다. 2010년에 엄청난 손실이 발생한 것처럼 보였으나 영업 그 자체는 큰 변화가 없었다. 그럼에도 나는 크레츠를 GE에 넘긴 후 곧바로 사임했다. 그 과정에서 GE의 사업전략을 깊숙이 살펴볼 기회가 있었다. GE의 경쟁력이 어디에 있는지 파악할 수 있었던 것이다.

참고로, 놀라운 사실은 세계 최대의 의료기회사인 GE가 10년 동안 단 하나의 혁신적인 의료기도 개발한 사실이 없다는 점이다. 그럼에도

GE는 어떻게 세계 최고의 지위를 유지할 수 있었을까? GE는 혁신을 외부에서 사왔다. 즉 오픈이노베이션, 개방혁신을 한 것이었다. 잭 웰치 회장은 거대조직은 파괴적 혁신에 취약하다는 것을 너무나도 잘 알고 있었다. 내부에서 혁신적인 신제품을 개발하는 것보다는 외부에서 혁신적인 제품이 나와 입증이 된 후 매입을 통해 GE의 전 세계 판매망에 결합시키는 것이 전략이었다.

GE가 크레츠를 인수한 시점이 혁신 의료기기가 1억 달러에 도달할 때였다. GE의 계산은 단순했다. GE가 인수하면 그 1억 달러가 5억 달러가 된다는 것이었다. 비싼 값에 크레츠를 인수해도 GE는 이익이었다. 그리고 점진적 혁신과 글로벌 마케팅으로 키워나가는 것이 GE의 핵심역량이었다. 이를 구현하기 위한 GE의 매트릭스조직은 대단히 효과적이었다. 여러 부처의 협조가 빠르게 이루어지는 이러한 방식은 수직구조를 가진 제조업 중심의 한국 기업들이 따라 하기에는 어렵다. 여하튼 1천억 유로에 매입한 크레츠를 GE에 1억 유로에 매각하고 그 돈이 입금되는 시점에서 회사를 떠났다. 2001년 10월이다.

나는 메디슨을 떠나 한국 의료산업의 새로운 전략을 구상하기 위해 한국의료산업연구소를 세우고 이자성(코메드 사장) 군을 영입했다. 차기 국가 의료전략을 만들고자 한 것이었다. 나는 당연히 메디슨을 물러났다고 생각했다. 실제로 퇴임 다음 날 메디슨과의 사내통신망이 단절되었다. 내가 의도한 것은 아니었으나 그 정도로 단호한 조치였다.

그때 야당인 한나라당에서 제안이 들어왔다. 미래 국가전략을 만드는 태스크포스^{TF}에 합류해 달라는 요청이었다. 나는 메디슨을 완전히 떠난 몸이었기에 "정치에는 절대 참여하지 않는다"는 조건으로 그 태스크포스에 합류했다. 태스크포스의 멤버는 5명으로 공성진(국회의원), 정두언(국회의원), 김일섭(회계 연구원장), A(이름을 밝힐 수 없다) 그리고 나였다. 공성진 당시 한양대 교수의 한백연구소에서 '강한 나라 좋은 나라'라는 슬로건을 내걸고 혁신국가로서 새로운 한국의 산업 패러다임을 제시해 나갔다. 나는 보람 있는 일이라 생각하여 순수한 마음으로 참여한 것이다. 2001년 11, 12월의 일이었다.

그런데 2002년 1월 메디슨이 부도에 처한다는 날벼락 같은 소식이 들려왔다. 나는 회사를 물러났지만 창업자이자 최대 주주였기에 더욱 충격이 컸다. 크레츠 매각대금이 들어오기 전에도 회사는 잘 버텨왔으며 매각대금이 들어오자 한숨을 돌릴 수 있었다. 매각대금 중 크레츠와 메디슨이 주고받은 상계 문제로 미입금된 3백억 원을 추가로 증자하기로 한 이틀 전에 부도가 난 것이었다. 이미 그 증자는 확정되어 있었고 나를 비롯한 메디슨의 모든 임직원은 증자대금을 준비한 상태였다. 증권가에서도 증자에 대한 의구심 없었다. 그런데 부도가 났다! 이상하지 않은가?

이러한 의문은 부도 일주일 뒤에 벤처 후배인 전석진 변호사로부터 전화를 받고 파악이 되었다. 전 변호사는 변호사이면서 벤처기업을 설립한 벤처협회 초창기 이사이기도 했다. 그는 다짜고짜 내게 물었다.

"형님, 한나라당 정책 수립에 참여한 적이 있으십니까?"

나는 깜짝 놀랐다. 5명이 비밀리에 작업을 한 것인데, 그가 어떻게 알았을까.

"형님이 그런 일에 참여하고도 회사가 무사할 줄 알았나요?"

뒤통수를 한방 맞은 느낌이었다. 나는 즉각 항변을 했다.

"내가 한나라당 정책 수립에 참여하기는 했지만 나는 이제 메디슨과 관계없는 사람이야. 그 회사에서 완전히 물러났어."

그러나 전 변호사는 단호하게 얘기했다.

"그건 형님 생각이고, 다른 사람들은 메디슨은 이민화라고 생각하고 있습니다. 형님이 한나라당 정책 수립에 참여한 이상 메디슨은 무사할 수 없지요."

그때 수립된 정책은 이후 국회의원이 된 정두언, 공성진 두 의원이 잘 활용했다. 그러나 나의 참여로 메디슨이 부도난 사건에 대해 두 사람은 전혀 모르고 있다. 이 책에서 처음으로 밝히는 사항이다. 정치의 무서움을 뼈저리게 느낀 순간이었다. 그러기에 무려 10년 동안 입을 다물고 있었던 것이다!

나의 판단 미스에 대해 모든 메디슨 가족에게 죄송하다는 말밖에는 할 말이 없다. 메디슨 부도가 미친 여파는 너무나 컸다. 메디슨 자체의 성장이 정체된 것은 물론이다. 2000년 3천억 원 가까운 매출을 올리던 메디슨이 2011년 삼성으로 매각될 때는 2천억 원이 조금 넘는 수준이었다. 메디슨의 초음파 사업 자체는 10년간 거의 변화가 없었다. 즉, 발전이 없었다는 뜻이다. 메디슨의 비초음파 의료 사업들은 그 후 비약적인 발전을 했으나 메디슨은 그 혜택을 전혀 받지 못했다. 비초음파 투자 회사들이 차례로 상장하면서 기업가치는 1조에 육박했다. 그런데 법정관리 과정에서 헐값에 모든 지분을 매각해버렸기 때문이다. 메디슨의 기업가치는 2000년에 1조 원이었으나 삼성에 매각되는 시점에는 7~8천억 원 규모였다. 즉, 기업가치도 11년 동안 전혀 성장하지 못한 것이다.

더 큰 타격은 의료산업 전체가 정체된 것이다. 의료산업 전체의 성장은 메디슨이 시장 선도기업으로 등장하면서 7%에서 21%로 증가했다. 역으로 메디슨이 2002년 이후 초음파 사업만 한다고 선언한 이후 성장은 9%로 떨어졌다. 선도기업의 역할이 얼마나 중요한가를 절실히 보여주는 통계다.

더 중요한 것은 한국 벤처생태계의 문제였다. 벤처산업의 성장은 기술혁신과 시장개척 두 단계로 이루어진다. 모든 기업이 두 가지를 다 잘할 수는 없다. 바람직한 것은 선도기업이 개척한 시장을 후발 기업들이 공유하면 산업 전체가 빠른 속도로 성장할 수 있다. 이것이 내가 저술한 『초생명기업』에서 주장했던 내용이다. 이를 요즘은 '소생태계'라 부른다. 이러한 벤처 소생태계가 벤처산업이 지속적으로 성장하는 유일한 대안이다.

모든 벤처기업이 스스로 세계시장을 개척하라는 것은 확률도 낮고 효율성도 없는 게임이다. 먼저 시장을 개척한 메디슨이 여타 의료산업의 시장을 열어주고, 먼저 시장을 개척한 넥슨이 여타 게임업체의 시장을 열어주는 구조가 가장 바람직하다. 미국 나스닥에 상장하는 회사들의 전략은 바로 이와 같다. 자신이 만든 필살기必殺機, 즉 Killer Technology로 자체 시장을 형성한 이후 나스닥에 상장한다. 이후에는 자신이 개척한 시장에 시너지가 있는 기술을 가진 회사들을 협력 혹은 인수합병함으로써 성장을 가속화해 나간다. 시장과 기술의 결합, 이 선순환이 바로 벤처 확산의 핵심이다.

그런데 메디슨의 부도 과정을 보고 선도벤처들은 단독 성장전략으로 전환했다. 결과적으로 벤처생태계에 확산 모델이 사라져버린 것이다. 이러한 문제를 초래한 것은 바로 나 자신의 오판 때문이었다. 정치판의 무서운 생리를 무시한 너무나도 순진한 생각이 결과적으로 메디슨과 의료산업계, 나아가 벤처 전체에 큰 누를 끼쳤다. 이 지면을 빌려 다시 한 번 사과의 말씀을 올린다.

메디슨 OB

메디슨 OB, 메디슨 문화를 계승하다

메디슨은 메디슨 자체보다 창업해 나간 기업들의 가치가 훨씬 크다. 이들 기업의 모임이 '메디슨 OB'다. 메디슨 출신 기업 중에서 상장회사는 유비케어, 인피니트, 인포피아, JVM, 프로소닉, 시유 메디컬, 뷰웍스 등이 있다. 100명의 사업가가 배출된 메디슨은 말 그대로 기업가 사관학교라 할 수 있다.

특이한 점은, 큰 규모로 성장한 기업들은 메디슨 내부에서는 방계로 취급되던 기업이라는 점이다. 기업의 와해적 혁신의 중요성을 일깨워주는 사례다. 최근 코닥의 사례를 보더라도 '기업은 본업에 충실하면 도태되고 혁신이 지나치면 도산한다'는 두 가지 위협에서 균형을 잡아야 한다는 것을 새삼 느끼게 된다.

2000년에 집필한 『초생명기업』은 이러한 기업의 새로운 형태인 플랫폼 기업에 대한 이론적 접근이었으나 메디슨이 중간에 휘청하는 바람에 묻혀버린 이론이다. 최근, 애플 등의 새로운 기업이 이러한 초생명기업의 형태를 가지고 있다는 것에서 한 줄기 희망을 본다.

이 창업인들은 매년 연말에 한 차례씩 만나는데, 40~50명에 달할 정도로 큰 모임이다. 메디슨 OB들은 메디슨 문화를 유전자 코드처럼 간직하고 있다. 목표관리, 도전, 실패에 대한 지원, 논문제도 등 많은 제도가 메디슨 OB 기업들에서 살아 숨 쉬고 있다. 그러나 정작 이 문화를 탄생시킨 메디슨에서는 이러한 제도들이 거의 사라지고 관료화되어 가고 있다 하니 아쉽기만 하다.

메디슨 OB들은 내가 메디슨을 물러난 후에도 나에게 일상에서 많은 도움을 주었다. 나는 그 인연을 언제나 감사하게 생각하며 모든 메디슨 출신이 훌륭한 기업가가 되기를 희망한다. 메디슨 출신들과의 인연은 2011년 설립한 디지털병원수출조합에도 이어졌다. 많은 회사가 가입해 이 사업을 추진하고 있다. 디지털병원 프로젝트는 과거 메디슨에서 추진하던 전략의 연장선이기 때문이리라.

이들은 지금 이 시간에도 지속적으로 확산되어 분야별로 회사들이 뻗어나가고 있다. 현재 메디슨과 관계되는 창업 기업들의 가치는 메디슨을 능가하는 1조 원에 달한다. 앞으로 메디슨 문화를 바탕으로 하는 수많은 기업이 더 많이 등장할 것을 기대해 본다.

메디슨 OB에는 현재 220여 명의 회원이 있으며, 공식 결성된 이래 창업 동지 중 한 명인 조영신 메디코어 사장이 회장을 맡아 운영하고 있다. 나는 고문으로 추대되었으나 실제 일은 전부 조영신 사장이 하기에 이 지면을 빌려 감사드린다. 2007년 1월에 개설한 메디슨 OB 웹사이트(http://cafe.daum.net/medisonOB)를 방문하면 메디슨맨들의 소식을 알 수 있다.

메디슨 문화

왜 기업 문화인가?

메디슨은 벤처기업의 효시이기도 했지만 이 땅에 벤처 문화를 전파시킨 인큐베이터이기도 했다. 메디슨을 성장시킨 문화는 과연 무엇이며 그 바탕에는 무엇이 있었는지 살펴보자.

나는 멋모르고 메디슨을 설립한 후 막막한 사막 가운데 불시착한 생텍쥐페리의 어린 왕자 같은 불안감에 사로잡혔다. 미래는 안개 속에 있었다. 과연 나의 여우는 어디에 있는가? 그래서 대한전선의 경험을 바탕으로 사업에 대한 생각을 정리했다. 성공적인 회사를 만들려면 과연 어떻게 무엇을 해야 하는가?

첫째, 목표 설정을 잘해야 한다. 목표는 장기 비전이 있고 단기 목표가 있다.
둘째, 목표 달성을 위해 구성원들이 최선의 노력을 다해야 한다.

물리학에서 말하는 벡터의 두 요소, 즉 방향과 크기인 것이다. 회사가 작을 때는 문제가 없다. 모두 목표를 향해 열심히 한다. 그러나 회사가 커지면 역할이 분할되면서 기업 전체의 목표와 팀의 목표가 불일치한다. 이해관계 소통의 문제도 있다. 이런 문제들을 극복하고 성공적인 기업을 만들 수 있을까?

메디슨의 '공돌이'들은 재무관리, 인사관리를 어떻게 하는지 몰랐다. 전문가의 도움이 필요했다. 회사 안에 관리 인력을 영입했으나 1년이 지나자 의견 충돌이 발생하기 시작했다. 회사의 목표는 이익인가 아니면 종업원(혹은 고객)의 만족인가? 이익의 경우에도 단기이익이냐, 장기이익이냐? 제한된 자원을 시장 확대에 투입할 것이냐, 연구개발에 투입할 것이냐, 생산 확충에 투입할 것이냐?

우리는 수많은 토론을 통해 대안을 만들어 나아갔다. 그 과정에서 회사경영에 일관되게 적용할 기업가치를 세워야겠다는 필요성을 느꼈다. 창립 다음 해인 1986년의 창립기념일을 앞두고 최초의 '메디슨 기업이념'이라는 작은 글을 쓰기 시작했다. 그것이 바로 메디슨 문화의 출발이다.

이후로는 이 기업이념을 근간으로 '기업활동에 대한 메디슨 문화'라는 글을 덧붙이게 되었고, 메디슨의 관리 방식으로써 목표관리를 추구하고, 이어 메디슨의 인사 방식을 정리했다.

메디슨 문화의 형성

메디슨 가족들은 메디슨 문화에 자부심을 느낌과 동시에 부담을 갖는다. 그 이유는 기업에서 기술, 조직, 시스템, 전략 등의 요소들보다 공유된 가치가 더 중요하다는 주장하에 승진시험에서 메디슨 문화를 더 우선시했기 때문이다. 시험 방법은 사장인 나와 개인 토론을 하는 것이다. 정답이 없는 화두를 던지고 그 화두에 응답하는 식이었다.

"고객만족과 사업만족 중 어느 것을 우선해야 하는가, 왜 우리의 목표관리를 가치에 의한 관리라고 하는가? 도전과 목표관리의 기업가정신은 어떤 연관을 가지고 있는가?"

시험을 보는 직원은 예상 문제를 만들기 어려웠다. 워낙 다양한 조합이 가능했기 때문이다. 본질을 이해하지 못하면 답하기 어려운 시험이었다. 그 안에서 그들은 미래의 기업가가 되었다.

국부 창출과 인간 존중의 정신으로

이러한 메디슨 문화를 간단하게 정리하면 첫째 메디슨은 기업이념을 '기술에 의한 세계 도전'으로 설정했다. 1985년 설립할 당시 한국은 세계에 내놓을 만한 혁신 기술이 거의 없었다. 우리는 세계적인 기술을 바탕으로 세계시장에 도전한다는 슬로건을 내세우고 이를 달성하기 위해 필요한 정신을 '불가능에 대한 도전'이라 정의했다. 실제로 메디슨의 역사는 불가능에 대한 도전의 역사다. 도전은 항상 성공하지 않는다. 도전은 실패와도 같다. 도전에 의한 실패는 지원을 한다. 그래서 도전을 장려하기 위해 실패에 대한 지원이 메디슨 문화의 중요한 부분을 차지한다. 물론 모든 실패를 지원하지는 않는다. 도전에 의한 실패, 즉 학습이 있는 실패는 지원하지만 경계에 의한 실패, 즉 학습이 없거나 반복되는 실패는 지원하지 않는다.

메디슨식 목표관리

그리하여 나는 도전을 이끌어내는 관리 방식을 추진했다. 기존의 관리 방식은 반복되는 업무에 대해서는 많은 연구가 있었으나 도전에 관한 관리 연구는 많지 않았다. 혁신이라는 것은 바람과 같아서 단지 깃발이 펄럭이는 것을 보고 바람이 분다는 사실을 간접적으로 느끼는 것이다. 신바람은 한국인의 고유 특성인데 이런 신바람은 관리되기가 어렵다고 한다. 일본은 품질관리를 앞세워 세계적인 국가로 도약했다. 과연 한국은 무엇을 가지고 세계적인 국가로 도약할 것인가. 품질관리는 반복되는 제품 생산에 대한 관리다. 과연 한국이 품질관리로 일본을 이길 수 있을 것인가? 어렵다고 보았다.

우리는 혁신으로 일본을 극복해야 한다. 혁신을 만들기 위한 도전의 관리방식으로 목표관리MBO, management by objective를 연구했다. 목표관리는 메디슨 정신을 구현하는 데 중요한 관리 수단이 된 것이다. 세상의 에너지는 위치에너지와 운동에너지로 구성되듯이 기업의 역량도 성과결과와 내부역량으로 구현된다. 성과만을 추구하고 내부역량을 소진하면 기업은 혁신을 잃어버린다. 그러나 역량 강화만 추구하면 지속 가능하지 않다. 블레이크는 유명한 매니지먼트 그리드에서 '인간과 업적'을 이야기했다. 존경하는 석학 피터 드러커 교수가 소문자인 자율에 의한 mbo mbo by self management라고 생각한 것은, 인간을 X이론

(성악설)을 넘어 Y이론(성선설)을 넘어 스스로 자아완성으로 가는 목표 추구에 의해 관리하자는 의미였다.

이후 이 MBO가 품질관리의 대국인 일본에 전달되어 정반대로 해석되었다. 목표는 직원들을 압박하기 위한 NORMA로 전락되고 그것이 숫자로 표현되었다. 목표에서 재미와 가치가 사라진 것이다. 이렇게 되면 인간의 창의성이 사라진다. 그래서 메디슨의 목표관리는 목표를 통한 자아관리이기 때문에 상하 합의에 의한 목표관리를 통한 120% 목표 설정을 원칙으로 했다. 그 20%는 달성되지 않아도 좋다. 그것은 하나의 게임이다. 목표의 불확실성을 통해 재미가 부여되고 그 재미가 나의 도전에 가치를 주는 것이다.

자기조직화된 시스템의 특징을 보면, 부분의 불확실성이 전체의 확실성을 만들어낸다. 모든 부분이 완벽해질 때 전체는 죽는다. 모든 부분의 불확실성을 통해 혁신이 이루어진다. 개인 차원의 목표를 뒷받침하기 위해 목표 설정의 상호작용은 추후 인사고과시스템에 상호평가로 연결된다. 일방평가는 일방지시의 결과를 낳는다. 설정된 목표를 추진할 수 있는 재량이 주어져야 목표관리는 자리를 잡는다. 수단의 자율적 선택, 상당 부분의 결재권이 현장에 주어진다. 당장 돈을 사용할 수 있는 권한이 선수금 제도로 주어진다. 단, 사전통제가 아니라 사후공개를 한다. 집행된 금액을 공개하는 그 자체로 자율관리가 이루어진다는 것은 수많은 경험을 통해 입증되었다.

혁신의 평가

권력에 의한 통제는 품질관리에는 적합하나 창조성관리에는 적합하지 않다. 사전통제에서 사후평가로 가는 메디슨의 관리 방식은 보이지 않는 관리, 보여주는 관리로 명명되었다. 그리고 그 결과는 평가되어야 한다. 잘못된 것은 학습을 통해 공유되어야 한다. 실패는 없애야 하는 것이 아니라 실패를 통해 조직은 환경에 적응해 가는 학습 과정을 배운다. 결과는 평가되어야 하고 다양한 형태로 보상되어야 한다. 어떤 사람은 현금, 승진, 휴가를 원한다. 이 평가 과정은, 한 사람의 많은 요소를 나누어 소위 '할로HALO 효과를 없앤다'는 평가시스템은 이제 혁신에는 적합하지 않다.

정답이 없는 일을 하기 때문에 주관적 평가가 모여 객관화된다. 이것을 주관의 객관화라 명명했다. '360도 평가'라 불리는 평가시스템을 메디슨은 이미 시행한 것이다. 1987년에 자체적으로 개발해서 실시했고 상부로부터의 평가는 업적을, 하부로부터의 평가는 인간을, 측면으로부터의 평가는 협력을 나타낸다. 나 자신도 내가 평가하는 임원진, 간부급에 대해 평가를 받았다(물론 평가를 받는 순간은 기분이 매우 나빠진다). 모든 평가는 상호평가로 이루어지며 마지막으로 이의를 제기하는 재심제도를 도입했다. 인간이 하는 일은 완벽하지 않기 때문이었다.

기업가를 만드는 기업

개인 차원의 목표관리는 모든 임직원에게 기업가정신을 심어준다. 메디슨에서 100명의 사업가가 배출된 근간은 개인 차원의 목표관리로부터 출발했기 때문이다. 기업가정신이 살아 있는 메디슨은 늘 시장바닥처럼 왁자지껄하다. 그 안에는 보이지 않는 질서가 있으나 일사불란一絲不亂함은 없다(훗날 다른 기업에 인수된 후에 보이스카우트 같다는 평을 했다고 한다). 개인 차원의 목표관리는 조직 차원에서는 혁신과 유지, 활동이 선순환되는 태극조직으로 간다.

목표관리의 핵심은 도전을 장려하는 것인데, 도전의 결과가 성공이 되든 실패가 되든 조직 전체가 학습해야 한다. 똑같은 도전은 도전이 아니다. 그래서 학습조직으로 가기 위해 메디슨은 논문제도를 도입했다. 직원들은 매년 1편의 논문을 제출한다. 최소한 자기 업무는 자기가 정리한다. 외부에서 업무를 정리하는 시대는 지나갔다. 회사의 모든 업무는 6개월 단위로 바뀐다. 스스로 정리하는 것이 가장 올바른 정리다.

이런 과정을 거치면 조직역량이 급속도로 증대된다. 실제로 공고를 졸업하고 메디슨에 입사한 생산 현장의 사원들이 1년 후에는 대학생 못지않은 실력을 갖추었다. 스스로 목표를 가지고 스스로 논문을 써나가면서 자기주도학습을 한 것이다.

이러한 태극조직을 거쳐 일정 단계에 돌입한 사원들은 자기 아이디어를 사업화하는 도전을 한다. 사내기업인 것이다. 최근 들어 미국의 주요 대학에서 사내 기업가정신을 부르짖고 있다. 기업 내 혁신은 이제는 관리에서 이루어지는 것이 아니라 기업가정신을 바탕으로 이루어진다는 본질을 파악한 것이다. 메디슨은 1990년대 초에 이런 제도인 인트라벤처, 사내벤처제도를 실시했다. 여기에서 30여 개 회사들이 배출되었다. 그 회사들 중 7개 회사가 상장되었으며 단 1개 회사만이 부실한 상태로 전락했을 뿐이다.

메디슨의 임직원들은 실패를 두려워하지 않는다. 반복할 수 있는 기회가 주어지기 때문이다. 대한민국이 벤처의 재도전, 재기회를 연대보증에 의한 신용불량으로 막으면서 기업가정신이 급속히 쇠퇴한 것과 비교할 수 있다. 메디슨에서 활동하는 사람은 누구나 사장이 될 꿈을 꾸고 사장처럼 행동한다. 자신의 일을 통해 즐거움을 만끽한다. 상벌보다 자아실현이 근본적인 동기부여인 것이다.

인중천지일

인간과 업적을 융합하는 것이 도전이다. 이러한 융합 과정은 태극조직과 같은 선순환 원리로서 메디슨의 기본 모델로 정착했다. 고객에 대한 가치, 사원에 대한 가치, 혁신부서와 유지부서, 교육과 업무, 이 모든 것이 선순환되는 구조다. 결국 순환이 가장 중요하다. 좌우를 떠나 순환 그 자체가 중요한 천지인이 합쳐지는 인중천지일 사상이 바탕을 이룬다.

『메디슨 문화』는 이후 벤처 경영인들에게 가장 널리 읽힌 경영서적이 아닌가 한다. 나는 지금도 많은 벤처기업을 자문하러 다닌다. 놀라운 것은 생각보다 먼 관계의 기업에서도 메디슨 방식을 구체적으로 활용하고 있다는 점이다. 메디슨 문화는 '혁신의 문화'이기 때문일 것이다. 메디슨의 정신은 메디슨을 넘어 의료산업계, 나아가 한국 벤처산업계에 살아서 진화하고 있다. 메디슨이라는 기업 자체보다도 문화 전파의 공헌이 크지 않은가 생각한다.

- 경영의 목적은 이윤 추구가 아닌 성취에 있다.
  그래서 경영을 인류의 미래를 창조하는 예술, 사상, 철학으로 부르는 것이다.
  _ 조지프 슘페터
- 기업가정신은 가치 창출과 가치 분배를 확대 선순환시키는 리더십이다.
  _ 이민화

벤처 이야기 03

한국산업의 새로운 역사에 도전하다

- 벤처기업협회 출범
- 코스닥의 역사적 출발 • 벤처기업특별법 제정
- 벤처창업 로드쇼 • IMF 위기 극복 • 섬머스쿨
- 우리 시대의 영웅 • 실험실 창업 운동
- 디지털단지와 벤처빌딩제도 • 한글 살리기 운동
- 인터넷코리아 운동 • 벤처 세계화 프로젝트, 인케
- 벤처나눔 운동과 인터넷홀딩스 • 벤처리더스클럽
- 세계 최초의 개방혁신센터 • 오픈이노베이션
- 추락하는 것은 날개가 있다 • 벤처 재도약정책
- 벤처기업협회와 정보통신벤처협회 통합 • 천억 벤처와 글로벌 벤처포럼
- 21세기 벤처 대국을 향하여 • 벤처기업협회 회장직 사임

컵에 물이 반 있을 때 '반밖에 없다'고 볼 수도 있고 '반이나 찼다'고 볼 수도 있다. 대한민국 벤처기업 매출을 보면 삼성전자의 1.5배의 매출을 벤처기업들이 올리고 있다. 240조 원이 넘는 금액으로 대한민국의 양대 재벌이라 할 수 있다. 즉, 대한민국의 확실한 성장의 한 축을 담당하고 있는 셈이다.

물이 반밖에 없다는 측면에서는 1995년에 벤처기업협회를 만들었는데, 그때 벤처기업이 500개였다. 5년 뒤인 2005년에는 1만 개를 돌파했다. 그러나 2000~2007년까지 증가가 거의 없었다. 7년의 공백기를 가진 것이다. 다행히 2008년 이후 증가해 현재 2만 5000개가 넘고 있다. 여전히 아쉬운 점이라면 공백의 7년 동안 왜 정체기가 왔는가 하는 점이다. 긍정적인 면은, 벤처기업은 성장과 더불어 고용을 창출하고 있는 거의 유일한 분야라는 점이다.

이제 재벌은 성장에는 기여하나, 고용에는 기여하지 못함이 확인되었다. 혁신경제에서는 벤처의 혁신역량이 없는 추가적인 성장은 기대하기 어렵다는 것이 전 세계적 기업가정신 연구의 결과다. 대한민국의 최우선 국가전략이 바로 벤처 육성이라고 할 수 있다.

이 장에서는 대한민국 벤처의 출발에서부터 현재에 이르기까지의 과정을 살펴 미래 한국이 나아갈 방향을 모색해본다.

벤처기업협회 출범

1995년 한국의 벤처 환경은 '사막에 나무심기'

1995년에 벤처기업 최초로 메디슨이 코스피에 상장을 하자 벤처 후배들이 몰려와 벤처 문제로 열띤 토론을 벌였다. 나는 먼저 그들에게 물었다.

"문제가 뭐지?"

"자금과 인력, 시장입니다."

"그것은 사업의 모든 것 아닌가?"

한마디로 당시 벤처기업은 총체적인 문제에 직면하고 있었다. 자금과 시장 등 제반 문제들을 개별 기업의 노력으로 극복할 가능성은 대단히 낮았으므로 결국 협회를 만들어 체계적으로 문제를 해결하자는 결론이 도출됐다.

벤처기업협회 설립 이전에도 한국에 벤처는 존재했다. KTAC 등 다수의 창업투자회사, 전경련과 과기부가 설립한 투자전문사 KTB(당시 KTDC) 등이 이미 활동하고 있었다. 이런 상황에서 이범천 카이스트 교수가 창업한 컴퓨터기업 큐닉스를 필두로 미래산업, 비트컴퓨터, 양지원 공구, CAS, 한글과컴퓨터, 메디슨 등이 나름대로 선전하고 있었다. 그러나 전체적으로 벤처생태계는 극도로 척박했다. 중소기업과 벤처기업을 위한 주식거래시장이라 할 수 있는 지금의 코스닥이 없던 그때에는 투자원금 회수 방안이 불확실했기 때문에 KTB를 제외한 창투사들은 투자하는 시늉만 했다.

지금도 마찬가지지만 투자자들은 천사도 악마도 아닌, 단지 수익을 추구하는 회사다. 이를 토대로 말하면 창투사들이 수익을 올리게 해줄 생태계 형성이 벤처 투자정책의 본질임에도 이런 환경이 전혀 조성되지 않았다. 척박한 벤처생태계를 두고 나중에 한정화 한양대 교수는 '사막에 나무심기'라고 표현했을 정도다.

1995년 10월 26일 벤처기업협회 발기인대회를 국내 벤처의 메카로 불리던 테헤란로 인근에 위치한 강남구 역삼동의 중국식당 로터스가든에서 개최했다. 벤처기업협회 발기인대회를 통해 내가 대표를 맡고, 퓨처시스템의 김광태 사장이 총무를 맡았다. 설립 준비는 카이스트 벤처인 모임인 과기회 임원들이 많은 수고를 했다. 협회 이름을 정하는 것이 가장 어려웠다. 지금은 사라진 암브로시아라는 카페에서 협회 이름을 정하기 위한 난상토론이 벌어졌다. 모험기업, 도전기업, 지식기업 등 많은 이름이 회원 50% 이상의 반대로 그 자리에서 폐기되었다.

마지막으로 이찬진 한컴 사장이 한마디했다.

"그냥 벤처기업협회로 합시다. 그리고 자격은 스스로 인정합시다."

영문은 KOVA$^{Korea\ Venture\ Association}$라는 이름으로 통과됐다. 12월 2일 창립총회를 통해 벤처기업협회는 〈벤처 비전 2005〉를 발표

벤처협회 창립총회

하고 벤처 시대의 개막을 선언했다. 산업자원부 백만기 과장(법무법인 김앤장 대표 변리사)이 불과 보름 후인 12월 18일에 사단법인 인가를 해준 것만 봐도 벤처산업에 대한 기대 등 당시 사회 분위기를 짐작할 수 있었다.

〈벤처 비전 2005〉에는 10년 후 한국산업을 벤처 중심으로 재편한다는 내용을 담았다. 500개 미만의 벤처기업을 2005년까지 43,000개로 확산하고 한국 중소산업의 1/3을 담당하는 신성장동력이 된다는 목표도 제시됐다. 그러나 이제 와서 부끄러운 고백을 하자면 '43,000개는 그냥 숫자에 불과했다. 모든 상황을 고려했다기보다는 주먹구구식으로 엑셀프로그램을 이용해 만든 것이었다. 그런데 신문에는 43,000개 벤처기업 육성'이라는 큼지막한 제목으로 기사가 보도되었다. 이것이 언론을 무조건적으로 믿지 말아야 하는 증거다. 세부 정책으로는 자금 문제 해결을 위한 '코스닥 설립'과 '기술보증제도 도입',

인력 유치를 위한 '실험실 창업'과 '주식 옵션제' 등을 발표했다. 이 중 대부분이 현실 정책으로 채택되었다.

벤처협회의 창립 임원으로는 이범천 큐닉스 대표를 고문으로 영입하고, 이장우 경북대 교수를 자문역으로 선임해 학계 지원을 받기로 했다. 변대규 휴맥스 사장, 조현정 비트컴퓨터 사장, 계명제 한광 사장, 성기철 양재시스템 사장, 박한오 바이오니아 사장, 안영경 핸디소프트 사장, 장흥순 터보테크 사장, 김광태 퓨처시스템 사장 등도 임원으로 참여했다. 또 출범 당시부터 경북, 부산 지부 등을 결성해 전국 조직화도 추구했다.

그러나 21세기를 눈앞에 둔 한국경제의 앞날은 희미했다. 선진국클럽인 경제협력개발기구^{OECD} 가입은 실질적 경쟁력을 인정받은 것은 아니었다. 재벌이라 불리는 대기업 집단들마저 수익을 내기 어렵다는 지적이 많아 뚜렷한 희망을 찾기 어려운 때였다. 대기업들은 기술력을 앞세운 선진국에 밀리고 중소제조업은 저임금으로 치고 올라오는 개발도상국들에게 밀려나는 판국이었다. 이 시점에서 21세기는 벤처기업이 우리 경제를 이끌고 갈 새로운 세력이라는 주장을 하게 된 것이다. 혁신적 연구개발력을 바탕으로 한 기술집약적 중소기업이 대안이라는 주장이었다.

미국에서는 실리콘밸리를 중심으로 벤처 열풍이 불고 있었다. 자고 나면 새로운 창업이 일어나고 벤처캐피탈과 나스닥 등 벤처생태계가 이를 뒷받침했다. 미국의 새로운 성장과 고용 창출의 원동력은 바로 벤처기업들이었다. '세계는 산업사회를 거쳐 지식사회로 들어서고 있다'는 앨빈 토플러의 말을 실리콘밸리는 실증적으로 증명하고 있었다. 많은 기업가와 학자의 생각이 한국에도 지식사회에 대응할 지식집약적 중소기업을 일으켜야 한다는 의식이 확산되는 시점에 벤처 깃발을 들자, 너무나도 자연스럽게 한국의 벤처산업 중흥을 위한 협회가 출범하게 된 것이다.

코스닥의 역사적 출발

한국 벤처산업계에 새로운 투자의 장을 열다

1995년 벤처기업협회를 설립했을 때 주요 벤처기업들의 최대 애로 사항은 자금 조달이었다. 은행 융자를 받기에는 담보가 없고 투자시장은 형성되지 않았기 때문이다. 그때에도 이미 한국에는 많은 창업투자회사가 창업촉진법에 근거해 설립되어 있었다. 친절한 대한민국 정부에서는 창업투자회사, 즉 벤처캐피탈들에게 자금을 공급하면서 벤처투자를 독려했다.

그러나 그들은 투자하지 않았다. 그 이유는 그들이 나쁜 사람들이거나 바보라서가 아니다. 모두가 훌륭하고 좋은 사람들이다. 단지 정부 자금이 아무리 공급되더라도 벤처기업에 투자한 자금을 회수할 대안이 없는 상황에서 벤처캐피탈은 투자하는 시늉만 낼 수밖에 없었다. 즉, 투자 부진 문제의 본질은 자금 공급이 아니라 투자회수시장이 없었기 때문이다. 바로 미국의 나스닥에 해당하는 새로운 증권시장이 필요했던 것이다.

벤처기업협회 출범 이전인 1995년 11월 15일, 협회 설립 추진위원회에서는 장외시장 활성화를 위한 구체적 대안을 보고서 형태로 정부에 제시했다. 이 보고서에서 코스닥의 전신인 장외시장은 거래소시장 상장을 위한 대기소 기능을 면하지 못하고 있다고 평가했다. 그리고 장외시장에 등록된 기업들도 주식거래 실적이 유명무실하고, 실질적 분산도 되지 않고, 또 장외시장 주식매각을 할 경우 세금 부담 문제는 그대로 남아 있다고 지적했다. 그런 다음 주식분산이 우수한 업체는 기업 육성 차원에서 직상장도 허용하고, 배당소득을 종합소득세에서 분리 과세하고, 주요 종목시세를 일간지에 보도하는 방안 등 다양한 방안을 제시했다.

1995년 12월 벤처협회 설립 이후 열린 1996년 3월 벤처포럼에서 '벤처 활성화를 위한 코스닥 설립'을 공식 제안했다. 기본적으로 미국의 벤처산업 발전은 나스닥의 발전과 역사를 같이했다. 한국도 나스닥을 본뜬 코스닥이 필요하다는 것이었다. 1995년 메디슨을 벤처업계 최초로 거래소시장에 상장시키고 후배 벤처기업들을 검토한 결론은 거래소 상장 요건에 적합한 벤처기업은 거의 전무하다는 것이었다.

거래소시장은 투자자 보호를 위해 안정된 기업을 위주로 한다. 거래소시장은 벤처투자 회수시장으로 적합하지 않다는 것이다. 미국에서도 거래소시장인 NYSE가 투자 안정성을 추구하는 반면 나스닥은 고위험, 고수익을 추구하는 별개의 시장을 형성하고 있다. 한국에도 이러한 역할을 할 코스닥이 벤처 발전을 위해 절대적으로 필요하다고 결론을 내린 것이다. 그 노력이 결실을 맺어 1996년 7월 코스닥이 설립되었다. 대한민국 벤처 역사에 기록될 가장 중요한 사건이었다.

코스닥 설립의 역사적인 순간

장외시장을 증권협회가 주관이 된 민간 주도의 코스닥으로 개편하고 코스닥을 통해 벤처투자시장을 육성하기로 한 것이었다. 코스닥은 이후 몇 번의 제도 개선을 거쳐 한국을 대표하는 새로운 증권시장으로 발전했다. 특히 1998년 부임한 강정호 사장이 코스닥 활성화에 중요한 역할을 했다. 강 사장은 미국의 나스닥과 마찬가지로 코스닥 등록 유치를 위한 활발한 마케팅 활동을 벌였다.

사실, 코스닥 출발 초기에는 벤처기업 대부분이 상장의 필요성을 느끼지 못했다. 등록해봐야 무슨 이득이 있겠는가. 어차피 자금 조달이 되지 않는데……. 그래서 억지로 한글과컴퓨터, 휴맥스, 비트컴퓨터 등 대표적인 벤처기업을 등록시켰다. 지금은 코스닥 심사가 대단히 어렵지만 그때는 웬만한 벤처기업들은 서류만 내면 등록이 되었다. 어떻게 보면 호랑이 담배 피던 시절이었다.

코스닥은 비약적인 발전을 거듭해 1999년의 거래량은 출발 첫해인

1996년보다 50배가 증가한 50조 원을 기록했다. 시가 총액도 수십 배 성장했다. 2009년을 놓고 보았을 때 코스닥은 전 세계 이머징 증권시장에서 압도적인 거래량 1위를 보여주었다. 시가 총액에서도 영국의 AIM과 더불어 3대 시장을 형성하고 있다.

코스닥의 역할은 아무리 강조해도 지나치지 않다. 코스닥을 통해 선도 벤처기업들의 주식거래가 활성화되면서 벤처캐피탈이 투자자금을 회수하게 되었다. 실제로 한글과컴퓨터는 김대중 정부의 강력한 불법복제 단속 결과로 1999년에 시가 총액이 50배가 증가했다. 결과적으로 대박을 내는 벤처캐피탈들이 등장하고 여기에 힘입어 벤처캐피탈들은 대규모 투자를 코스닥 등록을 3~5년 앞둔 기업들에 쏟아 붓기 시작했다. 지나치게 활성화된 것이었다. 코스닥에 상장할 수 있는 기업들의 몸값은 천정부지로 뛰어올랐다. 소위 거품이 끼기 시작한 것이다.

이러한 거품을 타고 기업사냥꾼들이 등장했다. 이용호 게이트, 정현준 게이트와 같은 소위 기업사냥꾼들이 활개 치면서 선의의 투자자들에게 피해를 입히게 되었다(그러나 분명한 것은 이용호 혹은 정현준은 벤처기업인이 아니라는 면에서 벤처인을 비난하는 일부 목소리는 수정되어야 한다는 점이다. 이 문제는 금융계와 법조계가 풀어주어야 하는 문제다).

1999~2000년 코스닥 활황기에 상장 코스닥 기업들은 증자를 통해 엄청난 자금을 끌어들였다. 새롬기술의 경우에는 증자대금으로 유입된 금액만 3,700억 원이 넘었다. 이러한 증자대금을 바탕으로 상당수 코스닥 기업들은 신규 사업 발굴을 위한 신성장동력에 투자했다. 투자의 대부분은 실패로 끝났으나 그러한 씨앗들이 뿌려져 한국은 전 세계적으로

유례없는 다양한 벤처투자 실험을 하게 되었다. 그 씨앗들이 자라, 2011년 기준 삼성전자를 능가하는 벤처생태계가 형성된 것이다.

2000년의 벤처 버블은 한국만의 문제가 아니었다. 한국의 코스닥 벤처 버블과 미국 나스닥의 IT 버블은 그 패턴이 완전히 동일하다. 새로운 닷컴경제가 도래하는 단계에서 생긴 충격파로 만들어진 거품이었다. 그러나 그 거품 속에서 새로운 시대가 도래했다. 돌이켜보면 코스닥 거품 속에서 탄생한 수많은 스타 벤처기업은 지금 시가 총액이 40조 원을 넘어선다. NHN, 엔씨소프트, 다음, 휴맥스, 인터파크, 넥슨, 네오위즈, 주성엔지니어링, 다산네트웍스 등 수많은 스타 기업은 모두 2000년 이전에 탄생한 기업들이다. 벤처 버블 붕괴 이후엔 묻지마 투자도 사라졌으나 새로운 스타 기업도 나타나지 않았다.

미국은 나스닥의 IT 버블 붕괴 이후에도 페이스북, 트위터, 징가와 같은 혁신기업들이 계속 나타나고 있다. 그 차이는 버블 붕괴에 대한 국가의 대응 차이다. 미국에서는 자연복원력을 살리기 위해 정부의 인위적인 조치가 가해지지 않은 반면, 한국에서는 '벤처 건전화정책'이라는 이름으로 벤처기업협회가 주도한 벤처정책에 강력한 규제가 취해졌다. 적자기업 상장 금지, 주식옵션제의 규제, 벤처인증제도 보수화, 엔젤투자 세제 축소 등으로 대표되는 '벤처 건전화정책'이 대표적인 교각살우 矯角殺牛의 정책이었다. 결과적으로 버블 붕괴 이후에 한국 벤처산업계는 복원력을 잃어버린 것이다.

코스닥의 순기능은 말할 수 없을 정도로 많다. 코스닥을 통해 한국의 IT를 이끄는 신산업들이 등장했다. 일본은 한국보다 코스닥에 해당하는 마더스의 출범이 3년이 늦어 IT 분야에서 한국에 뒤졌다. 기존 기업들이 수행하기 어렵고 벤처기업들은 자금을 조달하기 어려운 신산업을 한국은 NHN, 다음, 인터파크, 엔씨소프트 등이 코스닥을 통해 자금을 조달하여 세계적 기업과 경쟁하며 성장해 나아갔다. 준비된 코스닥과 벤처기업특별법에 의한 한국의 대응이 IMF 위기를 성공적으로 극복하는 데 결정적 역할을 했다.

코스닥 활성화를 통해 벤처자금의 선순환구조가 성립되었다. 벤처캐피탈이 코스닥 상장을 3~5년 앞둔 기업에 투자하면서 프리코스닥$^{Pre\text{-}Kosdaq}$시장이 만들어졌다. 코스닥 등록을 앞둔 매출 수백억 원에 달한 기업들은 성장을 위한 자금 조달 걱정을 덜게 된 것이다. 이것은 벤처 역사에서 가장 중요한 사건이다. 이러한 선도 벤처들이 이끌어주는 힘을 가지고 후발 벤처들이 더불어 성장했다. 한국 벤처의 새로운 꿈은 코스닥을 통해서 이루어진 것이다.

벤처기업특별법 제정

창업벤처 육성의 밑거름

한국 벤처산업사의 가장 중요한 두 개의 사건은 코스닥과 벤처기업특별조치법^{벤특법}이라 할 수 있다. 코스닥이 선도 벤처기업들의 자금 갈증을 해소해주었다면 벤특법은 창업 벤처 육성의 밑거름이 되었다. 1996년 코스닥의 성공적인 출범 직후 〈매일경제〉와의 인터뷰에서 "벤특법을 제정하는 것만이 벤처기업 창업을 촉진하고 벤처기업 활성화를 지원하는 한국의 유일한 대안이다"라고 주장했다. 물론 벤처 육성의 벤치마킹 대상인 미국의 경우에는 이러한 특별법 없이도 성공적인 벤처 발전을 이룩했다. 그러나 실리콘밸리의 발전은 하루아침에 이루어진 것이 아니다. 휴렛패커드 설립 이후 무려 50년의 시간을 두고 자연발생적으로 발전해왔다.

우리에게는 두 가지 선택 대안이 있었다. 미국식 자연발생적 모델과 박정희 대통령의 경제발전과 같은 압축성장 모델이다. 분명한 것은 급박한 세계경제의 지식사회 전환에 우리 대한민국에는 50년의 시간 여유가 없다는 점이었다. 우리는 5년 안에 따라 잡아야 했다. 이것이 벤특법이라는 압축성장의 대안을 선택한 이유다.

1997년 1월 보고서 제출 이후 3월 통상산업부 장관과의 간담회를 통해 벤처기업육성법 제정을 공식 건의했다. 그해 5월 '벤처기업 육성에 관한 특별조치법'이 입법 예고되고 7월에 3당 합의로 국회를 통과했다. 3월에 벤처기업특별법 제정을 건의하여 그해 7월에 제정되기까지 공식적으로는 딱 4개월이 걸렸다. 이렇게 빠른 시간에 제정된 것은 정말 초유의 사건이었다. 이 과정에서 세계화추진위원회(세추위)의 김일섭 벤처위원장도 큰 역할을 했다. 세추위는 김영삼 정부의 싱크탱크로서 벤처기업협회의 주장을 충실하게 뒷받침해주었다.

이 법은 아마도 한국이 만든 거의 최초의 발명품이 아닌가 한다. 전 세계에 이러한 형태의 법은 없었다. 통산부에서 벤처기업협회 건의안을 바탕으로 처음에는 통산부 기술품질국(백만기 국장)에서 이 법을 검토했으나 이후 홍기두 중소기업 담당관(KPMG 부회장)이 최종 정부안을 만들었다. 홍 과장은 밤 10시, 11시에도 전화를 걸어 법 제정과 관련된 상의를 하는 열성을 보여줬다.

모든 정책 담당자가 벤처 관련 정책을 다른 부처로 떠넘기지 않았다. 나아가 벤처에 '애정'이 있는 사람들이 그렇듯 정책 담당자들도 아무 사욕 없이 자기 일처럼 법 제정을 추진했다. 그들은 지금도 자신들을 알아주면 다행이고, 알아주지 않아도 상관없다며 직접적인 관련 부서를 떠나더라도 묵묵히 지원사격을 아끼지 않고 있다. 벤처정신의 한 단면을 보여준 셈이다. 이 지면을 빌려 김일섭, 백만기, 홍기두 세 분께 다시 감사의 뜻을 표한다.

뒷얘기 하나를 팁으로 소개한다. '벤처'란 용어 사용 문제 때문에 일어났던 일이다. 당시 정부가 제정하는 법률에는 영문이 들어갈 수 없었다. 따라서 벤처기업이란 용어를 사용할 수 없었다. 신문 등 언론에서도 벤처기업보다는 '모험기업'이란 용어를 많이 쓰던 때였다. 그래서 정부는 특별법안 제정 과정에서 '신기술 지식 집약 중소기업'이란 긴 수식어가 붙은 용어를 등장시켰다. 그러나 이 용어는 결국 벤처기업으로 바뀌었다.

바뀌게 된 계기는 당시 야당이었던 국민회의가 추진한 의원입법 형식의 벤처특별법 제정 노력 덕이었다(사실 야당안도 벤처기업협회가 제공한 원안을 바탕으로 하고 있어 뿌리는 하나다). 정부안과 야당안을 합치는 과정을 거쳐 결국 야당에서 주장한 '벤처'라는 용어를 수용하는 절충안을 통해 법률에도 '벤처기업'이란 명칭으로 표기되기 시작했다.

벤특법의 원활한 운영을 위해 벤처기업을 정의하고 지정하는 시스템은 당연히 요구된다. 미국에는 벤처기업이라는 용어가 없다. 단지 스타트업start-up으로 표현할 뿐이다. 그러나 한국은 지원을 해야 하므로 정의가 필요했다. 벤특법 제정 과정에서 힘들었던 부분이 바로 벤처의 정의였다. 결론적으로 '연구개발 중심형 중소기업'으로 설정했다. 그러나 벤처기업협회는 법적 정의와 무관하게 중소기업에 국한하지 않았다. 천억 원 이상 매출을 하는 천억 벤처도 벤처다. 벤처인증기관 선정은 첨예한 대립이 있었다. 벤처기업협회가 인증기관이 되면 협회는 권력기관이 될 수 있었다. 그런 이유 때문에 인증기관은 별도로 두지 않는 것으로 합의했다.

이후 벤특법은 수차례의 개정을 거치면서 한국 벤처 지원정책의 중심 역할을 수행했다. 초기에 10년 한시법으로 만들었으나 이후 예상대로 연장을 거쳐 아직은 역할을 하고 있다. 그러나 특별법 제정의 주창자로서 이 법은 '엔젤투자시장 활성화'라는 마지막 임무 수행 후 그 역할을 미국처럼 시장으로 이관하고 역사 속으로 사라지는 것이 순리 아닌가 생각한다.

벤특법을 통해 벤처창업에 관련된 자금, 입지, 인력의 체계적인 지원 인프라가 구축되었다. 이러한 체계적인 지원안을 담은 한국의 벤특법은 중국 등 많은 개발도상국에 수출되었다. 벤특법은 한국의 '벤처새마을운동'이었던 것이다. 구로디지털밸리, 분당밸리 등은 정부의 특별한 지원 없이 벤특법의 벤처빌딩제도 하나로 이루어진 벤처 새마을운동의 대표적인 사례다.

벤처특별법 주요 내용 (1997. 8. 13)

01 연기금 벤처기업 투자 허용

1997년에만 59조 원 규모로 예상되는 각종 연금기금도 벤처기업에 투자할 수 있다. 현재까지 연기금은 비상장기업 주식을 취득하기 위해서는 재정경제원 장관의 승인을 받거나 아예 불가능한 상황이었다. 시행령에 따라 투자 가능한 연기금은 공무원연금기금, 군인연금기금, 국민연금기금, 사립학교연금기금 등 기금관리기본법 대상이 되거나 이에 준하는 76개 연기금이다. 미국의 경우 벤처기업 투자자금 중 50% 이상이 연기금이라는 점에 비춰볼 때 벤처기업에 대한 투자재원이 늘어날 것으로 보인다.

02 엔젤투자자 세제 감면

벤처기업에 투자하는 개인, 즉 엔젤이나 개인들로 구성된 투자조합은 세제 감면을 받을 수 있다. 세제 혜택을 받을 수 있는 자격은 창업한 지 3년 이내인 벤처기업 또는 벤처기업으로 전환된 지 3년 이내인 기업에 5년 이상 투자한 경우다. 특히 개인당 투자한도는 3억 원 이하로 정해 조세 회피용이나 자금세탁 등 부작용을 최소화하는 데 초점을 맞췄다. 하지만 투자자금에 대한 출처 조사 여부, 세제 감면의 구체적 대상 등은 조세감면규제법에서 다뤄진다. 시행령만으로는 엔젤투자자에 대한 세제 감면이 확정되는 게 아니다.

03 벤처빌딩 건립 지원

벤처빌딩은 기술이나 생산설비를 한군데에 밀집시켜 상호 시너지효과를 도모하기 위한 벤처집적 시설이다. 벤처기업 전용단지 조성과 벤처빌딩 건립에 필요한 국유지는 공시지가로 매각된다. 입주 기업들은 매입가격을 20년 이내 기간에 걸쳐 분할해 납부할 수 있다. 또 국유지를 임대할 경우 연간 임대료율은 공시지가에 따른 재산가액의 0.5%로 정했다. 임대 기간은 20년 이내로 하되 재계약이 가능하다. 벤처빌딩에 입주하는 기업들은 용도변경 허가를 받지 않고도 해당 건물에 입주할 수 있다.

04 기술개발 지원

정부부처와 정부투자기관은 벤처기업을 포함한 중소기업에 기술개발에 필요한 자금을 지원할 수 있다. 지원 가능한 기관은 국방부, 정보통신부, 과기처 등 10개 정부부처와 한국전력공사, 한국전기통신공사 등 8개 기관이다. 이들 기관은 중소기업이 단독 또는 공동으로 기술개발하거나 중소기업이 국내외 대학 또는 연구기관과 공동으로 기술을 개발하는 사업을 지원할 수 있다. 특히 창업 중인 중소기업도 지원할 수 있다.

05 벤처기업 활성화위원회 구성

이 위원회는 벤처기업에 포함되는지 여부와 국유재산 매각에 대한 결정을 담당한다. 위원회는 재경원 장관, 통산부 장관, 국방부 장관 등 16개 정부부처 기관장과 민간위원으로 구성된다. 중소기업청장은 벤처기업 해당 여부 확인과 통보에 관한 업무를 맡는다. 한국벤처캐피탈협회장은 세제 감면 대상이 되는 개인 또는 개인투자조합의 벤처기업 투자 확인에 대한 업무를 담당한다. 한편 한국생산기술연구원과 기술신용보증기금이 기술에 대한 사업성을 보고 투자에 들어가는 기술출자를 활성화하기 위해 기술평가기관으로 지정됐다.

06 벤처기업의 정의

벤처기업특별법 적용 대상이 되는 벤처기업은 벤처캐피탈회사인 창업투자회사와 신기술사업금융회사에서 자본금 중 10% 이상을 출자받은 기업으로 구체화됐다. 매출액 중 연구개발(R&D) 비중이 최근 3년 동안 연속 3% 이상(이후 5%로 증가)인 기업도 벤처기업으로 인정받는다. 이와 함께 공업발전법의 공업기반 기술개발 사업, 정보화촉진기본법의 우수 신기술 이용 사업, 기술개발촉진법의 신기술 이용 사업, 영상진흥기본법의 영상물 창작 신기술 이용 사업 중 벤처기업 활성화위원회가 심의해 인정받은 사업을 영위하는 기업도 특별법의 적용을 받는다.

벤처창업 로드쇼

대학생들의 창업 열기를 북돋다

1996년 하반기에 한국 벤처기업 역사를 바꾸는 이벤트가 나타났다. 각 대학을 순회하면서 창업을 촉진하는 '벤처창업 로드쇼'를 개최한 것이다. 이 로드쇼는 특히 〈벤처 비전 2005〉를 달성하기 위한 구체적인 실천 방안 중 가장 활발한 사업이었다. 실제로 벤처기업이란 용어조차 생소할 때 이 행사는 대학가에 벤처 붐을 일으키는 계기를 만들었다. 기업가정신을 확산하고 벤처창업을 촉진하기 위해 기획된 이 행사는 서울대를 필두로 막을 올렸다. 서울대 공대 행사에는 놀랍게도 500여 명이 참석해 벤처기업에 대한 뜨거운 관심을 보여주었다.

벤처기업협회가 창립 1주년 기념 사업의 하나로 개최한 행사에 내걸린 캐치프레이즈는 '한국의 빌 게이츠여 모여라!' 였다. 참석한 학생들의 눈이 빛났다. 한국의 잠재적인 벤처창업 열기를 짐작케 한 무대였다. 특히 벤처기업을 창업해 성공한 사장들이 직접 사례를 발표하는 자리에서는 진지함은 물론 열기가 넘쳐났다. 교수들의 권고도 있었겠지만 학

벤처창업 로드쇼

생들은 행사가 끝날 때까지 자리를 뜨기는커녕 시간이 흐를수록 더 많아졌다. 정부의 창업지원제도, 자금조달 방법 등에 대한 설명도 이어졌다. 이후 질의응답 시간에는 학생들의 질문이 꼬리를 물고 이어졌다. 한마디로 대성황이었다(행사를 준비한 서울대 창업동아리 회장인 송병준 군은 지금 게임빌의 사장으로 성공 벤처인의 귀감이 되고 있다).

첫 로드쇼는 성공적인 출발이었다. 서울대에 이어 포항공대, 인하대, 카이스트 등 전국 주요 대학을 순회하며 개최해 2천여 명이 참가한 행사를 연출했다. 1997년에도 이공계열 학생과 연구원, 교수 등을 대상으로 창업 로드쇼는 이어졌다. 4~6월까지 부산대, 연세대, 한남대, 키스트, 동아대, 남서울산업대, 경북대 등에서 개최했다. 하반기에는 부산전문대학, 국민대, 중앙대 등에서 창업 열기를 확산시켰다.

이후 잇따른 창업 로드쇼에 자극받은 학생들과 연구원들은 창업동아리를 만들었다. 1999년 기준 중소기업청이 자금을 지원한 대학생 창

PEUM 학생들과 함께

업동아리는 126개였다. 그러나 등록하지 않고 구성한 창업팀은 이보다 훨씬 많았다. 지역별 창업동아리 연합회도 12개에 이르렀고, 여기 소속된 동아리는 300여 개를 헤아린다. 활동 중인 학생도 8천여 명을 넘었다.

벤처창업 로드쇼를 개최하고 성공한 벤처기업이 속출하자 대학가에는 벤처기업에 대한 관심이 확산됐다. 국책연구소나 대기업도 예외는 아니었다. 학생, 연구원, 기업체 직원 등 다양한 분야에서 많은 사람이 새로운 기술과 아이디어로 새로운 사업을 계획했다. 이와 같은 사회적 추세에 맞춰 창업과 관련된 다양한 행사가 많이 열렸다. 대학생들의 벤처창업 열기는 벤처클럽 결성으로 이어져 1997년에는 카이스트, 서울대, 포항공대 등 전국 20여 대학에서 대학생벤처동아리가 결성됐다.

특히 부산 지역에서는 더욱 활발했다. 1997년 부산 지역 대학의 벤처동아리는 동서대 ING, 동아대 IBM, 부산대 벤처기업연구회, 방송통신대 뉴비전, 부경대 좋은친구 등 6개에 달했다. 이 중 동서대 ING와 동아대 IBM 등은 중소기업청이 선정한 전국 26개 대학의 창업동아리 지원 대상에 들었다. 이들은 800만 원 상당의 활동비를 지원받았다. 또한 이를 통합 관리하는 한국대학생벤처창업연구회^{KVC}가 김영민 회장의 주도 아래 사단법인으로 설립됐다.

키스트 등 연구소에서도 연구원 창업제도를 본격적으로 도입했다. 대학 내에서도 이공계 교수들의 창업 지원을 위한 '벤처창업 교수 휴직 제도'를 실시하면서 연구직 종사자들의 창업 열기는 과거 어느 때보다 뜨거웠다. LG, 삼성 등 대기업에서도 사내벤처제도를 도입하기 시작했다. 이후 직원들의 벤처기업 창업을 지원하는 사례가 속출했다. 엔씨소프트, NHN 등의 설립 스토리다. 또한 창업 관련 절차 및 방법, 회사경영 방법 등을 설명하는 각종 창업 관련 행사도 많아졌다.

중소기업청 중소기업진흥공단이 주최한 대학생 창업스쿨, 직장인 창업스쿨과 창업박람회 등도 연이어 열렸다. 벤처기업 전국대회와 대학생 창업경연대회도 열렸다. 대학생들의 벤처창업 열기를 돋우기 위해서였다. 이 행사는 1997년 10월 31일 중소기업청 대강당에서 개막됐다. 전국 40개 대학에서 49개 팀이 사업계획서를 제출했다. 최우수상에는 퓨처디자인팀(서울대), 우수작에는 휴먼앤그린(제주대), 은돌패트롤(안동대), 애크론통신부(한국과학기술원) 등 3개 팀이 수상했다.

벤처기업협회의 전국 창업 로드쇼는 지금의 청춘콘서트를 능가하는 대학가의 화두로 자리매김했다. 이후 실험실 창업 운동을 거치면서 이공계 대학생의 로망이 벤처창업이 되었고, 드디어 신랑감 1순위로 벤처인이 등장했다.

당시 에피소드 중 하나는 한국여성벤처협회 회장인 이영남 회장과 로드쇼 당시, 나와 이영남 회장의 명판을 바꾸어놓는 사례가 다수 발생한 것이다. 내 이름 민화가 여성 같고 영남은 남성 같아 벌어진 해프닝이다(이후 장흥순 회장, 조현정 회장 모두 여성 이름인 것은 웬일일까?).

이제 다시 한국에 제2의 벤처 붐이 필요한 시기가 된 것이다. 당시의 열기는 신문기사를 통해서도 충분히 느낄 수 있었다.

News

가자, 학교에서 사회로 – 서울대 창업동아리 사례

창업 로드쇼 이후 전국 처음으로 결성된 서울대 창업동아리 '벤처'. 그들이 지금 벤처 전선에 나서고 있다. 전기공학부 94학번 송병준. 1996년 공대 강의실에서 열린 창업 로드쇼 이후 학교에 방을 붙였다. "벤처창업에 관심 있는 한국의 빌 게이츠들은 모이라"고. 그러나 처음에 모인 학생은 5명에 불과했다. 그럼에도 불구하고 새내기 동아리로 출발한다. 벤처기업이 다 그렇듯이 소수 정예인원이 동아리 창업 멤버였다.

동아리 출발은 벤처기업협회 서울대 지부가 도와줬다. 변대규 휴맥스 사장, 김덕우 우리기술 사장 등이 다양한 지원을 아끼지 않았다. 당시 3학년인 송병준 씨가 초대 회장을 맡고, 동아리 회원인 선배와 함께 기술을 개발했다. 송병준 씨는 인터넷 전화회사 웹콜을 거쳐 2000년 들어 피츠넷이란 회사를 설립했다. 이제는 한국을 대표하는 모바일게임 선두기업인 게임빌의 대표로서 신화를 쓰고 있다.

회사를 설립한 동아리 회원은 송씨만이 아니다. 3대 회장인 임희현(조선해양공학과 96학번)은 아이패스란 회사로 창업의 깃발을 올렸다. 역시 20대 사장이었다. 인터넷 게임방 업체들을 하나로 묶어 다양한 사업을 펼치는 회사다. 2대 회장인 하상우와 4대 회장인 김장현도 소프트웨어 분야 기업을 세웠다. 동아리 회원들의 창업이나 벤처기업 진출 사례는 많다.

컴퓨터공학과 2~3학년생들은 교육포털 업체인 아이틴을 설립했다. 전기공학부 92학번인 석윤찬은 인터넷 커뮤니티 포털인 테크노필의 창업 멤버다. 앞으로도 창업하거나 벤처기업에 투신할 예비생 수십 명이 서울대 창업동아리 '벤처'에서 활동하고 있다.

– 〈매일경제〉 1996. 12.

IMF 위기 극복

IMF 위기는 신용의 고갈이었다

1997년 말에 IMF 위기가 찾아왔다. IMF의 파고는 재벌은 물론 중소기업, 벤처기업 등 모든 기업에 엄청난 시련을 가져다주었다. 수많은 재벌기업이 무너져 내렸으며 벤처기업들도 예외는 아니었다. 특히 선도 리딩벤처들이 어려움에 처했다. 차입금 상환으로 하루하루가 피 말리는 상황이었다. 그 모습을 보면서 나는 깊은 우려가 들었다.

'리딩벤처 하나를 육성하는 것이 얼마나 어려운 일인데, 이러한 기업들이 IMF 파고에 일거에 무너진단 말인가. 벤처기업정책이 전반적으로 후퇴할 수도 있겠구나. 앞서가는 리딩벤처는 꼭 살려야겠다.'

나는 절박한 심정으로 리딩벤처 보증제도를 입안했다. 다행히 산업자원부에서 이러한 뜻을 적극적으로 받아들여 IBRD 차관을 이용해 기술신용보증기금에서 대대적인 기술보증을 실시했고 그것이 벤처기업에 가뭄의 단비가 되었다. 그때 내세운 논리가 케인스의 승수효과에 대비되는 제수효과였다. 신용이 감소하면서 그 몇 배의 돈가뭄이 증폭된다는 것이었다. 그 시절, 한국에 부족한 것은 돈이 아니라 신용 부족의 공포였다.

1997년 말~1998년 상반기까지 IMF 위기 와중에 국가 재정정책에 대한 제언을 가장 많이 한 곳은 단연코 벤처기업협회가 아닌가 싶다. 재정정책 담당자와 청와대 등을 오가며 신용 확대에 대한 주장을 전파했다. 특히 은행의 BIS 비율은 중소기업들과 벤처기업을 좀먹는 암적인 존재가 되어 은행이 오히려 기업에게서 돈을 빨아가는 역할을 했다. 모두 공포에 질려 나만 살기 위해 무자비한 자금 회수를 했던 것이다.

벤처협회는 BIS제도에 대한 획기적인 개선을 제안했다. 1998~1999년에 새로운 규제개혁, 수출보험공사에 수출보험제도 도입, 기술보증기금, 신용보증기금 보증의 확대 등을 추진했다. IMF 위기는 현금이 없는 것이 아니라 신용의 위기였기 때문에 국가가 신용을 창출하는 일이 가장 중요한 정책이라고 판단했다. 따라서 1년 동안 신용 확대의 정책이 펼쳐졌고 그 덕분에 1998년 하반기부터 부도가 줄어들기 시작했다.

지금 생각해도 하루하루 부도를 막기 위해 전전긍긍하고 정말 초죽음이 되어 나타난 후배들을 바라볼 때 가장 가슴 아픈 때가 그 시절이었다. 반면 그 고난을 이겨내고 많은 기업이 새로이 추진한 신용보증정책 등에 힘입어 어려운 시기를 잘 이겨냈다. 물론 모든 기업이 살아남지 못한 점은 지금도 안타까운 일이다.

결국 준비된 벤처정책을 바탕으로 벤처창업은 활성화되고 대기업의 쏟아지는 퇴직 인력을 흡수해 새로운 경제 도약의 원동력이 되었다. 만약 1996~1997년의 벤처정책이 없었다면 한국의 IMF 위기 극복은 훨씬 더 힘들었을 것이다.

섬머스쿨

가족에 대한 사랑과 기업경영의 어려움을
동시에 해결하다

1997년에는 벤처 경영인들이 여름휴가를 가족과 보내면서도 벤처 학습의 기회로 삼는 '섬머스쿨'이 등장했다. 벤처 동지 이장우 교수의 제안으로 벤처인들에게 적합한 경영 교육의 장을 마련한 것이다. 첫 번째 행사는 1997년 8월 4~7일까지 제주도 하얏트호텔에서 열렸다. 메디슨, 핸디소프트 등 30여 개 회사가 참가한 이 행사는 벤처경영 세미나와 더불어 창업경영의 애로 사항에 대한 의견을 나눈 장이었다. 110여 명의 가족들이 모여 새로운 벤처경영에 대한 발표와 벤처클리닉제도를 통한 경영 애로 사항, 치료 상담 등 활발한 활동을 펼쳤다.

 이때 발표한 자료들은 이후 『한경영』 등의 저서를 내는 데 기초 자료가 되었다. 벤처기업 교육에 귀감이 될 프로그램이라 생각한다. 정말 귀중한 분들이 새로운 개념의 소개와 실전 적용을 위해 토론을 벌였다. 이 섬머스쿨은 〈중앙일보〉와 〈매일경제〉가 현지 일일 중계를 할 정도로 소중한 정보의 장이 되었다. 아쉬운 점은 지금 벤처기업협회의 교육 프로그램이 초창기 벤처 섬머스쿨 수준에 미치지 못한다는 점이다. 정열과 사랑의 문제가 아닌가 싶다.

가족들의 참가 열기도 대단했다. 휴가 가기도 바쁜 벤처 사장들이 가족에게 봉사하자는 마음을 표현한 자리이기도 했는데, 30~40대가 대부분인 벤처기업 사장들이 평소에는 가족과 시간을 보내기 어려웠기 때문이다. 그런데 문제는 세미나가 새벽까지 이어지는 강행군을 하는 바람에 가족들의 원성이 증폭된 것이었다. 실제 벤처기업협회가 회원사를 대상으로 조사한 결과를 보면, 벤처기업인들은 주당 평균 100시간, 일요일을 제외할 경우 하루 17시간을 일하는 것으로 나타났다. 이런 모습이 벤처클리닉 행사에서도 그대로 드러난 것이다.

벤처경영은 다른 곳에서 배울 수 없어 토론이 시작되면 자정을 훌쩍 넘기곤 했다. 생산기술연구원장을 지낸 고故 이진주 박사님이 자리를 같이하며 보여준 열정은 젊은이들에게 큰 귀감이 되었다. 내가 벤처협회장을 물러난 이후에는 공부하는 모임을 지양하고 단합하는 모임으로 성격을 바꾸었다. 매우 바람직한 변화라는 평이다. 벤처 섬머스쿨은 이후 매년 정기적으로 열렸고, 벤처인들의 단합을 추구하는 행사로 자리 잡았다.

섬머스쿨에서 가장 인기를 끌었던 코스는 벤처클리닉 시간이었다. 벤처기업 상호간에 기업운영 상태를 비교 분석하고 업체의 애로 사항을 듣고 대책 및 처방을 알려주는 코스였다. 벤처기업 경영자들은 경영·재무·기술 분야에 정통한 선배 벤처기업인들과 함께 직접 참가해 경영의 애로점을 발표하고 토론을 통해 구체적인 해결책을 마련했다.

밤늦게까지 계속된 분임토의에서 참가 업체들은 회사가 처한 여러 문제에 대해 토론했다. 기술직 인력과 관리직 인력 간의 형평성 문제, 신규 아이템에 대한 사업성 평가, 단기 급성장에 의한 조직 방대화 등이 큰 애로 사항으로 꼽혔다. 또 이러한 당면 문제 해결을 위해 팀별로 사례 연구 기업을 선정하고 상호 토론 활동을 통해 해결책을 마련했다.

벤처클리닉은 벤처경영에도 병원 개념을 도입하자는 것이 아이디어였다. 즉, 환자가 오면 진단하고, 처방하고, 치료해주자는 개념이다. 환자 기업을 설정해 기업 대표들로 구성된 벤처닥터들을 파견해 자문역을 맡는다. 그리하여 환자 기업에 공동 진단, 처방, 치료까지 해주는 과정을 거치고, 치료받은 기업들 중 우수 사례 세 군데를 발표했다. 클리닉 분야는 기업조직, 마케팅, 자본 조달 등 다양했다. 1997년에 처음 도입한 벤처클리닉을 받은 기업들은 1998년의 IMF 위기를 잘 견뎠다. 제1회 클리닉의 1등상을 받은 기업이 한때 시가총액이 3조 원이 넘던 오상수 사장의 새롬기술이다.

벤처클리닉은 지금도 유용한 벤처 지원 수단이다. 실전 지도인 것이다. 이 경험을 바탕으로 카이스트에 창업 지도 과정을 개설했다. 단지 문제는 지도할 경험이 있는 선배 기업가들의 동참이 어렵다는 점이다.

우리 시대의 영웅

뜻하지 않은 정치 사건으로 번지다

1996년 10월 벤처기업협회 임원진들은 신한국당의 이홍구 대표와 면담을 했다. 면담에서 이홍구 대표는 한국의 미래 가능성을 벤처에서 보았다. 벤처기업협회의 대표로 휴맥스의 변대규, 터보텍의 장흥순 대표와 함께 이홍구 대표에게 2005년까지 43,000개의 벤처기업 육성을 통한 한국의 선진화전략을 제시했고 이 대표는 감격에 겨운 표정으로 경청했다. 이 대표는 이 내용을 바탕으로 10월 20일 국회 대표연설을 통해 "벤처기업인들은 우리 시대의 영웅"이라고 치켜세우고 한국의 미래를 제시하는 국회 연설을 했다.

그런데 문제는 엉뚱한 곳에서 터져 나왔다. 그 직후 국민회의는 이성재 의원을 내세워 '특혜 지원에 의한 메디슨 성장 의혹'을 제기했다. 이로부터 '영웅 기업이냐? 특혜 성장이냐?'라는 논쟁이 시작되었다. 당연히 메디슨은 특혜를 받은 적이 전혀 없었기에 여러 신문에 강력히 사실을 밝히고 언론보도의 사후책임도 중요하다는 기고문을 실으면서 기업의 자부심을 지키기 위한 민형사 소송을 진행했다. 사실, 이홍구 대표가 '우리 시대의 영웅'이라 부른 사람은 나 개인이 아니라 벤처인들을 지칭한 것이었다.

그 과정을 파악해보니, 김영삼 대통령의 차남이자 실세로 불리던 김현철과 가까운 비뇨기과 의사인 박○○이 "메디슨은 김현철의 특혜 속에서 성장했다"는 전혀 근거 없는 제보를 하고 이를 국민회의에서는 확대 재생산해 이성재 의원을 통해 확산시킨 것이었다. 박○○이 주장하는 특혜 지원 의혹은 여러 신문에 소상하게 보도되었다. 특정 날짜, 특정 호텔, 특정 장소에서 김현철과 내가 만났다는 등 누가 들어도 사실처럼 보이는 주장을 폈다. 제삼자가 들으면 정말로 착각할 정도였다. 그러나 진실은, 나는 김현철의 얼굴도 본 적이 없고 목소리도 들은 적이 없다는 것이다. 물론 TV를 통해 얼굴은 보았으나 만난 적은 한 번도 없었다. 김현철 역시 이민화를 전혀 모르는 사람이라고 인터뷰에서 공식적으로 밝혔다.

결국 진실 공방이 법정으로 갈 수밖에 없었던 것은 안타까운 일이다. 1998년 출판물에 의한 명예훼손으로 박○○에게 1년 징역이 선고되었고 법정구속이 되었다. 아무런 객관적 근거가 없음에도 회사를 비방할 목적으로 공연히 허위 사실을 적시해 메디슨의 명예를 훼손했다고 판결한 것이었다. 2심을 거쳐 대법원 최종 판결에서도 징역 8월이 선고되었다. 한편 1996년 시작된 민사소송에서도 승소 판결이 나왔다. 민형사 모두 아무 근거 없이 문제 제기를 했다는 것이 명백해졌고 국민회의는 근거 없는 일방적 주장을 정치적으로 이용한 것이 밝혀졌다. 이것이 '우리 시대의 영웅' 사건의 실체적 진실이다.

기 고 문

언론보도 사후책임도 중요하다

– 이민화(메디슨 대표)

언론의 역할은 아무리 강조해도 지나치지 않다. 정치와 경제의 패러다임이 바뀌는 시기에 언론은 변화되는 가치 형성에 중요한 역할을 담당하기 때문이다. 실로 민주화 과정에서 보여준 우리 언론의 활약은 평가받아 마땅하다. 그러나 빛이 있으면 그림자도 있는 법. 우리 언론에도 어두운 부분이 있다. 순기능 못지않게 역기능의 폐해도 크기 때문이다. 그 역기능은 보도의 책임 문제로 요약된다.

솔직히 우리 언론은 자극적이고 신속한 보도에 비해 이해 당사자의 균형 있는 의견 게재나 결과에 책임을 지는 보도에는 등한시하지 않았나 싶다. 그 결과 일방 주장의 게재에 의한 명예 실추나 국민 전체의 상호신뢰 상실 등 폐해도 나타나고 있다. 물론 언론사도 기업이다. 시장경제의 속성에서 벗어날 수는 없다. 기업이 광고를 하거나 멋있고도 신속히 소비자의 환심을 사고자 하는 노력은 분명 시장경제의 활력소다. 하지만 광고에 미달하는 제품을 팔고 또 사후에 책임을 지지 않는다면 소비자 고발의 대상이 되어야 마땅하다.

세상을 움직이는 두 가지 사상이 있다. 하나는 규제와 보호의 사상이며 다른 하나는 자율과 평가의 사상이다. 규제와 보호는 계획경제,

관료주의 등으로 대변되는 사전통제 시스템을 뜻한다. 반면 자율과 평가는 시장경제, 자유기업으로 대변되는 사후평가 시스템을 의미한다. 발전 초기의 단순한 세계에서는 사전통제가 효과적일 수 있으나 환경이 복잡해질수록 사후평가가 효율적이다.

우리 언론의 경우 규제로부터 자율로 이행하는 과정에서 필수적인 사후평가 체계가 제대로 뒷받침되지 못한 것이 문제의 핵심이다. 말하자면 통제는 사라지고 평가가 정립되지 않았을 때 나타나는 책임지지 않는 풍토다. 이는 브레이크 없는 자동차처럼 위험한 셈이다.

흔히 자율에 따른 사후평가가 사전통제보다 느슨할 것이라고 착각하는 경향이 있다. 하지만 사후평가는 분명 사전통제보다 더 무섭다. 공산 국가에 비해 자본주의 국가의 기업경영이 얼마나 무서운지는 기업의 부도를 보면 극명하게 드러난다.

소비자에 대한 사후평가야말로 민주주의의 핵심이다. 언론이 보도의 진실성을 추구하는 이유도 사후평가의 무서움 때문 아니겠는가. 언론도 소비자에 의한 평가가 필요하다. 언론이 불량 기사를 책임질 때 이 땅에 진정한 민주주의가 구현되고 신뢰를 바탕으로 한 선진 한국의 가장 중요한 초석이 되지 않을까 생각한다.

- 〈동아일보〉 1997. 4. 1

실험실 창업 운동

'상아탑에 장사꾼' 비난 뭇매 맞다

1995년 벤처기업협회가 설립된 데 이어 1996년 코스닥시장, 1997년 벤처기업특별법이 만들어졌다. 코스닥은 자금 공급의 물꼬를 트고, 특별법은 인력·자금 등 창업 초기 벤처의 기초를 제공하기 위한 것이었다. 벤처창업이 폭증할 것이라 기대했다. 그러나 나의 순진한 믿음은 여지없이 무너졌다.

창업을 이끌 기술 인력은 대학과 연구소에 집중되어 있는데, 이들에게 창업이란 남의 동네 이야기였다. 시작도 끝도 연구였지, 사업화는 관심 밖이었다. 대학과 연구소 기술을 사업화할 수 있는 대안이 부족했던 것이다. 기술은 사업화가 되는 과정에서 대부분 사라지고 3% 정도만 살아남는 현상을 이미 세계적으로도 '죽음의 계곡'이라 정의했다. 나는 다른 나라의 예를 살펴보았으나 성공적인 기술 사업화정책은 눈에 띄지 않았다.

과연 대안은 없을까? 메디슨 창업 경험을 찬찬히 되새겨 보았다. 나 역시 창업을 결심하기 전에는 대충대충 연구보고서를 작성했고 이 보고서를 바탕으로 한 기술 이전은 힘들 것이라고 생각했다. 그러다 창업을 결심한 순간 생각은 완전히 달라졌다. 사업화가 가능한 기술을 개발하고 제대로 기록을 남기게 된 것이다. 바로 이것이었다. 연구개발자가 낳은 자식을 그 개발자가 직접 키우면 되지 않겠는가. 그것만 된다면 기술 사업화 과정의 죽음의 계곡을 넘어설 확률도 높아지지 않겠는가. 연구실 안에서 사업화를 쉽게 할 수 있다면 기술창업이 활성화되지 않겠는가.

코스닥시장도 만들어졌고, 벤처기업특별법도 제정됐다. 1997년쯤 나는 창업이 불같이 일어날 줄 알았다. 창업 로드쇼는 성공적이었다. 하지만 연구개발자들에게 창업은 정말로 남의 동네 얘기였다. 그래서 나온 것이 실험실 창업 운동이었다.

우선 창업을 저해하는 요소가 무엇인지 나열했다. 사무실 구하기, 실험설비 갖추기, 사람 구하기, 자금 구하기, 직장 그만두기 등등이었다. 그런데 실험실에서 창업을 하면 이런 문제들이 모두 풀리는 것이다. 전국의 연구실은 대략 1만 개 정도였다. 이 연구실에서 2년에 1개의 창업만 이루어져도 21세기 벤처대국은 가능할 수 있다는 확신이 들었다. 이 프로젝트 이름을 '실험실 창업 운동$^{Lab\ Venture}$'이라 명명했다.

김대중 대통령은 IMF 위기 극복을 위한 대안으로 규제개혁위원회를 설치해 규제 50% 철폐를 추진하고 있었다. 마침 나도 그 위원이었다. 나는 실험실에서 교수나 연구원, 학생들이 바로 창업할 수 있도록 요청했다. 중소기업청의 송종호 과장(현 중소기업청장)과 협력해 10개가 넘는 각종 규제를 철폐했다. 이를 통해 교수와 연구원은 사장 겸임이 가능해졌다. 벤처기업특별법에 이어 한국의 세계적인 발명품인 실험실 창업제도가 탄생한 것이다. 1년에 5천 개의 벤처창업과 5만 개의 일자리가 만들어질 것이라는 희망을 가졌다. 실험실 창업이 학생들에게 기업가정신을 교육하는 역할도 할 것이라 기대했다. 나는 전국 수십 곳의 대학과 연구소를 순회하며 실험실 창업 운동을 설파하고 다녔다.

그런데 현장에서는 일대 혼란이 빚어졌다. "신성한 상아탑에 웬 장사꾼"이냐는 원성이 교수사회 등으로부터 쇄도하는 것이었다. 인문학을 연구하는 교수, 학자들 입장에서는 도저히 용납하기 어려운 현상이었다. 서울대가 위치한 관악세무서도 "도대체 학교 안에서 창업을 한다는 것이 말이 되느냐"는 핀잔을 주면서 사업자등록을 계속 반려했다. 불과 10여 년 전의 일이다.

실험실 창업에 이어 창업보육센터 설립도 추진됐다. 실험실 창업에서 태어난 벤처기업들이 성장하면 실험실은 비좁기 때문이다. 더 넓은

인큐베이터 개소식에서

벌판으로 나아가기 위해서는 새로운 공간이 필요했다. 다만 이들이 둥지를 틀 장소는 연구실과 가까워야 했다. 그래서 중기청의 지원 아래 대학연구소에 인큐베이터로서의 보육센터가 운영되기 시작했고, 지금은 전국 대부분의 대학연구소가 이를 운영하고 있다. 300여 개의 대학 창업보육센터에서 5천 개의 기업들이 산업계로 배출되고 있는 것이다.

실험실 창업 운동은 코스닥과 벤처기업특별법이 제공하는 질적 기반 위에 양적 확대를 위한 시도였다. 아직도 시행착오 과정에 있으나 창업 활성화를 통한 국가 도약에 매우 중요한 정책으로 다시 자리 잡기 바란다.

디지털단지와 벤처빌딩제도

가망 없던 구로공단 회생 비결, 1997년 '벤처집적시설' 처방전

한국산업 발전의 역사를 보려면 서울 구로구 가산디지털단지로 가야 한다. 이곳은 45년 전 우리나라의 대표적인 가공수출단지였다. 서울로 상경한 수많은 10~20대 여공이 열악한 근로 환경에서 청춘을 바쳤던 곳이다. 그런 구로가 지금은 세계적인 첨단 벤처기업단지로 변모해 디지털코리아의 새로운 희망이 되고 있다.

1만 개 이상의 벤처기업이 밀집된 세계적 벤처생태계가 불과 10년 사이에 형성된 것은 또 하나의 '한강의 기적'이라 해도 과언이 아니다. 여기에서 주목할 것은 디지털단지에 정부 차원의 강력한 지원정책은 찾아보기 어려웠다는 것이다. 그렇다면 또 하나의 한강의 기적, 그 비밀은 무엇일까? 바로 벤처빌딩제도다.

외환위기의 폭풍이 몰려오기 시작하던 1997년 11월 구로디지털단지의 첫 빌딩 기공식이 있었다. 한국 수출을 뒷받침했던 구로 수출산업단지는 국가적 애물단지로 전락하고 있었다. 경쟁력을 잃은 공장들은 직원들이 떠나고 을씨년스럽게 추운 겨울을 맞이하고 있었다.

벤처기업협회는 1997년 4월 허태열 산업단지관리공단 이사장에게 제의했다.

"구로공단 내 기업들이 빨리 기술집약 업종으로 변해야 한다. 그 시발점은 공장이 아닌 벤처빌딩, 즉 벤처기업의 집적 시설이다. 벤처빌딩에서 성공 기업이 나오면 자연히 구로공단에 벤처기업이 몰린다. 한국의 새로운 미래는 바로 여기에 있다."

허 이사장은 2주 후에 바로 설계를 지시했고 벤처빌딩은 11월에 첫 삽을 뜨게 되었다.

벤처빌딩제도는 같은 해 벤처기업특별법에 반영된 제도로, 또 하나의 한국 발명품이라 할 수 있다. 벤처기업협회의 주장은 "벤처기업의 생명은 네트워크다. 벤처는 자신의 핵심역량에 집중하고 주변의 역량과 제휴해야 한다. 개별 기업이 아니라 생태계 간 경쟁이다. 특히 지식사회에서는 정보를 실시간으로 공식, 비공식적으로 공유해야 살아남는다. 이런 점을 해결할 수 있는 벤처생태계를 만들자"는 것이었다.

디지털단지에 있는 1만여 개 기업과 수백 개의 벤처빌딩은 정부에서 단 한 푼의 직접적인 지원을 받은 바 없다. 단지 벤처빌딩제도에 근거한 취득세, 등록세 혜택과 세제 지원이 있었을 뿐이다. 그래서 디지털단지는 직접적인 정부 지원보다 창업하고 기업하기 좋은 환경과 제도를 만들어주는 것이 더 중요하다는 시장경제의 대명제에 부합하는 좋은 사례다.

참고로 전국적으로 형성된 테크노파크는 나도 초대 선정위원장으로 참여했으나 벤처빌딩제도에 비해 엄청난 규모의 직접 투자에도 불구하고 아직 자생력이 확보되지 않고 있다. 계속적으로 정부재정이 투입되고 있다. 직접 지원은 규제를 낳고 결국 관료화된다는 점에서 정부의 지원은 단기간의 인프라 구축으로 제한되어야 한다는 교훈을 새삼 확인하게 된다.

디지털단지는 이제 1만여 개의 벤처기업이 밤낮없이 연구개발에 몰입하는 잠들지 않는 지식단지가 됐다. 과거 생산 위주의 중소기업 단지에서 연구개발 위주의 벤처기업생태계로 변모한 것이다. 여기에서 오스템임플란트, 마크로젠, 인피니트, 엠텍비전, 유비케어, 아이레보, 컴투스 등 수많은 코스닥 스타 기업이 탄생했고 지금도 새로운 기업들이 탄생하고 있다. 젊은 연구원들이 담소하며 커피를 마시는 벤처 문화가 형성되고 있다. 한국의 소중한 자산이 벤처빌딩제도를 통해 탄생하고 있는 것이다.

디지털단지의 지속적인 발전을 위해 절실하게 필요한 것은 대학이다. 지식사회에서 대학과 산업계는 융합돼야 한다. 전 세계 모든 벤처단지는 세계적 대학을 중심으로 발전했다. 그런데 구로 가산에는 대학이 없다. 서울산업대학교가 분교 형태로 강의만 하고 있을 뿐이다. 본격적인 연구 중심의 대학이 자리 잡아야 한다.

벤처빌딩은 경기도로 확산되고 있다. 경기도와 공동 추진해 입주를 시작한 판교 벤처밸리는 또 하나의 세계적인 벤처생태계가 형성될 것으로 기대한다. 인천의 송도 신도시를 비롯해 대전, 원주, 포항, 부산, 광주 등 전국으로 벤처생태계는 확산되고 있다. 그러나 직접 지원에 의한 관료화를 경계해야 성공한다는 점에서 구로 가산디지털단지 사례를 벤치마킹해야 한다.

한국이 발명한 창업생태계는 실험실 창업, 창업 보육센터, 테크노파크, 벤처빌딩으로 이어지며 완성된 것이다.

한글 살리기 운동

한컴 매각은 1조 국부 손실, '벤처판 금 모으기'로 막다

1998년 6월 15일 한컴은 마이크로소프트^{MS}로의 매각을 전격 발표했다. IMF 위기에서 대한민국이 외자 유치에 총력전을 벌이고 있던 와중에 세계 최고의 기업으로부터 2천만 달러라는 거액의 투자를 받기로 한 좋은 소식이었다.

그러나 문제는 더 이상의 아래한글 개발은 중지한다는 불공정거래 조건이었다. 400만의 아래한글 사용자 입장에서는 MS의 워드프로세서를 구입하고 사용법을 새로 배워야 한다는 것을 의미했다. 벤처기업협회가 이 비용을 추산한 바 한컴의 매각이 1조 원이 넘는 국부 손실이라고 결론을 내렸다. MS는 아래한글 때문에 일본에서 20만 원이 넘는 워드를 한국에서는 거의 무료에 공급하고 있었다. 아래한글이 없어질 경우 신규 구입 비용과 재교육 비용을 합하면 1조 원은 쉽게 넘어설 것이라는 계산이 나왔던 것이다. 이에 따라 6월 18일 벤처기업협회는 아래한글 살리기 운동에 돌입했다.

6월 22일 한글학회 등 15개 단체와 더불어 아래한글 지키기 운동본부를 벤처기업협회에 설치하고 본격적인 활동에 돌입했다. 그러자 MS로부터 2천만 달러 외화 유치 실적을 자랑스러워하던 배순훈 정보통신부 장관이 호출을 했다.

"편협한 국수주의를 극복해야 세계화가 된다는 것이 IMF 위기의 교훈 아닌가. 당장 아래한글 지키기 운동을 그만두게."

엄명이었다.

"장관님! 제가 경영하는 메디슨도 외국인 지분이 높고 매출의 70%가 수출입니다. 세계화에 반대하는 게 아닙니다. 한컴 인수 후 아래한글 개발 중지는 명백한 불공정거래이기 때문에 반대하는 것입니다."

하늘같은 주무 장관에게 겁 없이 항명을 한 것이다. 이어 국정원에서 통보가 왔다. 허가 없는 모금 운동은 불법이라는 것이었다. 그 외에도 전경련 등의 반대도 있었다. 그런 압박에도 불구하고 우리는 소프트웨어 벤처의 미래가 이 한판 승부에 달려 있다는 각오로 전진했다.

7월 1일 '1조 원의 가치, 한국 소프트 벤처의 기반'이라는 성명을 발표하고 이찬진 한컴 설립자와 합의 조건인 '100억 원 투자 국민주 운동'에 돌입했다. 많은 언론이 힘을 보태주어 아래한글 살리기 운동 분위기는 고조되었고 우리는 성공을 자신했다. 모금을 조건으로 이찬진 사장은 CTO로 역할을 변경했고 신임 사장을 공모한다는 합의서도 발표했다. 7월 27일 30여 명의 지원자 가운데 지오이넷 사장이던 전하진 사장을 신임 사장으로 선정했다.

당시 투자자금 모금 과정에서의 비화를 이제는 공개한다. 8월 1일

아래한글 살리기 운동 동지들과 함께

모금 운동의 뚜껑을 열고 우리 모두는 실망을 금치 못했다. 적어도 100억 원은 있어야 MS의 2천만 달러 투자를 대신해 한컴 지키기를 할 수 있는데, 민간 모금액은 뜨거운 분위기에 비해 실망스럽게도 7억 원에 불과했다. 여기에 황철주 주성엔지니어링 대표와 조현정 비트컴퓨터 대표가 각각 5억 원과 3억 원씩 내놓은 금액이 더해져 총 15억 원이 전부였다.

실망스러웠지만 현실은 냉엄했다. 한컴의 주가는 액면가인 5,000원에 못 미치는 4,000원 수준이라 정상적으로 신규 주식에 투자할 이유가 없었던 것이다. 이 결과를 그대로 발표하면 자금 회수를 유예했던 금융기관들이 달려들어 한컴은 MS에 넘어가게 될 것이었다. 어쩔 수 없이 무리수를 던졌다. 새벽에 메디슨 이사회를 소집해 이사들을 설득해서 50억 원을 투자하기로 결정한 것이다. 이것이 바로 메디슨이 유일하게 비의료기업의 주식을 보유하게 된 사연이다.

이렇게 우여곡절 끝에 한컴 지키기 운동은 성공했다. 한컴은 8.15판을 내놓아 1만 원에 정품 1년 사용권을 제공했다. 요즘은 일반화된 '빌려 쓰는 소프트웨어^{SaaS}'의 시초였던 것이다. 시장의 80%를 장악하며 400만 사용자가 있는 아래한글이 연간 1만 원의 사용료만 받아도 400억 원이 아닌가. 1998년 상반기에 30억 원에 불과했던 한컴의 매출은 1999년 상반기에는 179억 원으로 6배 급증했다. 코스닥에서의 시장가치도 40억 원에서 2천억 원으로 증가했다. 액면가에도 못 미치는 주식에 투자했던 무식한 투자자들은 20배 이상의 생각지도 못한 수익을 올렸다.

1년이 지난 1999년 9월 〈뉴욕타임스〉는 '한국인들이 국가의 기술자산으로 여기는 한컴의 자본이 50배 증가했다. MS에 맞서 이렇게 싸우는 것은 전 세계를 통틀어 처음'이라고 보도했다.

아래한글 살리기 운동의 가장 소중한 성과는 불법복제 단속과 정부 및 공공기관의 정품 구매정책이었다. 김대중 대통령이 한국 소프트산업의 활로는 정품 사용에 있다는 벤처협회의 건의를 받아들여 강력한 단속과 정품 구매를 지시했다. 이때부터 한컴, 안철수연구소 등 소프트 기업들의 매출이 급증하고 코스닥 열풍이 힘을 얻었다. 한마디로 아래한글 살리기 운동은 벤처판 금 모으기 운동이었던 것이다.

인터넷코리아 운동

네이버·넥슨 탄생 이끈 '한국판 후버댐 프로젝트'

1998년 7월 벤처기업협회는 IMF 위기 극복 대안으로 인터넷코리아 프로젝트를 정책 당국에 제안했다. 인터넷코리아 사업은 미국을 중심으로 한 전 세계적 인터넷경제를 활용해 대한민국의 국가경쟁력을 향상시키고, 대졸 실업 문제를 해결하는 등 두 마리 토끼를 동시에 잡을 수 있는 길이었다. 취업난 해소를 위해 추진되던 황소개구리 잡기 등 단순 일자리 사업과는 차원을 달리하는 프로젝트였다. 과거 대공황 때 댐을 짓고 도로를 건설하는 등 사회 간접자본 시설 구축 패러다임을 지식사회에 그대로 적용하는 구상이었다.

인터넷코리아의 지향점은 인터넷을 촉매로 한 새로운 네트워크경제, 연결의 경제로 한국을 선도 국가로 부상하게 하는 것이다. 온라인 상품 정보 교류를 기반으로 한 인터넷 시장경제 창출이 핵심 개념이었다.

그 첫 사업이 '10만 웹마스터 양성 운동'이었다. 30만 대졸 실업자들 중 10만 명을 웹마스터로 양성해 100만 명의 개인사업자와 10만 개 중소기업의 홈페이지를 만들고 유지 보수하는 일을 맡기는 사업이었다.

나아가 한국 전체에 초고속인터넷을 깔고 인터넷 기반의 새로운 시장을 창출하려 했다. 모든 기업을 사이버시장으로 연결한 뒤 사이버시장에서 이들 정보를 가공해 새로운 부가가치를 만드는 회사를 만들고, 이를 뒷받침할 통신망을 정비하고, 웹TV와 디지털위성도 이들의 인프라로 구축해야 한다는 내용이었다.

이러한 정책 제안에 입각해 정보통신부는 사이버코리아라는 사업으로 인터넷경제의 기반인 PC와 인터넷 보급을 주도했다. 하나로통신은 한국의 아파트 문화를 기반으로 한 파격적 요금제를 선보였다. 그 결과 한국에서는 전 세계에 유례없는 PC방이 확산되기 시작했다. 네트워크 장비 회사들인 한아시스템, 다산네트웍스 등이 활로를 찾기 시작했다. 또한 PC방을 기반으로 한 인터넷게임 개발에서 한국이 세계를 주도하게 됐다. 카이스트 출신의 천재적 문제아들이 장난처럼 설립한 김정주의 넥슨, 나성균의 네오위즈와 같은 네트워크 게임회사들이 자리 잡기 시작했다(지금 이 두 회사의 가치는 10조 원이 넘는다). 한컴 출신인 김택진 대표의 엔씨소프트가 세계 최초의 3차원 네트워크 게임인 리니지를 내놓았고, 김범수 대표의 한게임도 부상했다.

인터넷경제의 핵심인 포털들도 화려하게 등장했다. 미국의 야후와 라이코스가 한국에 진출하는 것에 대응해 토종 포털인 이해진의 네이버, 이재웅의 다음 등이 선보였다. 이들 포털은 미디어인 동시에 광고 매체이고 장터였고 정보 공유의 장이었다. 기존에 한국에 있던 오프라인 거대 기업들로서는 이해하기 어려운 사업이었다. 이어 옥션, 인터파크 등 온라인 유통업체들이 나타났다(이들 기업들의 가치는 현재 수십조

원에 달한다).

  그러나 이러한 인터넷 사업은 초기에는 원래 수익모델이 거의 없었다. 일정 규모의 임계량을 돌파해야 수익이 난다. 그런데 누가 초기 투자자금을 투입할 것인가? 미국은 나스닥이 자본 조달의 창구 역할을 수행해 야후, 마이크로소프트, 아마존, 시스코 등 거대 기업들이 탄생할 수 있었다. 일본은 이러한 이머징 투자시장이 없어 인터넷경제에 제대로 적응하지 못했다. 미국, 일본, 유럽 모두 기존의 오프라인 대기업들이 신경제에 성공적으로 진입한 사례는 없다. 신경제의 양대 인프라는 청년 기업가정신과 벤처 투자시장의 존재라 할 수 있다.

  한국의 행운은 코스닥과 벤처기업특별법이라는 두 가지 벤처 육성 인프라를 준비한 후 IMF 위기를 맞이한 것이라 할 수 있다. 코스닥은 적자 기업의 상장을 허용하고 있어 적자 상태의 옥션이나 다음 등의 상장이 가능했다. 이 자금을 바탕으로 젊은 기업들이 기업가정신으로 무장해 아마존과 야후를 극복할 수 있었던 것이다. 한국경제가 처음으로 일본을 앞지르는 사례가 인터넷경제에서 발생한 것은 준비된 벤처정책에 인터넷코리아 운동이 결합된 것이다. 질풍노도와 같은 인터넷산업의 발전 결과, 2000년이 되자 한국은 어느덧 전 세계 인터넷경제의 최선두에 서게 됐다. 인터넷코리아 운동은 한국판 대공황 극복의 '후버댐 프로젝트'였던 셈이다.

벤처 세계화 프로젝트, 인케

각개약진의 세계화전략 희망 없어
전 세계 한인 기업가 네트워크를 구축하다

벤처기업협회는 1996년 한·일 과학기술자교류회를 시작으로 1997년 한·미 벤처포럼, 한·이스라엘 벤처포럼을 개최했고 1998년에는 한·일 벤처포럼을 열었다. 러시아, 이스라엘과도 첨단기술 사업설명회를 가지는 등 일련의 벤처 세계화 프로젝트를 시작했다.

21세기 지식사회의 경쟁력을 생각할 때 벤처의 세계화는 반드시 넘어야 할 산이었다. 아무리 한국 벤처가 연구개발에 경쟁력이 있다 해도 시장 규모가 작으면 이길 수 없기 때문에 매출액 300억~1,000억 원 정도에 도달한 벤처기업은 세계화라는 또 다른 도전을 해야 했다. 그러나 모든 벤처기업이 '맨땅에 헤딩하는' 각개약진의 세계화전략은 그 성공 가능성이 매우 낮다. 그렇다고 세계화를 피해 갈 수도 없다. 이를 극복하기 위해 해외 거점, 자금, 기술전략을 묶어 벤처 세계화전략을 제시했다.

벤처기업협회는 자본을 국제화하기 위해 해외 자본을 유치하는 협력센터 설립을 제안했다. 해외 간접투자를 적극적으로 유치하기 위해서는 해외 벤처캐피탈 펀드의 국내투자를 억제하는 규제 조항을 철폐해야 한다고 제시했다. 나스닥 등 해외증시에 직접 상장을 지원하는 일도 주요한 과제로 꼽혔다. 국제적인 공동 연구도 촉진하고, 기술력을 가진 외국기업을 매입하는 전략도 필요했다. 기술만 도입하는 것은 기술의 라이프사이클에서 부담이 크기 때문이었다. 기술이 내재된 기술흡수전략이 필요했다. 또한 인력의 국제화를 위해 국제 간 인수합병의 법적 규제를 완화하는 방안도 제시했다. 이제 남은 것은 해외 거점의 확보였다.

김대중 대통령이 1998년 6월 미국을 방문할 때 벤처업계도 수행했다. 미국 실리콘밸리에서는 역사적인 한·미 벤처포럼이 열렸다. 실리콘밸리에는 인도, 대만, 이스라엘, 일본 등 나라별 펀드 조성이 활발했다. 각국은 이런 펀드 운용을 세계 첨단 기술의 흐름을 파악하는 비즈니스 윈도우로 활용하고 있었던 것이다. 당연히 한국도 이러한 비즈니스 윈도우가 필요하다는 공감대가 형성됐다. 이때 발생한 해프닝 중 하나는 다수의 벤처인들이 회의 당일 불참하거나 초죽음 상태로 나타난 것이다. 진상은 '술고문'을 당했다는 것이다. 그 범인은 바로 한국여성벤처협회 이영남 회장이었다. 그녀는 수많은 남성을 술로 제압한 겉보기만 여성인 관계로 조심해야 한다.

1999년 실리콘밸리협의회에서 이계복 대표가 이끄는 재미기업인협회 KASE가 벤처기업협회와 한민족벤처네트워크를 구성하자는 원칙에 합의했다. 안현실 박사(〈한국경제〉 논설위원), 배종태 교수, 이장우 교수

2001 인케 총회

등의 자문을 바탕으로 드디어 2000년 인케INKE : International Network of Korean Entrepreneurs가 출범했다. 의장은 로커스의 김형순 사장이 맡았다.

인케는 전 세계 한인 기업가들의 네트워크다. 이들은 각국에서 첨단 사업 경험을 보유하고 있다. 현지 인맥도 많이 확보했다. KOTRA와 같은 공식조직이 직접 하기 어려운 수주 업무를 인케는 감당할 수 있다. 이 네트워크를 통해 한국 벤처기업들의 해외 진출 시 불필요한 시간과 돈의 낭비를 줄일 수 있었다. 인케는 매년 국내와 해외에서 정기적인 모임을 가지며 지속적으로 성장해 현재 44개국에 73개 지부를 가지고 있다. 해외 현지에서 5~20년 기업 활동 경력이 있는 기업인, 컨설턴트, 변호사, 현지 관료 등 900여 명이 구성원이다. 인케는 초대 김형순 대표에 이어 전하진, 남민우, 박봉철 의장을 거쳐 현재는 홍병철 의장이 헌신적으로 조직을 이끌고 있다. 개별 벤처기업이 갖추기 어려운 전 세계 네트워크를 제공하는 중요한 인프라가 구축된 것이다.

인케는 현지의 벤처 상설장터인 벤처갤러리와 정기 비즈니스 간담회는 물론 상시 비즈니스 중계 등 다양한 활동을 한다. 특히 벤처갤러리는 사우디아라비아, 브라질, 일본, 베트남, 아르헨티나, 불가리아 등에 설치돼 현지 전시와 상담 역할을 수행하고 있으며 지속적으로 확산되고 있다. 인케를 통해 ㈜세화피앤씨의 브라질 현지법인 설립, ㈜원방텍의 싱가폴 반도체 설비공사 수주, 누리 아이엔씨의 정부 조달시장 진출 등 연간 수억 달러에 달하는 수많은 성공 사례가 도출되었다. 지금도 인케는 벤처 세계화를 지원하는 벤처인프라의 한 축으로 많은 벤처기업의 방문을 기다리고 있다.

벤처나눔 운동과 인터넷홀딩스

선순환을 위한 나눔 운동을 시작하다

2000년 벤처의 위상은 하늘을 찌를 듯이 치솟았다. 코스닥 주가는 정상을 향해 달리고 전 세계적으로 IT기업의 주식은 천정부지로 치솟았다. 주요 벤처기업들의 시가총액은 전통 재벌들을 능가하기 시작했다. 예컨대 새롬기술의 시가총액은 5조 원을 넘어서면서 중견 재벌 수준에 달했다(훗날 새롬기술의 미국 법인의 연속인 구글톡이 이 가격에 매각되었다).

그러자 주변의 시선이 따가워졌다. 너무 잘나간다는 것이었다. 우리 민족에겐 "배가 고픈 것은 참아도 배가 아픈 것은 참지 못한다"는 놀부 심보가 있지 않은가. 나는 선도 벤처기업들을 모아 상의했다. 그렇게 탄생한 것이 '벤처나눔 운동'이었다. 많은 기업이 동참해 나름대로 후배들을 위한 장학 사업 혹은 창업빌딩 설립 등의 활동을 전개했다. 2000년, 한 해만 하더라도 2천억 원의 나눔 활동이 이루어졌다. 이러한 벤처나눔 운동의 일환으로 인터넷코리아 운동을 전개했다. 2000년 초, 인터넷의 미래는 무궁무진해 보였다.

한국이 세계 인터넷 초강국으로 부상한 것은 준비된 벤처혁명, 특히 코스닥과 벤처기업특별법이 준비된 가운데 IMF 위기가 오고 벤처정책이 힘을 받아 IT 붐이 일면서 갑자기 주변을 돌아보니 우리가 인터넷 분야의 선두 국가에 서게 된 것이다. 이러한 환경에서 일본의 소프트뱅크의 손정의 회장이 한국에 투자회사를 설립했다. 소프트뱅크 코리아를 통해 유망한 기업들을 인수합병하거나 합작투자를 하겠다는 것이었다. 물론 바람직한 일이지만 나는 독점은 바람직하지 않다고 보았다.

그리하여 선도 기업들이 힘을 모아 이러한 인터넷기업에 투자할 수 있는 홀딩컴퍼니를 만들어 소프트뱅크의 독점을 견제하기 위한 회사를 설립했다. 바로 코리아인터넷홀딩스라는 회사다. 탁월한 이론적 통찰력을 보여주던 연세대 김동재 교수가 사장을 맡았다. 그리고 모든 국민이 인터넷홀딩스를 통해 인터넷 발전의 수익을 나눠가질 수 있는 시스템을 구축하고자 했다. 그러나 이러한 노력들은 불과 7~8개월 후인 2000년 하반기에 미국에서 IT 버블이 붕괴하면서 물거품이 되었다. 이른바 벤처 빙하기가 닥쳐 모든 것이 얼어붙어 버린 것이다.

그러나 벤처의 성장 과정에서 선순환을 위한 나눔 운동에 착수했다는 것은 중요한 의미가 있다. 이제 기업에서 기업생태계로 확산된 기업 활동이 사회 전반으로 확산되는 경제가 되고 있기 때문이다. 선순환에 앞장서는 기업들이 기업성과도 좋다는 것이 사회공헌지수^{CSR} 연구의 대체적인 결론임을 상기하자.

벤처리더스클럽

벤처생태계 발전 방안을 논의하다

1999년 말, 벤처의 봄은 만개했다. 벤처 육성을 통한 국가 미래의 그림이 가시화되고 있었다. 꿈같은 숫자였던 벤처기업 5,000개를 돌파했다. 이제 벤처생태계 구축을 위한 조직이 필요하다 판단하고 두 가지 벤처생태계 인프라를 구축했다. 그중 하나가 기술거래소이고 다른 하나가 벤처리더스클럽이다. 이와 더불어 사회와 선순환하는 벤처나눔 운동이 병행되었다.

2000년 1월 벤처산업의 생태계 전반을 아우르는 모임이 필요하다고 생각해 초창기부터 벤처 동지였던 이장우 교수와 복합생태계 그림을 그려보았다. 벤처기업협회는 기업인들의 모임이다. 벤처기업협회 이전부터 존재했던 벤처캐피탈협회는 투자기관들의 모임이다. 그런데 건전한 생태계 발전을 위해서는 기업인, 투자자, 언론인, 학계, 정부 등 다양한 주체들이 필요하다. 이들이 의견을 교환하고 합의된 컨센서스를 도출할 수 있는 모임의 장이 필요하다고 판단한 것이다.

벤처캐피탈협회의 고종석 회장, 언론의 선두에서 벤처를 뒷받침했던

〈매일경제〉의 강영철 부장, 항상 벤처를 밀어주던 김일섭 회계연구원 원장이 이 뜻에 가세해주었다. 그리고 벤처기업들의 커뮤니티를 뒷받침하기 위해 설립한 이커뮤니티의 정회훈 사장이 간사 역할을 맡았다. 2000년 1월 25일 첫 모임을 갖고 초대 회장으로는 미래산업의 정문술 회장님을 모셨다. 첫 모임에는 벤처기업, 벤처캐피탈, 정부, 학계, 언론계 등 80여 명이 공식회원으로 참석해 성황리에 개최되었다. 벤처생태계 발전 방안을 논의하고 새로운 정책에 대한 컨센서스를 만드는 역할을 수행했다.

아쉬운 것은 초대 회장을 맡은 정문술 회장님이 불과 7개월 만인 2000년 7월에 물러나신 점이다. 이어 회계연구원의 김일섭 원장이 2대 회장을 맡았다. 그러나 곧 혹독한 벤처 시련기가 다가왔다. 당연히 벤처리더스클럽 참여는 점점 시들해져 갔다. 회원 가입을 위해 줄서던 사람들이 초청해도 오지 않는 추운 겨울이 온 것이다. 이 어려운 시기를 휴맥스의 변대규 대표가 2004년까지 단독으로 회장을 맡았고 2005년부터는 김한섭 회장과 공동 회장 체제로 전환했다. 초기에 참여했던 정부, 학계, 언론계의 참여는 대폭 줄고 결국 벤처리더스클럽은 벤처기업과 벤처캐피탈 투자기관 간의 모임으로 전환되었다.

이후에 벤처기업에서는 정준, 박상일 사장이, 벤처캐피탈에서는 도용환, 구본천, 정성인 대표가 공동 회장을 맡아 현재까지 벤처리더스클럽을 이끌고 있다. 현 회장인 박상일 회장은 원자현미경이라는 세계적인 기술로 벤처를 일으킨 기술벤처의 표상이라고 할 수 있고 모범적인 생활로 벤처윤리위원장을 맡고 있기도 하다. 벤처리더스클럽은 앞으로도 중요한 역할이 다시 기대된다. 벤처기업만의 모임이 아니라 벤처기업생태계 전반을 아우르는 모임은 벤처 2.0 재도약을 위해서도 반드시 필요하다. 내가 주도해서 만든 많은 조직 중 상대적으로 아쉬움이 남는 조직이 벤처리더스클럽이다.

세계 최초의 개방혁신 센터

전 세계 오픈이노베이션의 효시, 기술거래소

1999년 대규모 벤처 붐이 불기 시작했다. 1996년의 코스닥, 1997년의 벤처기업특별법, 1998년의 실험실 창업 운동과 창업보육센터, 불법복제 단속, 인터넷코리아 운동의 결과였다.

신문지상에서는 연일 '벤처 대박'을 보도했다. 카이스트 출신 오상수 사장이 설립한 새롬기술은 세계 최초의 인터넷전화인 다이얼패드 하나로 시가총액이 5조 원을 넘어섰다. 매출은 없었으나 가치는 웬만한 재벌을 능가했다. 새롬기술을 이어받은 미국의 스카이프사가 9조 원에 매각된 것을 감안하면 거품만은 아니었다. 정지훈 관동대 IT융합연구소 교수는 『거의 모든 IT의 역사』에서 실제로 구글보이스가 다이얼패드의 후계자라는 사실을 밝혔다.

여하튼 창업 동지들 모두가 대박을 터뜨리니 당연히 젊은이들의 피가 끓었다. 대학에서 청년창업이 활발해지는 것은 물론 대기업 간부들도 창업 대열에 동참하기 시작했다. 심지어 언론인과 공무원들이 퇴직을 하고 벤처에 참여하기 시작했다. 신랑감 1순위가 벤처기업가가 됐다. 벤처 붐 조성이 성공한 것이다.

그러나 벤처산업의 설계자들에게는 엄청난 부담이 다가오고 있었다. 실험실에서 창업한 카이스트 교수들은 연일 전화를 해왔다. "이제 기술은 준비됐는데, 영업은 어떻게 하느냐? 자금관리는 대안이 있느냐?"였다. 사실 벤처 창업자들의 대부분은 기술자들이었다. 그들은 기술의 전문가일 뿐 영업 전문가는 아니었다. 사업은 기술과 시장의 결합이기에 나머지 반쪽을 채워야 했다. 모든 기술 창업자들이 영업의 달인은 아니지 않은가.

벤처 붐을 질시하는 전통 제조업 사장들의 반발도 거세졌다.

"벤처만 중소기업이냐? 한국산업의 뿌리는 전통 제조업이 아닌가?"

제조업의 반발을 해결하면서 동시에 벤처를 육성할 수 있는 대안은 바로 인수합병과 기술거래였다. 인수합병은 기술벤처의 출구였고 기술거래는 전통 제조업의 출구였다. 특허거래는 혁신경제의 근간이다.

기술 창업자들이 기술을 완성하면 세 가지 시장 진출 방안이 있다. 첫째는 직접 시장을 개척하는 것이다. 하지만 성공 확률이 낮다. 둘째는 대기업에 납품을 하는 것인데, 불공정거래를 극복하지 못하면 수익이 안 난다. 셋째는 기업을 파는 것이다. 즉, 인수합병이 또 다른 대안으로 등장한다. 한국에서는 인수합병에 대한 거부감이 크다. 그러나 미국 창업기업의 90%는 인수합병을 통해 수익을 창출한다. 인수합병 규모가 나스닥의 10배에 달한다. 인수합병을 통해 대기업은 혁신적 기술을 얻고, 벤처기업은 글로벌시장을 얻으며, 초기 창업투자를 한 엔젤들은 수익을 얻는다. 코스닥 상장까지 10년 이상 걸린다는 점을 감안했을 때, 중간 투자회수시장이 없다면 초기 투자는 불모지가 될 수밖에 없다. 엔젤투자자 육성이 창업 활성화의 근간이며 인수합병 중간 회수시장이 엔젤 육성의 핵심인 것이다.

전통 제조업의 혁신은 내부 기술개발로 이루어지기는 어렵다. 외부의 기술 도입이 필요하다. 대학연구소의 기술을 거래를 통해 도입할 수 있다면 성장엔진을 얻을 수 있다. 특히 특허거래는 미래 산업경쟁력의 핵심이다. 이를 위한 기술거래의 활성화는 정부의 핵심 국정 과제였다.

정부는 기술거래를, 벤처기업협회는 인수합병의 거래를 목적으로 의기투합해 2000년 3월 한국기술거래소를 설립했다. 초대 사장은 홍성범 세원텔레콤 사장이었다. 벤처기업협회가 78억 원, 지식경제부 50억 원, 은행과 산업은행이 30억 원, 벤처캐피탈협회 등이 20억 원을 출자했다. 1차 벤처 붐의 주역이 코스닥이었다면, 2차는 기술거래소라는 꿈을 안고 민관합동 경영이라는 도전을 한 것이었다. 미국의 체스브로 교수가 2003년 '오픈이노베이션(개방혁신)'을 주창하기 무려 3년 전에 한국이 세계 최초로 개방혁신이라는 새로운 패러다임에 도전했던 것이다.

비록 벤처 버블 붕괴와 정부출자기관의 한계를 극복하지 못해 소기의 성과를 거두지 못하고 산업기술진흥원으로 통합됐으나, 제2의 벤처 붐 핵심이 인수합병 활성화에 있다는 것은 지금도 변함이 없다.

기술거래소의 마지막까지 마무리를 해준 여인국 사장 대행에게 다시 한 번 감사를 드린다. 기술거래소의 이름은 없어졌으나 기술거래는 남아 있다. 아마도 가장 큰 성과는 국가 전체의 기술을 한군데 모은

기술거래소 설립 1주년 기념식에서

NTB^{National Technology Bank}, 즉 기술은행이 아닌가 생각한다. 기술거래소에서 많은 기관의 기술정보를 수집해 이를 통합시켜 놓은 것이 국가 기술 DB, 즉 NTB다. 기술거래소의 역사는 짧지만 전 세계 오픈이노베이션의 효시로서 의미를 갖는다.

오픈이노베이션

개방혁신이 한국의 미래전략이다

2009년 한국의 새로운 국가혁신전략으로 개방혁신을 연구하는 모임을 만들기로 했다. 1월부터 준비해 3월에 첫 번째 포럼을 개최했다. 실질적으로 한국에서 개방혁신을 연구하는 심층적인 포럼이었다. 2009년 3월 25일 안철수 교수, 카이스트의 배종태 교수, 테크노베이션의 현재호 대표, 비즈호스피탈의 변종원 대표와 더불어 오픈이노베이션의 의미에서부터 연구, 요약, 실제적인 산업계 방향에 이르기까지 성공적인 토론을 벌였다.

이 연구회는 오픈이노베이션에 대한 포괄적인 연구를 했다. 여기서 이노센티브, 나인시그마, 뱁슨 대학의 다이내믹 역량에 대한 연구들이 이루어졌다. 오픈이노베이션 세미나는 10월에 다시 열렸고 이 자리에서는 정부의 역할, 산업인프라 성공 조건 등이 발표되었다. 이후 세미나는 대전, 울산을 거치면서 한국의 새로운 국가혁신전략을 제시했다.

향후 지식경제는 창조경제로 이전되면서 대기업은 시장을 맡고 벤처기업이 혁신을 맡는 역할 분담 아래 상호 시너지를 만드는 오픈이노베이션이 대세가 될 수밖에 없다. 카이스트에서 가르치는 과목 중 하나가 오픈이노베이션이다. 이노베이션, 즉 혁신은 이제 기업의 본질적인 활동이 되었다. 그 혁신 중 기업 내부 혁신을 위한 수많은 노력이 있었으나 결론적으로 기업이 성장함에 따라 외부 혁신을 활용하는 게 가장 좋은 대안이라는 것이 입증되었다.

따라서 이제는 오픈이노베이션이 대세다. 오픈이노베이션을 하기 위해 가장 필요한 것은 개방혁신을 위한 플랫폼이다. 기술거래소에서 시도를 했으나 현실적 제약으로 제대로 이루어지지 못했다. 그러나 권혁태(쿨리지 대표), 김광식(엔젤클럽 대표) 등 뜻있는 사람들이 나서서 플랫폼을 구축하고 있다. 개방혁신은 혁신을 거래하는 것이므로 시장이 형성되어야 한다. 시장은 파는 사람, 사는 사람, 중계하는 사람이 동시에 존재한다. 이 규모가 일정 임계량을 넘어야 한다. 바로 플랫폼 구축이 필요한 이유다. 플랫폼 구축을 통해 한국의 대기업과 중소기업의 병행 발전 시대가 열릴 것이다.

추락하는 것은 날개가 있다

'닷컴 버블' 붕괴·반벤처 정서 폭발로
제2의 NHN을 키워낼 토대 사라지다

2000년 들어 벤처는 하늘 높이 날아올랐다. 미국 나스닥과 한국 코스닥 주가는 하루가 멀게 치솟았다. 몇몇 전통 기업들은 이름을 'ㅇㅇ닷컴'으로 변경하자 주가가 올랐다. 이상 과열이었다. 이제 벤처의 추락 과정을 살펴보자.

주식가치가 1조 원 이상에 도달한 벤처기업들은 각각 출신 모교인 카이스트, 서울대, 인하대 등에 후배들의 창업을 지원하기 위한 창업센터를 지어주는 활동을 벌였다. 또 2000년 5월 벤처기업협회는 '벤처나눔 운동'에 착수해 29개 공익사회단체를 후원했다. 메디슨, 휴맥스, 다우기술, 미래산업, 옥션 등 많은 1세대 벤처기업이 2000년에만 2천억 원 규모의 나눔 활동을 전개했다. 당시 벤처나눔 운동 취지문은 '······ 벤처기업협회는 학술, 문화, 봉사단체, NGO/NPO, 인큐베이터 상태의 신생단체를 지원하는 나눔 문화 운동을 전개합니다. 최근 산업사회에서 지식사회로 전환하고 있는 우리 사회는 부의 자연스런 이동이 진행되면서 신흥 재벌들이 탄생하고 있습니다. 기술개발과 정보, 미래가치를 바탕으로 눈부신 발전을 거듭하고 있는 벤처기업이 바로 그 주인공입니다……'라고 천명했다.

그러나 추락하는 것은 날개가 없었다. 2000년 초 1조 원이 훨씬 넘던 벤처들의 가치가 2000년 말에는 10%에도 못 미치는 1천억 원 이하로 대폭락했다. 소위 '벤처 버블'의 붕괴였다. 진승현, 정현준, 이용호 등 기업사냥꾼들이 불법 대출과 주가 조작, 횡령 등의 수단으로 벤처기업을 인수합병해 증권시장을 교란시킨 소위 '4대 게이트' 사건이 터졌다. 버블 붕괴로 수많은 선의의 투자자가 피해를 봤다. 돈 잃고 기분 좋은 사람은 없다.

반反벤처 정서가 폭발했고, 속죄양이 필요했다. 극히 일부 벤처인들의 룸살롱 출입 등이 언론의 비판을 촉발했다. 대부분의 벤처인들은 죄인처럼 자세를 낮췄다. 결과적으로 벤처 버블 붕괴의 모든 책임은 벤처인들의 책임으로 귀결되었다. 그러나 이제 대부분의 순수한 벤처인들을 위한 변명을 할 필요도 있지 않을까.

우선 버블 붕괴의 원인을 보자. 그 원인은 한국 내에 있다기보다는 전 세계적인 현상이었다. 붕괴의 원인을 한국에서 찾아 비난하는 과정에서 한국의 벤처는 재기의 원동력을 상실했다. 미국은 버블 붕괴 이후 다시 회복세에 돌입했지만 한국은 2002년 벤처 버블 방지의 일환으로 벤처인증제도 변경, 코스닥 적자 상장 금지, 주식옵션제 규제 강화, 엔젤투자 세액 공제 축소 등 4대 '벤처 건전화정책'을 발표하면서 벤처의 재기 발판을 짓밟는 우를 범했다. 이후 한국에서는 제2의 NHN도, 휴맥스도 나오지 않았다.

이용호 게이트 등 벤처 비리 사건의 주역들은 벤처인이 아니다. 그들은 기업사냥꾼들이다. 잡아먹힌 순진한 벤처기업인들을 비난하는 것보다는 불법 기업사냥에 대한 효과적인 규제가 논쟁의 초점이 되어야 하지 않는가. 아직도 불법적인 기업사냥꾼들이 코스닥을 교란시키고 있음을 상기하자.

벤처인 대부분은 이공계 기술자들이다. 기존의 기업 관행을 모르고 원론적인 기업경영을 한다. 단적인 예가 벤처에는 노동조합이 거의 없다는 점이다. 이는 경영자에 대한 신뢰를 입증한다. 내가 아는 대부분의 벤처인들은 마치 스스로가 노조조합장인 것처럼 행동한다. 투명경영, 솔선수범, 공동체의식, 도전 문화, 사전 규제의 극소화, 수익분배제도 등 수많은 벤처경영 문화를 보면 피부로 느낄 수 있다. A 방송의 기업가 대담 프로에서 나와 공동 진행을 맡은 진행자는 "많은 벤처인을 만나면서 기업에 대한 부정적 인식이 사라졌다"며 벤처에 대한 무한한 신뢰를 보냈다. 벤처인들 대부분은 안철수 의장 못지않게 도덕적이다.

비록 벤처 버블 붕괴로 벤처는 침체기에 들어섰지만 버블 시대에 뿌려진 엄청난 기술 씨앗 투자들은 국가의 미래 성장동력으로 피어나고 있다. 벤처의 매출은 이미 삼성전자를 넘어선 지 오래다.

벤처 재도약정책

용어도 터부시되던 '벤처', 2004년 벤처 재도약정책으로 회복을 시작하다

2003년 2월 출범한 노무현 대통령의 참여정부는 벤처기업 육성에 별다른 관심을 보이지 않았다. 국민의 정부에서 각종 게이트가 터질 때마다 벤처사업가로 행세하는 기업사냥꾼들이 끼어 있었고, 벤처에 투자해 손해를 본 사람들에 대한 부담도 느끼지 않을 수 없었으리라. 심지어 김대중 대통령의 벤처정책과 확고한 차별화를 짓고자 '벤처'라는 용어 자체의 사용이 터부시되는 분위기였다.

새 정부의 정책적 의지가 없는 상황에서 '벤처 건전화정책'으로 타격을 받은 벤처생태계는 최악의 상황으로 치달았다. 많은 벤처인이 신용불량자가 되어 거리로 내몰렸다. 고종석 벤처캐피탈협회 회장은 "대부분의 창업투자회사가 부도 위기다. 투자 회수가 불가능한 상황이 지속되면 생태계는 되돌릴 수 없는 파멸로 간다"는 극도의 위기감을 표출했다. 장흥순 당시 벤처기업협회 회장은 "노무현 정권 이후 벤처 얘기를 전혀 안 하는 겁니다. 언론도 잘나갈 때는 한껏 띄워줬지만 버블 붕괴 이후로는 사건만 나면 벤처가 잘못한 것처럼 몰아갔죠"라고 술회했다.

2004년 8월 나는 장 회장과 소주잔을 기울이며 벤처 붕괴 방지를 위해 토론했다. 장 회장이 제안했다.

"형님이 정책 대안을 만들어주면 정부부처에 대한 설득은 제가 하지요."

다음 날 나는 김영수 벤처본부장과 벤처 재도약을 위한 10대 아젠다 작업에 착수했다.

2004년 가을부터 벤처협회는 비장한 각오로 정부의 각 부처(청와대, 국무총리실, 재정경제부, 산업자원부, 정보통신부, 중소기업청)와 각종 위원회(정책기획위원회, 국가균형발전위원회, 코스닥위원회), 정당과 NGO단체들을 만나 '왜 다시 벤처인가'를 설득해 나갔다. 장기적인 내수 부진으로 실업자 문제도 최대 현안으로 떠올랐다. 결국 참여정부는 경제성장과 고용 창출의 대안으로 벤처산업 육성의 필요성을 인정했다. 2004년 12월 '벤처 활성화를 위한 금융·세제 지원 방안'과 2005년 6월 '벤처 활성화 보완 대책'을 발표한 것이다. 2002년 벤처 건전화정책으로 피폐해진 벤처생태계는 부분적으로나마 다시 활력을 찾았다.

7,000개 이하로 축소되었던 벤처기업 수는 벤처 재도약정책 이후 다시 증가하기 시작해 2006년에는 12,000개로 회복됐으며 2011년에는 25,000개를 넘어섰다. 벤처 재도약정책이 빈사 상태의 벤처생태계를 부활시키는 데 일정 역할을 수행했다는 증거다. 그러나 주식옵션제, 코스닥 적자등록, 벤처인증제, 엔젤 지원 등 핵심 벤처정책의 부활은 IT

버블 붕괴의 충격에 대한 기억 때문에 정책 당국에서 수용하지 못했다. 앞으로 벤처 2.0을 위해 반드시 해결해야 할 숙제다.

미국과 한국은 동일한 패턴의 IT 버블 붕괴를 경험했다. 10년 후 나스닥지수는 절반은 회복했지만 한국은 2800이던 코스닥지수가 아직도 500 수준에 머물고 있다. 2002년 이후 현저하게 차이가 벌어진 원인은 IT 버블 붕괴에 과도하게 대응한 벤처정책의 표류에 있었다. 이러한 시련에도 벤처산업계는 연간 20% 내외의 성장을 지속해 2011년에 240조 원이 넘는 매출을 올렸다. 만약 벤처정책이 표류하지 않았다면 미국 수준을 넘어서는 성장과 고용이 창출되었을 것이다.

자랑스러운 천억 벤처들(2011년 기준 350개 추정)의 면모를 보면 2002년 이후 창업이 거의 없는 실정이다. 2002년 이후 미국에서는 페이스북, 트위터, 징가와 같은 혁신기업들이 지속적으로 나왔지만 한국에서는 창업이 사라졌다. 2만 명이 넘던 엔젤도 사라졌으며 기업가정신은 1/10로 축소됐다.

벤처기업협회와 정보통신벤처협회 통합

라이벌 두 단체의 결혼, 정부도 업계도 축하하다

2008년 8월 21일 난생 처음 결혼식 주례를 섰다. 신랑도 신부도 모두 남자였다. 벤처기업협회와 정보통신벤처협회의 통합 결혼식이었다. 2005년 벤처 붕괴를 벤처 재도약정책으로 넘기고 간신히 살아남은 벤처기업들은 이명박 정부에서 다시 적극적인 진흥책을 끌어내고자 노력했다. 그러나 벤처의 위상은 2000년에 비하면 바닥권이었다. 정책 영향력을 키우기 위해 벤처 관련 단체의 결집이 필요하다는 판단을 내렸다.

한국에서는 단체의 분열은 쉽지만 통합은 어렵다고 다들 얘기한다. 실제로 일정 규모 이상의 단체들의 이해 충돌로 통합은 험난한 과제였다. 2008년 5월 정보통신벤처협회 서승모 회장에게 통합을 제안하자 놀랍게도 적극적인 지지 의사를 밝혔다. 이어 벤처기업협회 백종진 회장에게서도 긍정적인 답이 왔다. 그만큼 벤처생태계의 위기의식이 높았다.

두 단체는 각각 지식경제부와 정보통신부가 후원하는 조직으로 라이벌 의식이 있었다. 벤처기업협회의 장점은 정책역량인 반면 정보통신벤처협회의 강점은 강력한 결속력이었다. 두 단체의 통합으로 지력과 체력을 겸비한 새로운 벤처단체의 탄생을 기대할 수 있었다. 결집된 힘으로 벤처가 재도약하려는 벤처 통합 프로젝트가 시작된 것이었다.

양 단체의 회장들은 긍정적인 입장이었으나 임원들은 대체로 부정적이었다. 통합에 대해 총론 찬성, 각론 반대라는 형태로 결론은 표류했다. 가장 중요한 과제는 통합 회장과 임원사의 비율에 대한 합의였다. 결국 공동 회장제의 도입과 50 : 50의 임원 배분으로 극적인 합의가 도출됐다.

통합 과정에서 정부의 개입은 일체 없었다. 2008년 7월 벤처 통합을 최수규 중소기업청 벤처국장에게 알려주자 놀랍다는 반응과 더불어 적극 지원 의사를 표명했다. 직접 나서기 껄끄러운 일을 업계에서 자율

벤처단체 통합 출범식에서 주례를 서며

벤처단체 통합출범식

적으로 결의한 점을 높이 평가한 것이다. 역사적인 벤처 통합식을 결혼식과 같은 형식으로 진행하기로 합의하고 통합을 주선한 내가 주례를 봤다. 남자들 간의 결혼이라는 점에도 불구하고 흔쾌히 통합 주례를 맡아 '신랑 벤처기업협회', '신부 정보통신벤처협회'의 백년가약을 선언했다.

이후 한국여성벤처협회, 이노비즈협회의 통합도 추진됐지만 '최대한 협조한다는 선'까지 합의되고 통합 자체는 이루어지지 않았다. 벤처단체는 이외에도 바이오벤처, 문화벤처, 모바일벤처, 반도체벤처, 농업벤처 등 분야별 협회가 있고, 경기·인천·대전·광주·부산 등 지역별 벤처협회가 있다. 하나의 단체로 통합은 하지 않더라도 이들 협회의 유기적인 협조를 이끌어내는 협의체 기능은 반드시 필요하다.

벤처는 학교나 연구소, 기업과 같은 모태조직에서 아이디어만으로 창직創職을 하는 창조벤처, 혹은 직접 사업을 하는 창업벤처로 독립한다. 이후 국내시장의 장벽을 돌파한 성장 벤처가 이노비즈 기업군을 형성한다. 이 기업이 더욱 성장하면 글로벌벤처(천억클럽)가 되고 사회 환원을 통해 사회적 벤처를 육성한다. 이러한 벤처의 전 주기를 아우르는 싱크탱크의 역할이 협의체의 주요 기능이 되어야 한다.

이제 성장과 고용을 동시에 이끌어 갈 유일한 국가적 대안은 벤처 육성이다. 대기업은 고용에 한계를, 중소기업은 성장에 한계를 보이고 있기 때문이다. 벤처의 스펙트럼은 매우 넓다. 1인 창조기업에서 창업벤처, 이노비즈, 천억클럽에 이르기까지 너무나 다양하다. 이러한 기업들이 집단으로 생태계를 형성해가고 있다. 하나의 정책으로 벤처 문제를 해결하기 어렵다는 것은 명백하다. 전체의 문제를 조망하고 대안을 제시할 협의체의 중심은 역시 통합된 벤처협회의 역할이 아닌가 한다.

천억 벤처와 글로벌 벤처포럼

천억 벤처, 1995년 1개에서 2010년 315개로 증가하다

벤처 1.0의 가장 큰 성과는 한국의 히든 챔피언인 매출 1천억 원 벤처의 등장이라 해도 과언이 아니다. 2008년 봄, 이장우 경북대 교수와 새로운 벤처정책을 구상하면서 중견 벤처의 역할에 주목하고 글로벌벤처 연구를 시작했다. 1995년 벤처기업협회를 설립할 때 메디슨 하나에 불과했던 천억 벤처는 2007년 말 100개를 돌파했고 이후에도 급속히 증

벤처 천억클럽 출범식

가해 2010년에 315개, 2011년에는 381개가 됐다. 고용과 성장의 확실한 견인차 역할을 담당하게 된 것이다.

기업 혹은 학교, 연구소 등 모태조직에서 기술 사업화 아이디어를 잉태하고 꿈을 키우는 사내벤처 단계를 거쳐 창업벤처들이 1만 개 이상 탄생했다. 기술 사업화에 성공해 국내시장에 뿌리내리는 성장 벤처(이노비즈 기업) 단계를 넘어 세계시장으로 뻗어나가는 글로벌벤처들도 등장했다. 이 기업들은 대체로 1천억 원 이상의 매출을 올렸다. 독일의 히든 챔피언과 같은 강소기업의 특성을 갖추었던 것이다. 벤처 재도약의 열쇠를 쥐고 있는 기업들은 세계적 틈새시장을 확보한 1천억 벤처들이라는 판단이 들었다.

창조경제에서는 시장 효율성과 기술 혁신의 결합이 성공 핵심이다. 연구를 통해 분야별 틈새시장을 확보한 선도벤처들이 창업벤처의 혁신기술을 세계로 확산해야 한다는 결론을 얻었다. 개별 창업벤처들이 각개 약진으로 세계시장을 개척하는 것은 국가 에너지의 낭비였다. 선도벤처와 창업벤처가 융합해야 벤처 소생태계가 만들어지고, 그래야 벤처 발전이 지속 가능하다. 벤처 소생태계의 주춧돌 역할을 1천억 벤처들이 담당하도록 하자는 목표로 '강소기업 연구'라는 대장정에 돌입했다.

2008년 한국기술투자^{KTIC}의 서갑수 회장과 박병건 부장의 지원으로 25개 강소기업 연구를 완성했다. 넥슨, 휴맥스, 오스템임플란트 등 벤처기업들을 분석하면서 한국 벤처의 뿌리가 건재하다는 확신을 가졌다. 2001년 미국 IT 버블 붕괴에 과잉 대응으로 한국 벤처생태계는 망가졌지만 끈질기게 살아남아 한국산업의 경쟁력 근간으로 성장하고 있었다. 단지 대부분의 기업이 외부로 드러나는 것을 꺼려 벤처가 한국의 신성장동력이라는 사실이 제대로 인지되지 않고 있었을 뿐이다.

2009년부터는 정부에서도 중요성을 인지하고 예산 지원을 해주어 연간 50개 기업을 연구할 수 있었다. 삼일회계법인 박정학 변리사, LNH 임종수 사장, 이장우 교수, 이현숙 교수 등 막강한 팀을 결성해 심층 연구를 수행했다. 한국의 강소기업들이 가지고 있는 공통 문제를 파악하고 개선 권고를 하는 성과를 냈다. 이를 통해 새로운 벤처 2.0의 정책도 도출됐다. 논문〈강소기업 연구〉가 간행되고 책이 출판되자 많은 기업이 획기적인 성과를 거두었다는 감사의 글을 보내왔다. 세계적으로도 유례가 드문 일석삼조 이상의 성과를 올린 연구라 자부한다.

강소기업 연구 발표 이후 임태희 한나라당 정책위 의장, 홍석우 중소기업청장과 글로벌 벤처인들이 만나 글로벌벤처포럼 결성을 결의했다. 준비 과정을 거쳐 2010년 1월 황철주 주성엔지니어링 회장을 초대 회장으로 한 글로벌 중견벤처포럼이 출범했다. 벤처생태계의 연결고리 하나가 만들어지는 순간이었다. 글로벌벤처는 이후 황 회장이 벤처기업협회장으로 영입되면서 남민우 다산네트웍스 사장이 2대 회장을 맡아 벤처 발전의 주춧돌 역할을 하고 있다.

1995년 12월 출범한 벤처 운동은 15년 만에 연간 240조 원이 넘는 매출을 올리는 국가 신성장동력으로 자리매김하고 있다.

21세기 벤처 대국을 향하여

혁신역량과 시장역량의 결합을 꿈꾸다

메디슨 창업 이후 피눈물 나는 인고의 시간을 보낸 5년 후인 1990년 메디슨 창업 동지들은 "왜 의공학을 연구한 다른 사람들은 잘살고 있는데, 우리만 고생하는가" 하는 심각한 의문에 빠져들었다. 나는 창업 동지들에게 우리만 고생할 것이 아니라 한국의 의공학도들을 동반 고생시키자는 음모를 제안하고, 수많은 의료 벤처기업의 창업을 유도했다. 역시나 이들도 5년 동안 생사기로를 넘나드는 엄청난 고생을 했으며 겨우 한숨 돌리게 된 1995년에 집단으로 몰려와 "왜 우리 의공학도들만 고생하는가" 하는 불만을 터트렸다.

나는 즉각 그들에게 제안했다. 우리만 고생하지 말고 한국의 이공계 전체를 고생의 구렁텅이로 빠뜨리면 어떻겠는가? 그리하여 1995년 12월 벤처기업협회가 탄생했다. 이후 한국 벤처는 질풍노도의 시기를 거쳐 침체기를 극복하고 이제 한국의 확실한 신성장동력으로 자리를 잡았다.

1995년 벤처기업협회 설립 이전에도 한국에 벤처는 있었으며 벤처캐피탈도 있었다. 그러나 벤처산업은 아무도 실제적인 투자를 하지 않는 불모지였다. 자금도 인력도 시장도 벤처기업에게는 '가까이 하기엔 너무나 먼 당신'이었다. 벤처협회의 설립은 이러한 자금과 인력, 시장이라는 복합적인 문제를 체계적으로 풀기 위한 수단이었다. 1995년 12월 출범식에서 500개에 불과했던 벤처기업을 2005년까지 43,000개로 확산한다는 〈벤처 비전 2005〉를 발표하면서 '자금은 융자에서 투자로, 인력은 급여에서 주식옵션으로, 시장은 국내에서 해외로'라는 추진전략을 제시했다.

기업에 필요한 자금의 공급 수단은 융자 이외에는 존재하지 않았다. 불행히도 연구개발을 위주로 하는 벤처기업은 기술을 담보로 할 수 없어 융자 대상에서 제외되었다. 그런데 지금의 코스닥과 같은 투자회수 시장이 없어 투자하는 금융기관도 없었다. 그야말로 사막에 나무심기였다. 기술개발에 결정적인 고급인력을 초빙하기 위한 대안으로 급여는 해결책이 아니었다. 벤처기업들이 삼성 등 대기업보다 더 많은 급여를 줄 수 있었겠는가. 미국은 이 문제를 미래의 급여라 할 수 있는 주식옵션으로 풀어나갔다. 한국도 못할 이유가 없지 않은가?

벤처시장은 국내에 머물러서는 경쟁력이 없다. 지식 원가는 연구개발비를 판매 수량으로 나눈 지식 원가에 기초한다. 아무리 연구개발비가 낮아도 시장이 협소해서는 경쟁이 원천적으로 불가능하다. 세계로 가야 하는 것이다. 이러한 문제 해결을 위해 벤처기업협회 주도로 코스닥을 설립하고 벤처기업특별법을 제정해 벤처산업의 플랫폼을 구축했다. 그 결과는 일본을 뛰어넘는 벤처산업의 육성이었다. 비록 2001년 미국의 IT 버블 붕괴에 따른 침체기도 있었으나 이제 한국 벤처는 명실상부한 국가의 신성장동력이 되었다.

숫자 몇 가지만 보아도 그 의미는 더욱 확실해진다. 벤처의 리더인 천억 벤처들의 숫자가 2011년 기준 381개에 달하고 평균 매출액은 2천억 원 수준이다. 이들만의 매출만 70조 원에 달한다. 1조 벤처만 6개를 넘어섰고 곧 2배가 될 것으로 기대한다. 전체 벤처의 매출은 240조 원을 넘어 삼성전자를 넘어선다. 더구나 이들의 평균성장률이 20% 수준이라는 점이 중요하다. 대기업과 더불어 벤처가 한국의 미래 성장을 주도하고 있다는 것이 협회 출범 15년의 성과라 할 수 있다. 더구나 대기업의 고용 없는 성장에 비해 벤처기업은 고용 있는 성장을 주도한다는 점에서 더욱 의미가 있다.

이제 한국은 패스트팔로워에서 퍼스트무버로 경쟁 패러다임을 진화시켜야 한다. 창조적 혁신이 국가 성장의 원동력이 되어야 하는 시대에 들어선 것이다. 이러한 창조경제의 경쟁력은 혁신역량과 시장역량의 결합이다. 한국에는 혁신을 주도할 벤처가 있다. 한국에는 시장을 이끌 대기업이 있다. 이들의 성공적인 융합이 바로 한국의 일류국가 진입의 조건이 될 것이다.

벤처기업협회 회장직 사임

초대 회장, 4년 3개월의 여정을 끝내다

나는 1995년 12월 5일 벤처기업협회를 출범시킨 후 초대 회장으로 선출되었다. 이후 우리나라 벤처기업의 발전과 코스닥 설립 등 여러 일을 한 뒤 4년 3개월 후인 2000년 2월 29일에 회장직을 사임했다. 여기에 그 퇴임사를 싣는다. 상당 부분 앞서 언급한 내용들이 중복되지만 그럼에도 당시의 벤처기업 현황과 나의 소회를 남기고자 한다.

퇴임사

세월이 참 빠른 것 같습니다. 1995년 12월 5일 벤처기업협회가 창립되었습니다. 그리고 햇수로 5년, 정확히 4년 하고도 3개월이 지났습니다. 4년 3개월 사이에 대한민국에서 있었던 가장 큰 변화는 '벤처'가 특수명사에서 일반명사로 바뀌지 않았나 하는 것입니다.

벤처가 4년 3개월 사이에 한국을 바꾸리라는 것은 1995년 12월에 벤처기업협회를 만들면서 내놓은 〈벤처비전 2005〉에 담겨 있습니다.

그때 저희가 만든 비전에 담긴 기본 골격이라는 것은 아주 단순합니다.

"한국이 갖고 있는 유일한 자원은 사람이며 사람 중에서 비교우위를 가지고 있는 것이 있다면 21세기에도 경쟁력이 있을 것이다. 과거의 한국을 이끌어왔던 저희 여공 언니들 또 우리 기능공들, 이런 분들이 더 이상 경쟁력을 가지고 한국을 이끌어 가기에는 이미 경쟁국들이 너무 빨리 따라오고 있다. 한국이 새로운 지식경영으로 경쟁력을 확보할 수 있다면 21세기는 밝을 것이다."

이것이 〈벤처비전 2005〉의 기본 골격입니다.

"그래서 우리의 21세기는 재벌들이 아니라 세계적인 경쟁력을 가지고 있는 중소기업으로 구축되겠지만 그러기 위해서는 현재 중소기업들이 대대적으로 구조조정이 되어야 한다. 그러다 보면 실패하는 기업도 많을 것이고 이러한 갭을 메워주는 데는 새로운 벤처의 창업이 절대적으로 필요하다."

이러한 전제에서 저희들이 벤처기업 창업 목표를 정했습니다. 1996년에 500개까지 가보자 1997년에 1,000개, 1998년에 2,000개. 지금 말씀드린 숫자는 저희들이 1995년 12월에 만든 것입니다. 놀랍게도 1998년까지 대한민국에 벤처기업들이 만들어진 숫자는 저희들이 사전에 입력한 프로그램과 완벽히 맞아 떨어져 왔습니다.

그런데 1999년이 되니 예측이 틀리기 시작했습니다. 1999년에 4,000개를 예측했는데 이미 5,000개를 넘어섰습니다. 2000년에는 7,000개를 예측했는데 현재의 추세로는 15,000개를 넘어설 것 같습니다. 〈벤처비전 2005〉의 최종 목표가 되는 2005년에는 적어도 43,000

개의 벤처기업이 만들어지고 이것으로서 우리나라 GNP의 1/3이 창출될 것입니다.

'벤처가 재벌보다 더 중요한 역할을 한다.'

이것이 우리의 궁극적인 목표였는데 지금 추세로는 〈벤처비전 2005〉를 〈벤처비전 2003〉이라는 숫자로 바꿔야 하지 않을까 생각됩니다. 적어도 2003년까지는 40,000개 이상의 벤처기업이 탄생하여 국부 창출이 지금 현재 재벌이 만들어내는 부가가치를 능가하는 성과가 앞으로 3년 안에 이루어질 것입니다.

1996년부터 모든 관계되는 사람들을 만나면서 벤처가 한국을 이끌어갈 것이라는 비전에 대해 설명했을 때 10명 중 1명을 설득하기가 어려웠습니다. 설득한다 해도 이것이 대외명분이 있고 그저 좋겠다는 것이었지 본인들이 정말 동의하고 적극 나서주신 분들은 몇 분 되지 않았습니다. 이분들에 대해서는 벤처기업협회에서 2000년 5월에 『한국벤처산업발전사』라는 책을 발간하는데 그 안에 그분들에 대한 감사를 담았습니다.

1995년 창립 이후 1996년에 주력했던 사업은 '한국 벤처의 인프라를 만들자'였습니다. 자금, 기술, 인력을 위한 인프라가 1996년에 구축된 것입니다. 제일 먼저 자금 인프라 구축을 위해 코스닥 활성화를 주장하였고 1996년 4월 코스닥이 설립되면서 오늘날 한국경제를 변화시키고 있습니다. 그리고 그해에 우수인력 확보를 위한 스톡옵션의 기본 골자가 만들어졌으며 기술을 담보로 하는 기술담보제도가 시행에 들어갔습니다. 이 자리를 빌려 다시 한 번 감사드리는 것은 그 일을 함께 추진해주시던 분들, 특히 산업자원부에 재직하셨던 분들입니다. 아직 중기청이 생기기 전이었기 때문에 그분들의 노고에 진심으로 감사의 뜻을 전합니다.

1996년에는 돈과 사람, 기술의 인프라가 기본적으로 구축된 이후 1997년에는 벤처 붐을 형성하는 일에 주력했습니다. 협회 임원사들은 자신의 일을 뒤로 미루고 전국 50개 이상의 대학을 1박 2일 이상 다니면서 창업 로드쇼를 개최했습니다. 그때 신문지상을 통해 창업의 불을 함께 지펴주신 매일경제신문사에 역시 깊은 감사를 전합니다. 그때 지펴진 불들이 지금 결실의 꽃을 거두고 있지 않나 생각합니다.

이러한 벤처 붐을 압축 성장시키기 위해 벤처기업특별법을 만들기로 했습니다. 저는 자유시장경제를 신봉하지만 현재의 시장경제로는 미국이 이룩한 벤처 성과를 우리가 짧은 시일 내에 압축 성장한다는 것은 불가능하다고 생각했기 때문입니다. 이러한 뜻이 관련 기관과 의견이 일치된 것이 4월이고 국회를 통과한 것이 10월입니다. 6개월 만에 특별법을 통과시킨다는 것은 법을 아시는 분들은 아시겠지만 아주 빠른 시일 내에 이루어진 것이었습니다. 특별법 통과는 당시 여야가 대립된 상태였지만 3당 만장일치로 통과된 유일한 법이라고 말씀드릴 수 있습니다.

이 법에서는 기본적으로 벤처에 대한 자금, 인력, 벤처빌딩에 대한 지원 등 모든 것들을 일관되게 정리했습니다. 지금은 일부 비난의 소리도 있으나 벤처기업 지정제도는 이 특별법이 운영되기 위해서는 꼭 필요한 것이었습니다. 이 법은 한국이 짧은 시간 내에 미국을 따라잡고 일본을 앞서 가기 위해 꼭 필요했던 제도였습니다.

1998년에 가장 중요했던 과제는 새로운 문제보다 어떻게 하면 벤처가 망하지 않는가 하는 것이었습니다. 1997년 말에 IMF가 다가왔습니다. 이 IMF의 파고는 재벌은 물론 중소기업, 벤처기업 등 모든 기업에 엄청난 시련을 가져다주었습니다. 저는 '리딩벤처 하나를 육성하는 것이 얼마나 어려운 일인데 이러한 기업들이 IMF 파고에 일거에 무너진단 말인가… 벤처기업정책이 전반적으로 후퇴할 수도 있겠구나. 그러나 앞서가는 리딩벤처는 꼭 살려야겠다'는 절박한 심정에 있었습니다. 다행히 산업자원자부에서 이러한 뜻을 적극적으로 받아들여 IBRD 차관을 이용해 기술신용보증기금에서 대대적인 기술보증을 실시했고 그것이 대부분 벤처기업에 가뭄의 단비가 되었습니다.

저는 지금 생각해도 당시 하루하루 부도를 막기 위해 전전긍긍하고 정말 초죽음이 되어 나타난 후배들을 바라볼 때 가장 가슴 아픈 때가 그때가 아니었나 생각됩니다. 또한 많은 기업들이 저희들이 추진한 신용보증정책 등에 힘입어 어려운 시기를 잘 이겨냈습니다. 그럼에도 모든 기업이 살아남지 못한 점은 지금도 안타까운 일입니다.

1997년 말부터 1998년 상반기까지 IMF의 와중에 국가정책에 대한 제언을 가장 많이 한 곳은 단연코 벤처기업협회라 말씀드릴 수 있습니다. 특히 은행의 BIS 비율이라는 것은 중소기업들과 벤처기업들을 좀먹는 암적인 존재가 되어 은행이 오히려 기업에게서 돈을 빨아가는 역할을 했습니다. 저희는 이 BIS제도에 대한 획기적인 개선을 제안하였습니다. 1998~1999년에 새로운 규제개혁, 수출보험공사에 수출보험제도 도입, 기술보증기금, 신용보증기금 보증의 확대 등을 추진했습니다. IMF 위기는 현금이 없는 것이 아니라 신용의 위기였기 때문에 국가가 신용을 창출하는 것이 가장 중요한 정책이라고 판단했기에 1년 동안 신용확대정책이 펼쳐졌고 그 덕분에 1998년 하반기부터 부도가 줄어들기 시작했습니다.

아울러 1998~1999년에 규제 완화를 통해 마련한 '실험실 벤처창업 운동'을 적극 추진했습니다. 저는 이를 새로운 '제2의 지식 새마을운동'이라 이름 붙였습니다. 지식 새마을운동은 과거의 새마을운동이 농촌근대화 운동이었다면 실험실 벤처창업 운동은 대학에서 또 연구소에서 일어나는 새로운 운동으로, 한국이 전 세계에 새로운 산업 발전 모델을 제공하는 계기가 되지 않았을까 생각합니다.

1999년을 지나면서 불법복제 단속 또는 대통령의 강력한 의지 그리고 코스닥의 활성화를 통해 현재 벤처기업은 5,000개가 넘고 매일매일 20~30개의 벤처기업이 만들어지고 있습니다. 우리는 지금 명실공히 벤처 발전의 가장 유력한 개발도상국의 모델을 만들어내고 있습니다. 가까이에 있는 일본만 해도 저희보다 벤처에서 1년 이상 뒤처져 있습니다. 대만이 한국을 위협하고 있습니다만 강국 이스라엘도 벤처기업 수를 보면 저희의 1/4수준에 불과합니다. 물론 질적으로 아직까지는 우리가 해야 할 일이 더 많습니다.

그러나 확실하게 자부심을 가져야 할 것은 저희 벤처기업협회가 주도가 되어 한국의 산업정책을 완전히 바꿨다는 것입니다. 우리가 바꾼 산업정책이 한국에만 적용되는 정책이 아니라 전 세계 개발도상국의 모델, 심지어 일본의 모델까지도 될 수 있지 않을까 하는 점입니다.

한국의 벤처 발전 모델에 대해 이미 중국에서 강력히 요청하고 있으며, 최근에 태국, 인도네시아 등의 여러 나라에서 배워 가 자기 나라의 지식경제 모델로 만들고 있습니다. 적어도 그들이 배워야 할 모델은 미국의 모델이 아니라는 것은 확실해졌습니다. 그래서 과거 박정희식의 산업 발전이 제1차 산업수출 모델이었다면, 제2차 산업수출 모델은 벤처가 될 것입니다.

한국의 벤처 발전을 위해서는 앞으로 해야 할 일이 더 많습니다. 지금 이 시점이 과거 4년 3개월에 걸친 벤처기업협회 활동에서 커다란 전환점이라 할 수 있습니다. 지난 4년 3개월은 벤처 발전의 도입기였습니다. 도입기에는 모든 것이 단순합니다. 이러한 단순한 생태계에서는 직접적인 지원을 통해 벤처를 발전시킬 수 있었습니다. 그렇지만 이제 벤처는 복잡한 생태계로 전환되고 있습니다. 직접적인 정부의 지원은 더 이상 기대해서도, 있어서도 안 됩니다. 정부의 역할은 시장의 인프라, 인력의 인프라, 기술의 인프라를 구축하고 여기에 공정한 게임의 룰을 적용하는 심판자의 역할입니다.

우리는 과감히 저리 융자자금이 벤처에만 국한되어서는 절대로 안 된다고 지속적으로 표명해 왔으며 실제로 이러한 자금이 단 한 푼도 존재하지 않습니다. 벤처 투자자금의 경우에도 벤처기업에만 투자하는 것이 아니라 어떤 중소기업에도 지원할 수 있습니다. 벤처의 직접적인 지원제도는 이제는 없어지는 제도라 생각합니다. 벤처지정제도라는 것도 어차피 벤처기업 지원을 위한 특별조치법으로 한시적인 법이기 때문에

2007년이면 폐지될 것이지만 실질적으로 벤처지원제도라는 것도 의미를 상실할 것입니다.

이제는 우리가 생태계 모델로 도입해야 하는 새로운 단계에 들어서 있습니다. 생태계 문화는 과거 전통산업의 문화와는 완전히 다릅니다. 열린 문화요, 생명의 문화요, 살아 있는 문화요, 제휴의 문화요, 나눔의 문화라 할 수 있습니다. 이러한 벤처 문화를 만들어 나가는 것이 벤처의 주어진 숙제입니다. 저희들이 바라보는 21세기는 지식정보화의 대국으로서 한국이 벤처대국으로서 21세기를 이끌고 가는 것입니다.

모든 발전의 이면에는 어둠이 함께 존재합니다. 2000년의 다보스포럼에서 가장 커다란 주제가 '디지털 갭'이었습니다. 디지털 격차는 이제 벤처의 발전과 지식정보화산업의 결과 20 : 80의 법칙에 의해 빈부의 격차를 축소시키는 것이 아니라 확대한다고 할 수 있습니다. 앞으로 3년은 '지식경제의 빅뱅 시대'입니다. 3년 안에 만들어지는 경제구도가 21세기의 전반적인 경제구도를 만들 것입니다. 때문에 지금의 한 달이 얼마나 아까운데 사회 전반에 나타나는 반벤처 정서가 벤처 성장의 발목을 잡도록 할 수는 없습니다. 반벤처 정서는 모든 벤처인들을 부도덕한 사람으로 몰아넣고, 국민 정서에 엄청난 악영향을 미치고, 대한민국의 압축 성장을 해체시킬 파도가 될 수 있습니다. 단순히 이를 부정해서는 안 됩니다.

이를 겸허히 수용하고 이 과정을 통해 스스로가 사회에 동참하고, 나눔의 문화를 만들어가지 않으면 과거 재벌들이 1차 한강의 기적을 만든 주역임에도 불구하고 국민들로부터 사랑을 받지 못한 것과 똑같은 결과를 반복하게 될 것입니다. 제2차 한강의 기적을 만들어갈 주력이 벤처라 할지라도 국민들로부터 사랑을 받느냐 못 받느냐는 벤처의 지속 성장에 너무나 중요합니다. 벤처기업과 NGO의 자매결연, 공익재단 설립, 국민 엔젤펀드 조성 등 일련의 운동들을 지속적으로 추진해 새로운 생태계 문화를 만들어야 합니다. 여기에 모든 벤처기업들이 적극적으로 동참하셔야 합니다.

앞으로 우리가 해야 할 일은 대단히 많습니다. 그중에서도 가장 시급한 문제는 한국의 전통산업과 벤처와의 관계입니다. 전통산업들이 현재의 상태로 지속되면 붕괴가 멀지 않습니다. 그나마 IMF 기간 중에 환율이 1,200~1,400원대였기 때문에 전통산업의 붕괴가 지연되었습니다. 단순 제조업은 더 이상 중국과 경쟁에서 비교우위가 없습니다. 환율이 1,200원 이하로 내려가면 완전히 붕괴 상태로 갑니다. 그 이전에 전통산업의 구조조정을 이루어야 합니다.

그렇다면 전통산업의 구조조정은 무엇으로 이루어질 수 있는가? 결국 기술개발입니다. 전통산업은 어떻게 기술개발을 할 것인가? 자체 기술개발을 10년 동안 못한 기업이 갑자기 3년 안에 할 수 있다는 것은 대단히 어렵습니다. 저는 개인적으로 이 성공 확률은 전체 중소기업의 1%밖에 되지 않을 것이라 생각합니다.

과연 대안은 없을까요? 기술 도입이 해답입니다. 그러나 기술 도입이 얼마나 어려운지는 우리 모두 잘 알고 있습니다. 아직 완성이 되지 않은 기술이기 때문입니다. 결국 대안은 우리나라 중소기업의 구조조정을 새로운 벤처기업 중에서 실험실 벤처와 중소 제조업체의 결합, 이것을 이끌어갈 기술거래소입니다. 반벤처 정신이 강한 기관은 언론기관, 전통 중소기업 그리고 일부 정부 부처입니다. 반벤처 정서가 전 국민에 확산되기 전에 적절한 조치를 해나갈 필요가 있습니다. '배가 고픈 것은 참아도 아픈 것은 참지 못한다'는 속담을 기억해야 할 필요가 있습니다.

저는 IMF를 겪으면서 IMF야말로 정말 역사가 우리에게 준 커다란 선물이 아닌가 생각합니다. 1854년 일본은 페리 제독에 의해 개항했으며, 우리나라는 1876년 강화도조약을 맺고 문호를 개방했습니다. 그 22년의 차이 때문에 조선은 일본의 식민지가 되었습니다. 오늘날 역사의 흐름은 과거 20년 역사가 1년 안에 압축 성장을 반복하고 있습니다. 지금 우리가 일본보다 1~2년을 앞서갈 수 있다면 산업화에서 뒤진 세월을 지식화에서 앞설 수 있습니다. 페리 제독이 일본을 개항시켰던 것과 IMF가 우리나라를 완전히 개방시킨 것은 큰 유사점이 있습니다. 일본은 메이지유신으로 개항을 받아들였고 우리는 벤처 붐으로 IMF를 받아들이고 있습니다. 우리가 벤처 붐을 통해 21세기 벤처대국을 건설할 수 있다면 이것이야말로 한국이 갖는 문명사적으로 절호의 기회라 생각합니다.

제가 새로 탄생하는 집행부에 마지막으로 당부 드리는 것은 이제는 한 명의 지도자에 의지하는 성장이 아니라 많은 사람들이 동참해서 발전하는 성장을 해야겠다는 것입니다. 그래서 저희 이사님들과 부회장님들이 최대한 협회 일에 동참해주시고, 전체적으로 제도를 정비하고, 인프라를 구축하는 일에 앞장서 주시기를 바랍니다. 물론 저 역시 초대 회장으로서 열과 성을 아끼지 않을 것입니다. 이러한 협조와 노력은 가장 먼저 나를 잘되게 하지만 우리의 뒤를 이을 수많은 후배 벤처기업도 발전하게 합니다. 이것이 선순환의 고리를 만들 때 대한민국은 21세기 벤처대국이 될 것입니다. 이상으로 이임사를 마칩니다.

감사합니다.

2000년 2월 29일

2012 대전망

제2의 '벤처 붐' 가능성 커

다시 벤처의 봄이 오고 있다. 1995년 불과 500개 미만이었던 벤처기업은 질풍노도와 같은 발전을 거듭해 2001년 1만 2000여 개에 달했다. 전 세계 유례없는 초고속 발전이었다. 그러나 미국 IT 버블 붕괴로 엎친 데 정부의 벤처 건전화정책이 덮쳐 2004년에는 7천 개로 줄었다. 다행히도 2010년부터 불어온 스마트 열풍과 정부의 벤처진흥책에 힘입어 2011년에는 2만 6000여 개를 넘어서고 있다. 더구나 전 세계적으로 스마트와 소셜이라는 새로운 경제 패러다임이 불어 닥치고 있다. 2012년에는 제2의 벤처 붐을 기대하는 것이 무리가 아니다.

벤처의 새로운 전기가 도래할 것으로 기대되는 가장 큰 이유는 정부와 정치권에서 벤처창업 이외에는 한국경제의 지속가능한 성장이 불가능하다는 공감대가 형성되고 있기 때문이다. 대기업은 성장에 기여했으나, 고용은 연평균 4%대로 지속적으로 축소해왔다. 성장과 고용을 동시에 달성해온 주역이 바로 벤처다.

벤처는 2002년 '벤처 건전화' 정책으로 타격을 받았음에도 2010년에 매출 1천억 원 이상 벤처가 315개에 달하고 이들의 매출액만도 60조 원에 달했다. 벤처 전체의 매출액은 이미 삼성전자를 넘어서는 240조 원 이상으로 추산되고 있다. 더구나 이들은 연평균 20%대의 성장과 고용증가 효과를 입증하고 있다.

벤처기업 전체 매출은 240조원 이상… 삼성전자 넘어서

벤처창업 활성화를 위해 예상되는 정책적 전개는 다음과 같다. 우선 '예스 리더', '창업선도 대학'과 같은 창업 부양정책이 지속될 것이다. '나가수'류의 창업 경진대회도 지속적으로 증가해 춘추전국 시대를 방불케 할 것이다. 적어도 인위적 부양책은 봇물을 이룰 것으로 보인다. 창업 진흥을 위해 엔젤 지원자금이 확대될 것이다. 2012년 1조 8000억 원의 중기청 예산 중 1,300억 원의 청년창업 정책자금과 엔젤 매칭펀드로 700억 원이 포함되어 있다. 획기적인 하드웨어의 지원이라 할 수 있다. 여기에 엔젤투자 세액공제 확대 등의 공급 지향적인 지원책이 가세될 것이다. 지원정책을 통해 벤처창업의 신기록이 세워질 것으로 기대된다. 연간 만 개 이상의 벤처창업도 기대할 수 있다고 본다.

문제는 3년 후 창업 기업의 절반은 사라질 것이라는 점이다. 벤처가 발달한 미국의 실리콘밸리에서도 성공하는 기업은 20% 수준이고, 창업 기업은 평균 2.8회의 도전을 거쳐 성공한다. 그러나 한국의 현재 제도에서는 도전의 기회는 한 번이다. 한 번이라도 실패한 기업인은 퇴출되는 한국의 연대보증제도 때문이다. 2만 번의 창업이 내년에 이루어진다면 3년 후에는 1만 명의 신용불량자가 한국사회의 언저리에서 배회하게 될 것이다.

이러한 제도적 문제를 고치지 않고 창업 부양책을 밀어붙이는 것은 무모한 정책이라는 정책적 합의에 드디어 도달할 것으로 기대한다. 그래서 연대보증제도의 대폭적 개선과 기업 회생법의 개정이 추진될 것이다. 한편 바람직한 창업자금 조달은 융자가 아니라 투자이므로 엔젤투자 활성화를 위한 투자회수시장의 육성이 본격 추진될 것으로 보인다. 그 형태는 M&A 활성화가 될 것이며, M&A 거래소가 대안이 될 것이다.

지식사회의 경쟁력은 창업벤처의 혁신역량과 대기업의 시장 플랫폼이 결합되어야 극대화 된다. 기술탈취에 대한 입증책임 전환, 징벌적 배상제, 기술임치제도, 비밀유지약정 등 대·중소기업 간의 기술시장 결합형 M&A의 활성화에 대한 긍정적 시각을 갖는 시대가 시작될 것이다.

2012년 말 예상되는 벤처 관련 숫자로, 전체 벤처기업 4만 개의 매출 300조 원, 1000억 원 벤처 400개에 매출 90조 원, 1조 원 벤처 10개, 경제성장 기여 1.5%, 일자리 창출 10만 개를 제시해본다.

— 〈한국경제〉 2011. 12

내가 그의 이름을 불러 주기 전에는
그는 다만
하나의 몸짓에 지나지 않았다.
내가 그의 이름을 불러 주었을 때
그는 나에게로 와서
꽃이 되었다.
__ 김춘수 '꽃'

기업호민관

공정한 산업생태계 조성에 도전하다

- 호민관실 설립　• 공인인증서 규제 해소
- 비보복정책 도입　• 대·중소기업 공정거래　• 동반성장

2009년 7월, 국무총리로부터 위촉되어 기업호민관 활동을 맡게 되었다. 기업호민관(중소기업 옴부즈만)제도는 민간 전문가를 옴부즈만으로 위촉해 중소기업의 불합리한 규제를 발굴 및 정비하는 것으로 미국, 유럽 등 선진국에서는 1990년대부터 운영 중이다. '호민관'이라는 직책은 로마 시대 귀족의 원로원에 맞서 로마 시민들의 입장을 대변한 시민 대표 호민관護民官에서 따온 것으로 중소기업의 입장을 대변한다는 의미가 담겨 있다.

기업호민관의 임기는 3년이며 중소기업청장의 추천과 규제개혁위원회의 심의를 거쳐 국무총리가 최종 위촉하는데, 내가 초대 기업호민관으로 선정된 것이다. 나는 기업호민관으로서 규제개혁 업무를 효율적으로 추진하고자 대진화와 소진화 추진전략을 구축하고 자원봉사자들을 중심으로 저비용 고효율의 규제개선 추진체계를 확립했다. 특히 대·중소기업 공정거래는 가장 중요한 국가적 패러다임의 변화가 아닌가 한다.

호민관실 설립

중소기업 옴부즈만을 명 받다

2009년 4월, 기술거래소 이사장을 마치고 잠시 휴지기를 갖던 시기에 홍석우 중소기업청장이 새로이 신설되는 차관급 중소기업 옴부즈만 자리에 나를 국무총리께 추천했다. 나와 홍석우 청장은 개인적으로 전혀 모르는 사이였으나, 주변에 이영남 전 한국여성벤처협회장 등 나를 추천한 분이 여럿 있었고 중기청 내부 간부들의 전폭적인 지지가 있었기에 추천을 결심했다는 후문이다. 사람을 보고 믿음을 바탕으로 크게 판단하는 것은 홍 청장의 장점이라고들 한다.

그러나 추천 이후 한동안 국무총리실과 씨름을 했다. 과거 메디슨 관련 문제로 총리실에서 이의를 제기했기 때문이다. 그럼에도 홍 청장은 뚝심 있게 밀어붙여 2009년 7월 16일 중소기업 옴부즈만으로 정운찬 국무총리의 임명을 받았다. 임명은 받았으나 월급도 없는 비상근직이었다. 소위 빛 좋은 개살구라고 할까?

기업호민관 이름 짓기

'중소기업 옴부즈만'은 그 의미가 쉽게 다가오지 않았다. 요즘 말로 '필'이 꽂히지 않는 말이다. 우선 사람들이 쉽게 기억할 수 있도록 하는 것이 브랜드전략 아닌가. 옴부즈만을 사전에서 찾아보았다. 집정관, 호민관, 감찰관 등등 여러 가지 뜻이 있었다. 그중에서 눈에 띈 것이 호민관이라는 단어였다. 로마 시대에 그락쿠스 형제가 호민관으로 활동한 역사를 많은 사람은 기억할 것이다. 그들이 귀족의 반발로 모두 암살당했으므로 역사에 남았는지도 모른다.

그러나 나중에 실제로 확인해보니 기억하는 사람은 생각보다 많지 않았다. 잘 알려지지 않은 사실이지만 줄리어스 시저^{카이사르} 이전까지는 로마 역사에서 귀족을 대표하는 집정관과 서민을 대표하는 호민관은 같은 사람이 직책을 수행하지 못했다. 최초로 이 두 가지 직책을 겸임해서 동시에 귀족과 서민을 대변하는 역할을 맡은 인물이 바로 줄리어스 시저인 것이다.

그 다음으로 호민관이란 이름 앞에 중소기업의 이미지를 심자는 의견이 들어왔다. 그래서 절충한 것이 기업호민관이다. 중소기업 호민관은 너무 길지 않은가. 기업호민관이라 했을 때 대기업을 지켜주는 호민관이라고 생각할 사람은 없을 것이었다. 우선 짧고, 부르기 쉽고, 외우기 쉽다는 점에서 기업호민관은 낙점을 받을 만했다.

비전과 전략을 구상하다

이어 기업호민관실의 비전 구상에 착수했다. 목표인 중소기업의 규제 해소와 애로 사항 해결을 위해 두 가지 전략적 방향을 설정했다.

첫 번째는 기업들의 수많은 애로들을 접수하고, 처리해서 관철시키는 일련의 점진적 혁신 활동이다. 이처럼 반복되고 지속적인 활동을 소진화小進化 사이클이라 이름 붙였다.

두 번째로 개별 기업 차원의 문제가 아니라 전체 산업의 패러다임을 바꾸는 와해적 혁신을 지향하는 거대 담론을 대진화大進化 사이클이라 명명했다.

이 두 가지 전략이 상호 시너지를 내면서 추진될 때 한국 중소기업의 문제가 해결될 수 있다고 정리했다. 중소기업이 '중간에서 소처럼 일하는 기업'이 아니라 '중앙에서 소중한 기업'으로 재탄생하는 밑그림을 그려본 것이다.

중소기업청은 2조 원 가까운 예산을 투입해 세계에서 가장 다양한 중소기업 지원을 한다. 그러나 모든 지원은 결국 규제다. 이제 요소경제에서 혁신경제로의 전환은 지원에서 규제개혁으로 정책 방향이 전환하는 것을 의미한다. 미국의 중소기업정책의 핵심은 지원이 아니라 규제개혁임을 보라. 기업호민관은 지원은 하지 않는다. 규제를 해소할 뿐이다. 노벨 경제학상을 받은 코즈의 이론은 '규제가 최소화되면 사회는 결국 최적화된다'는 것이 해석 가능하다.

소진화 3대 시스템을 구축하다

소진화 사이클은 기업의 현장 애로에서 출발한다. 이를 위해 3대 시스템을 구축했다. 첫째는 기업의 애로를 청취하는 시스템, 둘째는 이를 체계적으로 처리하는 시스템, 셋째는 이를 적극적으로 정부 부처에 수용시키는 시스템이다.

기업호민관 3대 전략, 5대 중점 과제

3대 전략	5대 중점 과제
• (발굴) 열린 조직, '호민 NET' 구축 • (분석) 규제 검색·해결 위해 '규제 2.0' 구축 • (해소) 열린 평가 및 총리 주재 회의	• 기업민원 보호정책 확립 • 기업가정신 함양 장애요인 제거 • 대·중소기업 공정거래 선순환 생태계 조성 • 신기술 개발·도입에 따른 규제 개선 • 소기업 3대 과제(소상공인, 공공구매, 창조기업) 규제 개선

소진화 3대 시스템을 만들고 각각의 이름을 붙였다. 이름은 소중하지 않은가. 김춘수 시인의 시처럼 '내가 꽃이라고 불렀을 때 나에게 다가와 꽃이 되지' 않는가.

애로 사항 접수의 전략으로 자원봉사자들을 이용한 전국적인 공적 네트워크, 지역 기반의 네트워크와 전문 분야별 네트워크를 매트릭스 구조로 갖는 호민네트(Homin.net)를 구상했다. 호민네트는 협력 호민관, 지역 호민관과 전문 호민관으로 구성되어 각각 공공 지원기관, 해당 지역의 애로 사항, 해당 업종 혹은 분야의 애로 사항을 제시하도록 시스템을 구축한 것이다.

호민 채널은 중소기업인들과 직접 대화를 하는 채널로, 우선 중소기업청의 도움을 받아 12만 중소기업의 이메일을 활용하기로 했다. 호민 플랫폼은 규제 접수 처리 관리시스템으로, 한국 최초의 규제 처리 IT시스템이었다.

파견 공무원에게 상의를 했다. 사용 가능한 예산은 얼마나 되는가? 답은 "없다"는 것이었다. 예산 없이 일을 하라니, 마술사가 되라는 의미인가? 한국 정부의 300조 원이 넘는 예산은 모두 어디로 갔는가? 규제로 인한 국가비용이 100조 원이라는 계산이 삼성연구소에서 제시된 바 있다. 미국도 GDP의 10% 선이라 한다. 한국의 GDP가 1,000조 원이 조금 넘으니, 최소한 100조 원은 규제로 사라지는 셈이다. 호민관실의 노력으로 이 중 10%는 절감이 가능하다고 보았다. 무려 10조 원인데도 예산은 10억 원도 없단다.

그래도 앞으로 나아가야 했다. 관료정신은 자원이 없으면 빛이 바래지만 기업가정신은 자원이 부족할 때 빛을 발한다. 기업가정신으로 자원봉사자를 활용해 연간 10조 원의 규제비용 절감을 목표로 설정하고 이 중 30%인 3조 원의 국가 규제비용 절감을 소진화에서 추진하고자 목표를 세웠다.

대진화 과제들

대진화는 국가 패러다임의 변화다. 개별 기업에서 나오기란 어렵다. 그래서 이것을 주로 나의 기업 경험을 바탕으로 학자의 연구를 통해 정리하고자 했다. 이 과제들로서 첫째는 비보복정책, 둘째는 기업가정신 함양, 셋째는 선순환생태계, 넷째는 기술 규제, 다섯째는 소기업 과제의 5대 전략 과제를 설정했다.

10명의 외인구단으로 프로젝트에 도전하다

호민관실 설립은 중소기업청에서 파견 나온 윤세명 사무관과 기술거래소에서 나의 비서로 근무하다가 합류한 윤진경 씨의 합작이다. 윤 사무관이 주도하고 진경 씨가 뛰어다니고, 둘이서 북 치고 장구 치는 과정

기업호민관 현판을 달고서

을 거쳐 마침내 7월 23일 출범했다.

　이어 전문위원으로 박재현 위원을 운 좋게 선발했다. 박 위원은 행정학도로서 탁월한 업무추진 능력을 가지고 지금도 기업호민관실의 대들보로 활동하고 있다. 곧 중소기업청에서 사무관 1명이 추가되었다. 전자공학을 공부하고 행정고시를 패스한 특이한 경력을 가진 김보균 사무관이다. 이 친구는 세상에 모르는 것이 없다. 다방면에 광범위한 호기심을 가지고 새로운 것에 대한 왕성한 열정을 가지고 있었다. 그리고 1명의 주무관, 1명의 실무관 등 중소기업청에서 4명이 파견 나오고 중소기업진흥공단, 중소기업중앙회, 중소기업은행, 수출입보험공사에서 1명씩 파견해주었다. 이렇게 호민관실은 10명, 그야말로 공포의 외인구단이 구성되었다. 특히 파견 나온 4명의 고위직 간부급 파견자들은 대부분의 파견이 그러하듯 쉬러 왔다가 날벼락을 맞은 꼴이 되었다. 그래도 외인구단에 합류했으니, 젊은 시절로 돌아가 정열을 불태웠다.

　사실, 돈도 없고 사람도 없는 상황에서 중소기업의 수많은 규제를 발굴하고 해결하는 것은 불가능에 가까운 도전이었다. 더구나 나부터 비상근직이었다. 일종의 명예직 자원봉사인 것이었다. 발령 당시 약속은 일주일에 이틀은 일을 해야 한다는 것이었는데, 실제 전투에 들어가니 전일직으로도 모자랐다. 별 수 없이 골프를 끊어 시간을 확보하는 비상대책을 수립해 아내와 친구들에게 왕따가 되었다. 당시 카이스트에서도 강의를 하고 있는 상황이라 시간은 더 부족했다.

　비상근 기업호민관 지휘하에 10명의 외인구단으로서 대한민국 중소기업의 규제를 해소한다는 전대미문의 프로젝트 도전을 시작했다. 다행히 첫 번째 관문인 연구개발 프로젝트의 돌파구가 열렸다. 호민관실에는 연구개발 예산이 없었다. 이장우 경북대 교수를 통해 중소기업학회에 억지를 부렸다(벤처 동지인 이장우 교수는 차기 중소기업학회장으로 내정되어 있었다). 호민관실 개소식을 마친 날, 중소기업학회장님과 이장우 교수 두 분을 모시고 점심을 먹으면서 간곡히 설득을 했다. 프로젝트당 1천만 원으로 기업가정신, 선순환생태계, 열린 평가 등 세 개의 연구과제를 추진하기로 약속을 받았다. 정가의 80% 할인 수준이다. 연구에 응해주신 교수님들께 이 지면을 빌려 감사드린다.

비보복정책은 호민관실에 내부에서 신기철 전문위원(중소기업진흥공단 파견)이 엄청난 노력을 기울여 대단한 작품을 만들었다. 각각의 연구 과제를 배종태(카이스트) 교수, 김기찬(가톨릭대) 교수, 이춘우(서울시립대) 교수가 책임을 맡아 그해 연말에 성공적인 연구 발표를 했다. 개개의 연구 과제 값어치는 아무리 높이 평가해도 지나치지 않을 것이다. 그러나 연구비 3천만 원도 호민관실에는 예산이 없었다. 이런 연구들은 벤처기업 발전에 직결되는 연구가 아닌가! 서승모 벤처기업협회장에게 강력히 압력을 행사했다. 결국 서 회장은 없는 벤처기업협회 예산을 탈탈 털어서 3천만 원을 마련해주었다. 대진화 5대 과제 중 3대 과제 연구를 성공적으로 수행해준 중소기업학회 교수님들께 다시 한 번 감사를 드린다.

이 대진화 과제들은 2010년 들어 하나씩 정책으로 구현이 되면서 한국 산업생태계를 근본적으로 바꾸는 패러다임 전환의 기폭제가 되었다 해도 과언이 아니다.

지역호민관을 위촉하는 자리에서

천군만마, 자원봉사자들의 참여

소진화 과제를 위한 활동에 가장 중요한 자원봉사조직이 생각보다 쉽게 마련되었다. 보수가 없는 것은 물론 회의 참석비도 없었다. 심지어는 연구조사비도 개인 돈을 써야 했다. 이런 조건에서도 모든 위원이 최선의 노력을 다했다. 그 노력들은 아무리 강조해도 지나치지 않을 것이다. 한국의 공생정신이 살아 있다는 것을 피부로 느끼게 된 경험이었다. 전문 호민관 및 지역 호민관 그리고 이들이 주선하는 오프라인 간담회가 매주 두 차례 이상 개최되고 현장의 생생한 이야기들이 해당 분야 전문가들을 통해서 정리되어 나왔다. 살아 있는 규제들을 접수하게 된 것이다.

연말까지 호민네트와 호민채널을 통해 4개월 동안 400건 이상의 현장 규제 애로 사항을 접수했다. 10명의 작은 조직으로 엄청난 성과를 올린 것이다. 내부에는 공포의 외인구단이 10명에 불과했으나 외부에는 30개의 중소기업 지원조직, 40명의 자원봉사자와 이들을 돕는 400명의 2차 자원봉사자들이 있었다. 그것도 공짜로! 역시 기업가정신은 문제의 일부분이 되는 것이 아니라 문제를 극복하는 것이다. 이렇게 소진화를 위한 시스템도 구축되어 갔다.

호민관 리포트의 연재

"업무를 추진하는 데 최대의 애로 사항이 무엇인가?"

10명의 외인구단원들에게 질의했다. 모두들 "전화하면 호민관실이 대체 뭐 하는 곳이냐? 그래서 실제 업무 협의보다 호민관실을 설명하는 일에 더 많은 시간이 소요된다"는 하소연이었다. 문제가 파악됐으니 해결해야 했다. 해결을 위해 언론이 동원될 수밖에 없었다. 〈매일경제〉의 조현재 편집국장을 아는 사람을 수소문했다. 〈한국경제〉와 〈매일경제〉 중에서 중소기업인들이 더 많이 보는 신문이 〈매일경제〉라는 통계를 보고 내린 결론이었다. 마침 벤처협회회장을 지낸 벤처 후배 조현정 회장이 조현재 편집국장과 친숙한 사이였다. 그렇게 연결을 부탁해 만난 자리에서 칼럼 연재를 호소했다. '호민관 리포트'라는 칼럼의 기획이었다.

호민관 리포트는 기업 현장의 문제를 제시하고 그에 대한 해결 대안을 만들어 나가는 리포트로, 큰 의미가 있을 것이라고 설명하자 흔쾌히 승낙해주었다. 이어 전호림 중소기업 부장을 만나 동의를 받았다. 나중에 주변 사람들의 이야기를 들어보니 정부조직의 칼럼 연재는 많은 반대급부가 있어야 한다는 것이었다. 그러나 호민관실은 이를 위해 중국집에서 점심 두 번 산 것 이외에는 아무것도 없었다.

그렇게 호민관 리포트를 연재하면서 기업호민관실에 대한 인지도가 높아져 갔다. 호민관 리포트는 국정 최고운영자도 보는 칼럼이라는 것이 나중에 확인되었다. 이후부터는 기업호민관실을 아는 사람들이 급속히 늘어났다.

호민관실 주요 업적

소진화와 대진화 두 가지 목표를 잘 소화해내는 것이 호민관실의 임무였다. 그러나 소진화 추진을 위해서는 조직의 브랜드가 워낙 중요했기 때문에 대진화를 통한 브랜드 형성이 반드시 소진화를 위한 전제조건으로 요구되었다. 소위 언론의 관심을 집중시킬 사회적 이슈를 만들어야 한다는 것이었다.

첫 번째 목표로 삼은 것이 공인인증서 문제였다. 우리나라에서는 금융거래를 할 때 공인인증서가 의무화되어 있어 온라인 쇼핑산업, 특히 모바일 비즈니스에 큰 제약이 있었다. 전 세계적으로 공인인증서 강제 사용을 규제하는 나라는 대한민국밖에 없다. 이러한 문제 해결을 위해 2010년 3월 〈조선일보〉에 '한국은 이제 인터넷 후진국이다'라는 칼럼을 싣고 기자간담회를 개최해 문제를 공론화했다. 치열한 공방이 벌어졌다. 특히 행정안전부와 금융위원회의 반발은 엄청났다. 중요 일간지

몇 곳에서 집중적으로 다루고, 두 개의 일간지는 1면 톱기사로 실었다. 일단 이슈화는 했으니 이론적으로 압도해야 했다. 보안업계에서의 생태계를 뒤흔드는 엄청난 변화이기 때문이었다.

이 과정에서 전사로 나서준 분이 바로 『한국 웹의 불편한 진실』을 저술한 고려대 법대의 김기창 교수였다. 동시에 공인인증서가 일반적으로 해외에서 사용되는 1회성 보안암호보다 복잡하기만 하고 더 나을 것 없다는 이론을 제시한 세계적 석학 슈나이어 박사, 모질라재단의 아담 스키 박사, 영국에서 한국의 공인인증서 문제를 통렬하게 비판했던 허준호, 김영식 연구원 등을 초빙해 2010년 4월 29일 공인인증서 초청 강연회를 개최했다. 결국 행정안전부와 금융위원회라는 골리앗은 작은 다윗 기업호민관실의 주장을 수용하게 되었고, 총리실의 조원동 차관이 이를 중재했다.

이에 따라 2010년 6월 자율적으로 공인인증서뿐만 아니라 다양한 인증 기술을 채택할 수 있도록 하고 30만 원 미만 소액결제의 경우 스마트폰 결제서비스는 즉시 적용하기로 규제를 완화했다. 이후로는 호민관실 직원들의 전화에 "호민관실이 무엇하는 곳이냐?"는 질문은 자취를 감추었다.

공인인증서 문제가 일단락되면서 다음 목표로 삼은 것은 비보복정책이었다. 호민관실 인터넷 설문 조사를 바탕으로 신기철 위원이 2009년 12월에 훌륭한 연구보고서를 완성했다. 공인인증서가 마무리되어 가는 2010년 4월 29일자 〈매일경제〉의 호민관 리포트에 비보복정책의 타당성에 대한 칼럼을 싣고 국내외 사례 연구 발표를 5월에 개최했다. 그와 병행하여 준비한 내부의 강력한 시스템인 호민넷(homin.net)을 기반으로 15만 중소기업인에 대한 직접 설문 조사를 통해 폭발적인 반응을 얻었다. 요지는 정부기관이 규제 애로 호소에 대해 보복을 하지 않으면 언젠가는 규제가 개선될 것이라는 결론이었다.

군대의 소원수리처럼 신고하는 기업에 보복을 하면 기업인들은 신고하지 않는다. 〈한국일보〉의 이종재 편집국장이 적극적으로 이 문제에 동참해주신 것에 다시 한 번 감사드린다. 보복 금지는 미국 중소기업정책의 핵심이지만 한국에서는 무시되고 있었다. 이 제도가 시행되면 나를 임명한 국무총리실이 골치가 아파진다. 그래도 결국 언론과 국회의 포화 과정 끝에 국무총리실에서 중소기업 기본법 개정을 추진하는 쪽으로 합의를 보았다. 이 과정에서 〈매일경제〉와 〈한국일보〉, 이 두 신문이 1면 톱으로 수차례 보도를 해주었다.

공인인증서와 기업민원보호정책에 이어 기업가정신의 부활, 특히 그중에서 기업가정신 약화의 핵심 사항인 연대보증에 대한 대책을 제시했다. 호민관 리포트에 칼럼을 실으면서 포문을 열고, CEO연대보증을 통한 국가적 이득보다 폐해가 훨씬 크다는 배종태 교수의 위탁 연구 결과를 발표하고, 이러한 연구 결과에 따라 가산보증제도를 제시했다. 가산보증제도란 연대보증을 통해 회수되는 비중이 0.3% 수준인 만큼 그 정도의 가산보증료를 추가 부담하면 연대보증을 면제해주는 제도다. 이 제도는 현재 중소기업진흥공단에서 시범 실시에 착수하고 있다.

또한 재도전을 위해 연대보증인의 부종성을 부정하는 통합도산법 250조 개정을 추진했다. 통합도산법은 기업회생을 위한 법으로, 기업의 채무가 출자전환 등으로 면탈되더라도 연대보증인에게는 그 혜택이 미치지 않도록 되어 있다. 그래서 연대보증인에게 과도한 부담을 부과하게 되고 결과적으로 기업인의 재기를 저해하는 결과를 초래한다. 이 제도의 개선을 위해 역시 호민관 리포트로 기선을 제압하고 여러 언론에 기사화시킨 다음 김귀남 법무부 장관님을 찾아뵙고 담판을 지었다. 결과적으로 기업회생 도중, 그리고 성공적 회생의 경우에는 연대보증인에 대한 채권회수를 유보하는 것으로 합의를 보고 이 문제를 해결했다. 그러나 내가 기업호민관을 퇴임한 이후 이 약속은 보류되었다. 이를 살리기 위해 송종호 신임 중기청장이 열심히 뛰고 있다. 이 문제가 극복되지 않는 한 대한민국은 창업 국가로서의 혁신은 불가능할 것이다.

대·중소기업 공정거래

이어 1년간 준비한 대·중소기업 공정거래 문제에 도전했다. 대·중소기업 공정거래 문제는 대한민국의 산업 역사에서 가장 중요한 문제 중 하나다. 지금까지 요소주도형 경제에서 대기업 주도의 효율성을 기반으로 한 갑을 문화로서는 더 이상 국가 발전을 도모할 수 없다. 이제는 기업과 기업의 경쟁이 아니라 기업생태계 간의 경쟁 시대가 되었다. 이 생태계 경쟁의 근간이 되는 건전한 선순환생태계를 구축하는 것이 국가경쟁력이다. 즉, 공정한 거래를 통한 기업생태계 내부의 창의적 혁신이 국가 경제의 바탕이 된다.

이 문제를 호민관실 설립 이후부터 가톨릭대 김기찬 교수와 함께 불과 1천만 원으로 수조 원 가치의 연구를 했다. 그 연구 결과를 가지고 공정거래위원장님을 만나 불공정거래 사례와 유형 등을 제시하고 개선 협의를 했다. 이어 7월 1일자로 중소기업청장, 공정거래위원장님을 모시고 '대·중소기업 공정거래 프로젝트 출발'을 설명하고 협조를 요청했다. 이후 3주에 걸쳐 대한민국 역사상 전무한 모든 언론(J, H는 제외)의 동참으로 대·중소기업 불공정거래에 대한 대국민 문제 제기가 시작되었다. 이어 미리 준비한 7월 23일 호민관실 1주년 기념 세미나에서 23개의 해결 대안을 제시했다.

이 프로젝트는 충분한 준비를 거쳐 빠른 시일 내에 처리를 해야 했다. 대기업의 오해로 인한 반격이 우려되었기 때문이다. 공정거래 그 자체는 대기업을 위한 일이지만 혹시라도 대기업의 이익에 반한다는 오해를 하고 대기업이 반발하면 중간에 중단될 우려가 있었다. 이 기간을 두 달로 보았다. 전격 작전이 되기 위해서는 사전 준비가 치밀해야 했다. 나는 이 일을 시작하면서 호민관실 직원들에게 선언을 했다.

"지금까지 우리가 정보통신위원회, 행정안전부, 금융위원회, 보건복지부, 총리실과 규제 해결을 위해 갈등을 빚고 극복해왔으나 대기업은 정부 부처보다 훨씬 더 어려운 상대다. 나는 이 프로젝트에 자리를 건다."

이러한 각오로 수많은 사례를 수집하고 수집된 사례를 바탕으로 갖가지 반박을 물리칠 수 있는 준비를 한 끝에 포문을 열었다. 예정대로 빠른 속도로 프로젝트가 진행되어 9월 29일 청와대에서 열린 동반성장 대책회의에서 호민관실이 제시한 23개 안 중 9개의 대책이 채택되었다.

그 대책들은 하나하나가 소중한 대책들이다. 기술탈취의 예시제, 가격 인하에 대한 입증책임 전환, 단체신고제도, 원가계산서 신고제, 현장 강제실사 제한, 기술임치제도 활성화, 사전 NDA 체결, 임직원 평가제도 개선이다.

이 중에서 특히 기술탈취에 관한 부분이 가장 소중한 제도라 할 수 있다. 대기업이 시장을 갖고 있다면 중소 벤처기업은 기술을 가지고 있다. 기술 혹은 특허를 탈취당하면 중소기업은 대기업과 협상이 되지 않는다. 이를 위해서는 첫 번째가 기술 설명을 할 때 비밀유지약정^{NDA}을 반드시 맺어야 한다. 이러한 비밀유지약정은 전경련에서 자율적으로 추진하기로 약속이 되었다.

또 하나는 기술탈취에 대한 입증책임이 전환된 것이다. 과거에는 대기업이 입증할 필요가 없었다. 중소기업이 입증해야만 했다. 그러나 이제는 대기업이 입증해야 한다. 그리고 기술임치제도가 확대되었다. 중소기업이 혹시 망할 경우를 대비해 대기업이 기술 자료를 요구할 경우 대·중소기업 협력재단에 임치하는 제도다. 이후에 더 중요한 제도가 추가되었다. 징벌적 배상제의 도입이다. 이 부분은 전 한나라당 홍준표 의원의 기여가 대단히 컸다. 징벌적 배상제가 통과되면서 기술탈취에 대한 새로운 시대가 열릴 것으로 기대한다. 10억 원의 기술을 탈취하고 나중에 문제가 되어도 10억 원만 물어준다면 밑져야 본전 아니겠는가. 3배까지 배상하는 징벌적 배상제는 미국에서도 대단한 효과를 거두었다.

호민관실의 최대 사업이었던 대·중소기업 공정거래 프로젝트의 마

기업호민관실의 파트너 창업진흥원(좌)과 중소기업중앙회(우)

무리로서 지속적인 대·중소기업 협의체라는 구체적인 형태로 나타난 동반성장위원회. 아쉬운 것은 동반성장위원회 출범 이후 본래 혁신을 뒷받침하기 위한 공정거래는 퇴색하고 대기업과 중소기업의 이익을 어떻게 나누느냐 하는 제로섬게임으로 변질되었다는 느낌이다. 고유업종제도, 초과이익 분배제도는 원래 호민관실이 추진했던 혁신을 고양하기 위한 공정거래와는 거리가 멀다. 이제는 공정이 혁신의 성장원동력인 것이다.

기업호민관 활동은 1년에 불과했지만 그 성과는 메디슨 전체보다도 훨씬 많았다고 생각한다. 나름대로 큰 보람을 느낀 도전 과정이었으며, 그 과정에 동참해주신 모든 분에게 다시 한 번 감사의 인사를 전한다.

＊기업호민관 1년의 발자취는 별도의 인터넷 사이트에 소개되어 있다.
http://www.osmb.go.kr

공인인증서 규제 해소

10년 묵은 숙제, '공인인증서 강제'

2010년 1월 한국은 인터넷 후진국이 되어가고 있었다. 한국의 미래 인터넷 경쟁력은 정부의 갈라파고스적 나 홀로 규제에 시달리고 있었다. 1995~2000년까지 한국 벤처의 질풍노도 운동으로 한국은 갑자기 세계 인터넷 강국으로 부상했다. 내가 설립한 벤처기업협회의 준비된 벤처정책, 즉 코스닥과 벤처기업특별법의 성과였다. 주위를 둘러보니 아무도 없는 선두에 서게 되어 한국은 미지의 인터넷 항로를 홀로 앞서 가게 된 것이다.

그런데 한국은, 기술은 해결할 역량이 있었으나 제도를 만드는 경험이 모자랐다. '공인인증서 기반의 인터넷 뱅킹', '제한적 본인 확인제인터넷 실명제', '게임물 사전등급제', '위치기반 서비스 제한', '128비트SEED 보안모듈' 등이 세계에서 처음으로 한국이 제도화한 인터넷 규제들이다. 128비트 보안은 부족한 인터넷 브라우저의 보안 기능을 보완한 세계에서 가장 앞선 시도였다. 공인인증서 역시 이론적으로는 가장 안전한 거래 수단으로 한국이 앞장서 구현한 것이었다. 가히 한국은 2000년까지는 인터넷 선진국이었다.

그러나 2000년 이후 세계적인 인터넷 브라우저에는 한국의 128비트 보안보다 발전된 보안 기능^{SSL}과 공인인증서 기능을 내장하게 되었다. 한국을 벤치마킹한 것인데, 청출어람靑出於藍이었다. SSL은 SEED에 비해 세계 표준을 정하는 바젤위원회가 권고하는 '서버와 클라이언트의 상호인증 기능'과 '브라우저에 인증서를 자체 내장'함으로써 보안에 취약한 ACTIVE-X 등을 사용할 필요가 없어 보안의 획기적 진전을 이룩했다(한국 인터넷의 만병의 근원은 금융거래에서 강제하는 Active-X로 보아도 된다). 더구나 이는 무료로 브라우저와 함께 제공된다. 공인인증서의 저장 기능도 브라우저에 내장되어 특정 위치에 저장하지 않아 해킹의 위험을 줄였다. 세계가 한국을 배우되 앞서 간 것이다.

성공은 실패의 어머니인가? 한국은 앞서 가기는 했으나 더 앞선 후발 브라우저 내장 기능 채택을 나 홀로 배제해 스스로를 '디지털 갈라파고스'로 전락시켰다. 유선 인터넷은 이미 보급된 이후에 규제가 도입되어 영향이 상대적으로 작았으나 무선 인터넷은 이러한 규제로 인해 OECD에서 가장 낙후된 후진국이 되었다는 사실조차 모르는 형편이 되었다(2009년 12월 기준 OECD 평균 보급률 20%대, 한국은 1%대). 세계에서 80번째로 도입된 아이폰이 눈을 뜨게 해 현실 문제를 바로 보게 한 것이다.

2010년 1월 스마트폰에도 공인인증서의 사용을 강요하자 마침내 국민의 원성이 하늘을 찔렀다. 그러나 규제 부처에서는 환부는 내버려두고 대증요법만 계속 발표하는 우를 범했다. 이러한 단계에서 호민관으로서 마침내 10년 묵은 숙제인 '공인인증서 강제'의 규제 해소를 위한 일대 작전에 돌입하게 된 것이다.

문제를 제기하다

2010년 2월 11일, 기업호민관실의 16개 분야 전문호민관 중 류한석 IT 호민관이 문제를 정리했다. 류한석 님은 Smart Place라는 유명한 블로거이자 기고가이기도 하다. 전문가팀은 2월 26일에 발족했다. 이동산 페이게이트 이사, 고려대 김기창 교수, 류한석 님이 의견을 집약해 공인인증서 강제를 폐지하는 것으로 방향을 잡았다. 보안 문제가 큰 ACTIVE-X 사용을 줄이기 위해서는 SEED 사용을 없애야 하나, 이는 규제 부처의 엄청난 반발을 초래할 우려를 감안한 결정이었다. 공인인증서와 병행할 대안으로는 국제적으로 대부분의 금융기관이 사용하는 SSL+OTP(1회성 비밀번호)를 제시하기로 했다.

특히 오픈웹을 운영하면서 『한국 인터넷의 불편한 진실』을 저술한 김기창 교수는 고비 때마다 글과 논리로서 결정적인 도움을 준 일등공신이었다. 류한석 님과 이동산 이사도 중요한 기고문들을 여러 편 언론에 보내면서 본격적인 작전이 개시되었다. 그러나 지금 회고해보면 주력 멤버들조차 한국의 미래는 걱정하면서도 10년을 버텨온 규제 해소에 대한 기대는 크지 않았다는 것이 정직한 현실이었다.

무엇보다도 관련되는 먹이사슬의 규모가 방대했다. 많은 규제가 그러하듯 여기에도 불합리한 규제 속에서 이익을 취하는 집단이 존재했다. 호민관 시절을 다시 회상하면 이러한 이익집단의 체계적인 로비가 규제 해소의 가장 큰 걸림돌이었다. 그래도 이런 규제를 돌파하는 것이 기업호민관실을 만든 이유라는 믿음으로 의지를 가지고 돌진했다. 기업의 세계시장 돌파보다는 쉽지 않겠는가 하는 단순한 생각으로…….

네 가지 결정적인 자료들

아이폰 혁명이라는 환경의 도움과 함께 결정적인 자료 네 가지가 확보되었다.

첫째, 영국의 옥스퍼드, 캠브리지 공동논문으로 〈On the Security of Internet Bankingin South Korea〉가 세계적 권위자인 앤더슨 박사와 한국의 김형식, 허준호에 의해 발표되었다. 한국의 인터넷뱅킹이 국제통용 방식인 SSL+OTP에 비해 불편하면서 유리하지 않다는 결론으로, 이 논쟁의 결정적인 이론적 근거를 제시했다.

둘째, 한국 금융보안연구원이 발표한 〈해외 인터넷뱅킹 보안조사〉 보고서로서 대부분의 국가들이 SSL+OTP를 채택하고 있음을 입증했다. 그러나 문제 제기 이후 이 보고서는 인터넷에서 사라졌다.

셋째, 바젤위원회가 발표한 〈전자금융에 대한 바젤협약〉이다. 이 협약에는 기술의 발전을 감안해 국가는 특정 기술을 강요하지 않아야 하며 은행이 반드시 결정해야 *must decide* 한다는 선언을 담고 있다.

넷째, 심지어 Active X의 제작사인 MS조차 자사 공식 사이트에서 "보안 목적으로는 ACTIVE-X를 사용하지 말고, SSL 등 국제적으로 사용되는 기술을 사용하라"고 권고했다.

이상의 자료 외에도 국회 입법조사처, 미국 금융위원회 등의 객관적 자료를 확보해 최광수 전문위원이 전투에 임했다. 기술적인 규제는, 기술자는 규제를 모르고 행정가는 기술을 몰라 그 틈새에서 번성을 구가하고 있었다. 기술적 문제와 사회법률적 문제, 이 두 가지 모두를 놓고 충분한 내부 도상연습을 했다.

3월의 긴박한 전개

3월이 되면서 각종 언론에 문제를 제기하기 시작했고, 3월 12일에 〈전자신문〉, 〈아이뉴스〉, 〈매일경제〉, 〈한국경제〉 등이 참석한 언론간담회를 열었다. 그 자리에서 4대 핵심 자료와 함께 문제를 설명하고 전폭적인 협조를 얻었다. 3월 15일 총리실 주재 회의에서 찬반 세력은 분명해졌다. 규제파는 행정안전부(+국정원)와 금융위원회였고, 자율파는 방통위와 호민관실이었다.

이제 공은 여론전에 있다고 판단했다. 그런데 뜻하지 않은 일이 벌어졌다. 부처 협의 중에는 언론에 알리는 것은 금기 사항인데, 3월 22일 월요일자로 전 언론에 행안부발로 '부처 협의가 완료되어 4월까지 스마트폰 공인인증서를 추진한다'는 내용으로 보도가 나간 것이다. 이러한 미합의 보도는 통상적으로 부처 협의 과정에서 상상하기 어려운 일이었으나 그만큼 규제 부처의 내부 위기감이 팽배했다. 그러나 행안부의 돌발 보도는 문제를 여론전으로 끌고 가 오히려 호민관실에게 유리해졌다. 다행스러운 것은 〈조선일보〉에 '한국은 이제 인터넷 후진국이다'라는 칼럼이 3월 22일에 게재된 것이다.

월요일의 행안부 전격 보도에 대한 대응 설명회 형식으로 3월 24일에 기자간담회를 열었고, 실질적으로 대부분의 기자가 동참해 여론전은 순식간에 호민관실의 압승으로 전개되었다. 이제 대부분의 기자가 문제를 인식한 순간, 세 불리를 인식한 행안부는 공식으로는 금융위와의 공조체제를 이탈해 대세는 3월 25일의 총리실 주재회의, 보안학회 주최의 공청회 등으로 판가름 나게 되었다. 보안학회는 공인인증서를 만든 학회로 규제 부처의 지원하에 6 : 2의 불공정한 토론자 배치를 하는 등 총공세를 시도했으나 결과는 공인인증서의 유출 문제가 불거지면서 오히려 호민관실에 유리하게 전개되었다. 이 과정에서 이동산 이사와 김기창 교수가 일당백으로 선전했다.

드디어 3월 30일 마지막 총리실 회의(조원동 차관 주재)와 3월 31일 당정협의회에서 공식적으로 '공인인증서 개선안'을 통과시켜 10년의 묵은 과제를 해결했다.

권리를 찾는 행동

10년 묵은 과제를 해결하는 물꼬를 튼 것은 아이폰 등 환경적 요인과 김기창 교수와 같은 기인의 도움, 총리실의 결단이 결합되어 이룩한 성과다. 또 하나 덧붙일 것은 이러한 규제가 그동안 지속된 것은 고위 공무원 중 기술을 이해하는 전문가가 거의 없는 것도 큰 이유라고 짐작된다. 이공계의 제도권 진출이 확대되어야 하는 대표적인 이유다. 앞으로도 이 분야에 호민관실의 역할이 많을 것으로 본다. 예컨대 인터넷 실명제, 위치정보 규제, WHITE LIST, SEED 등 많은 기술 기반의 규제 과제들이 기다리고 있다.

공인인증서도 아직 완전히 해결된 것은 아니다. 일단 30만 원 이하의 소액은 풀릴 것이다. 무선 인터넷의 규제는 사라질 것이다. 그러나 여전히 금융위가 인가권을 가지고 있다면 바젤협약의 자율권고가 지켜질 수 있을지, 그 확신은 이르다. 그래서 절반의 성공이라고 자평하는 것이다. 이제 한국을 '세계 최악의 보안문제국으로 전락시킨 Active-X 다운로드를 통한 보안 모듈은 사라져야' 한다. 이제는 개방과 공유의 웹 2.0 시대다.

웹 2.0으로 가는 걸림돌을 걷어내는 효과는 얼마나 될까? 아마도 국부의 1%는 넘을 것이며 매년 10조 원 이상의 비용을 절약하게 될 것이다(자세한 금액은 별도 연구가 필요하다). 이것만으로도 호민관실의 역할(1년 예산 6억)을 했다는 많은 네티즌의 의견도 있을 정도다. 무엇보다도 정부 규제에 순응하던 네티즌들이 상식이 통한다는 것을 깨닫고 권리를 찾는 행동을 하게 된 것이 가장 큰 소득이 아닐까 생각한다(이후 인터넷 실명제를 추진하기 위한 태스크포스를 결성했으나 성과는 퇴임 이후에 나타나고 있다).

Column | 이민화칼럼 |

한국은 이제 인터넷 후진국이다

한국은 1995년에서 2000년까지 외환위기 와중에서도 인터넷 강국으로 부상했다. 또 하나의 한강의 기적이다. 분명히 우리는 웹 1.0 시대의 강자였다. 그러나 웹 2.0 시대에서도 강자인가. 이미 통계로도 한국은 웹 2.0 시대의 후진국이다. 작년 말 기준 무선인터넷 보급률은 OECD 평균이 20%대인 데 비해 한국은 최하위인 1%대이다.

한국은 무선 상거래가 전무全無하나, 일본의 무선 상거래 규모는 재작년에 1조 엔을 넘어섰다. 한국은 보안의 적敵으로 인식돼 세계의 기피 대상인 마이크로소프트 ACTIVE-X 사용률 세계 1위다. 한국의 주요 웹사이트의 호환성과 접근성 수준은 외국에 매우 뒤처진다. 정부 개방도 마찬가지다. 2000년까지 한국의 인터넷 보안은 세계 최고였다. 128비트 보안플러그인을 자체 개발한 것은 당시로서는 획기적인 성과였다.

그러나 2000년 이후 128비트 이상의 보안이 무료화됐으나 한국은 여전히 플러그인을 다운로드받아야 하는 방식으로 '나 홀로 보안'을 고집하고 있다. 한국은 ACTIVE-X 관련 트래픽의 압도적 세계 1위로서 바이러스 등 악성 프로그램이 침입할 소지를 가장 많이 제공하고 있다.

ACTIVE-X를 이용한 다운로드는 MS조차도 배제할 예정이다. 한국은 또 세계 평균 60%대인 MS 인터넷 익스플로러의 점유율이 98%라는 '세계 기록'을 보유하고 있다. 그 결과 국내에서는 인터넷 익스플로러에서만 작동하는 각종 거래 솔루션이 시장을 장악하고 있으나 이런 솔루션은 세계시장에는 아예 판로 자체가 없다.

영국 케임브리지 대학 로스 앤더슨 교수팀 등이 최근 발표한 논문에 따르면 한국은 인터넷 피싱 사기의 최대 위험 국가다. 한국식 인터넷뱅킹 보안기법은 웹브라우저가 알려주는 보안 경고를 전혀 이용할 수 없다. 한국은 공인인증서의 유출이 가장 심한 국가다. 웹브라우저들이 채택하는 인증서 저장 표준을 무시하고 특정 위치에 인증서를 저장토록 했기 때문에 해킹에 쉽게 노출된다. 인증서 개인키 파일이 쉽게 유출되는 상태에서는 아무리 전자서명을 받아둔들, 그 서명을 누가 했는지 확인할 길이 없다.

한국의 추락은 2000년 이전의 성공에 집착해 규제를 남발했기 때문이다. 세상은 이미 바뀌었다. 128비트 이상의 보안이 내장된 더 앞선 기능을 가진 브라우저들이 무료로 제공되고 있다. 금융 보안을 위한 바젤위원회가 "국가가 특정 기술을 강제하지 말라"고 권고하는 이유는 기술의 진화를 바로바로 반영하고자 하는 것이다. 한국의 나 홀로 규제 아성은 무려 10년간 깨지지 않았다. 스마트폰조차 세계에서 80번째로 도입된 나라가 한국이다. 그런데 늦어도 한참 늦게 도입돼 이제 막 100일이 된 스마트폰이 혁명을 일으키고 있다.

규제에 억눌렸던 소비자들의 반발이 스마트폰에서부터 시작되고 있는 것이다. 이제라도 '갈라파고스 환상'을 벗어나 웹 2.0의 세계적 흐름을 함께 타야 한다. 제한적 실명제, 게임물 사전등급제, 공인인증서 등 각종 규제가 가로막은 한국의 왜곡된 인터넷 환경을 이제는 바로잡아야 한다. 아직도 한국이 인터넷 강국이라고 생각한다면 그것은 환상이다.

– 〈조선일보〉 2010. 3. 22

비보복정책 도입

공무원들의 보복

기업들이 지속적으로 문제를 제기하면 정부의 불합리한 규제는 개선될 수 있다. 그러나 그것이 쉬운 일은 아니다. 민원을 제기하는 기업에 대한 보복이 정부 부처, 공무원들 사이에 만연돼 있기 때문이다. 보복이 무섭다 보니 기업들은 불합리한 규제를 그저 참고 견딘다. 그래서 많은 기업인은 불합리한 규제에 자유롭게 민원을 제기할 수 있는 시스템 구축이 중소기업 규제 개선의 핵심 과제이자 시작이라 말한다. 조사 결과 중소기업인 86.8%가 비보복정책의 채택을 지지했다.

　장비 생산업체인 A사 김 사장은 제품 허가를 받으러 관련 부처에 들렀다가 난처한 상황에 처했다. 담당 공무원에게서 자사 제품의 손잡이 한 곳 색깔을 바꾸려면 품목 재허가 신청을 하라는 답변을 들은 것이다. 특정 부품 색깔을 하나 바꾸기 위해 기기 전체에 대한 품목허가를 다시 신청할 생각을 하니 아득하기만 했다. 그는 안 되겠다 싶어 고위 당국자에게 해당 조치의 부당함을 알렸고 이는 얼마 후 시정됐다. 하지만 그 이후 더 큰 문제가 벌어졌다. 김 사장의 말이다.

"민원을 제기한 후부터 실무 공무원들은 우리 회사 다른 신제품에 대한 품목허가 신청을 최대한 지연시켰습니다. 심지어 제출한 서류의 문장 하나를 트집 잡아 이런저런 추가 정정까지 요구하는 통에 초조한 나날을 보냈습니다."

김 사장은 "경쟁업체들은 속속 시장을 죄어 오는데 행정관서의 비협조로 진도가 안 나가 속을 끓였다"고 털어놨다. 개발 기간을 단축하기 위해 밤을 새운 노력이 물거품이 됐다는 것이다.

서울에서 제조업체를 운영하는 기업인 B씨도 비슷한 일을 당했다. "공무원 심기를 한 번 건드렸다가 그렇게 크게 당할 줄은 상상도 못했다"고 운을 뗐다. 이야기는 2006년 봄으로 거슬러 올라간다. 그는 국회에서 열린 업계의 조찬포럼에 참석했다. 그 자리엔 국회의원은 물론 해당 업계의 국장급 공무원도 있었다. 부처 공무원의 발표를 들은 그는 토론 시간에 이렇게 이의를 제기했다.

"○○○께서 하신 발표는 근거가 부족하다. 그렇게 되면 허위나 다름없어진다."

그 한마디가 문제가 됐다. 이후 해당 부처의 주도면밀한 보복이 들어왔다. 한 달 뒤, 그 부처는 산하 연구원에 용역을 줘 B씨가 만든 제품이 시장에 적합하지 않다는 연구를 시행하도록 했다. 그 부처는 이듬해 초 이를 놓고 공청회까지 열었고 그 결과를 토대로 법까지 만들어 B씨의 제품이 팔릴 수 없도록 했다.

그는 지난해 초 해당 법률에 대한 위헌심판청구 소송을 헌법재판소에 제기했으나 각하되고 말았다. 이후 3년간 제품을 단 한 개도 생산하지 못했고 그의 회사에 납품하는 다른 하도급 업체들은 줄줄이 부도를 냈다. 그는 현재 해당 부처에 100억 원대의 손해배상청구 소송을 제기한 상태다. B씨는 "중앙 부처 공무원들이 너무 권위적이다. 옛날 고을 원님이나 사또도 그들에 비할 바가 아니다"라고 개탄했다.

서울 K의원 김 원장의 평화로운 삶에 날벼락이 떨어진 것은 2007년 8월이다. 어느 날 건강보험심사평가원 직원이 갑자기 병원에 들이닥쳐 실사를 하겠다며 수납대장부 등의 자료 제출을 요구했다. 김 원장은 예약된 환자가 있으니 진료가 끝난 뒤 관련 자료 등을 주겠다고 양해를 구했다. 더구나 인테리어 공사를 하던 터라 자료를 찾는 게 쉬운 일이 아니었다. 심평원 직원은 처음엔 잠시 기다려주는 듯하더니 이내 진료실을 박차고 들어와 "자료를 내놓지 않으면 영업정지를 받을 것"이라며 버럭 소리를 질렀다.

김 원장은 순간 가슴이 철렁 내려앉고 얼굴이 새빨개져 아무 말도 할 수 없었다. 김 원장은 "치료에는 환자와 의사의 신뢰가 가장 중요한데, 그 환자가 도대체 나를 어떻게 생각했겠느냐"며 당시의 악몽을 떠올렸다. 결국 김 원장은 더 이상 진료를 하지 못하고 환자들을 돌려보냈다. 심평원 직원은 통상 6개월인 실사 기간을 3년으로 연장하겠다며 그동안의 관련 자료를 모두 내놓으라고 다그쳤고, 김 원장은 불합리하다며 거부하고 실사팀을 바꿔줄 것을 요청하는 민원을 냈다.

그러나 그 대가는 너무 컸다. 김 원장은 국민건강보험법 위반 혐의로 영업정지 1년, 면허정지 7개월, 벌금, 환수금 5배 부과 등의 조치를 받은 것은 물론 검찰에 기소까지 돼 법정에 서는 신세가 됐다. 충격으로 우울증에 시달리며 억울한 사연을 청와대, 인권위, 국민권익위 등에 제출했다. 그러나 모든 민원은 보건복지부(현 보건복지가족부) 민원실을 거쳐 자신의 조사를 맡았던 담당 사무관에게 전달됐다. 자신이 낸 민원 서류를 당사자인 공무원이 전화로 읽어 내려가자 김 원장은 경악할 수밖에 없었다.

다행히 서울지법 북부지원은 김 원장에 대해 "심평원 직원이 임의로 자료 제출을 요구한 부분과 관련 실사 기간을 3년으로 연장한 것을 거부한 피고인의 행위를 위법하다 볼 수 없다"고 무죄를 선고했다. 재판부는 특히 보건복지부 장관 명의의 문서 없이 심평원 직원이 3년간의 서류 제출을 요구한 것은 적법하다고 볼 수 없다고 밝혔다.

다산 선생과 보복 금지정책

18세기 조선 정조 시절, 황해도 곡산에서 농민반란이 일어났다. 이유는 군포대금을 200냥에서 900냥으로 올리는 등 관의 횡포가 심했기 때문이다. 이에 조정에서는 다산 정약용을 부사로 임명하면서 주동자를 처형하도록 명령했으나 부임길에 주동자를 만난 정약용은 주동자 이계심의 시위 사유 열 가지를 듣고 그를 무죄 방면했다. 나아가 다산은 그에게 "너는 관이 천금을 주고 사야 할 사람이다"고 하면서 "관이 현명해지지 못하는 까닭은 민이 제 몸을 꾀하는 재간을 부리고 관에게는 항의하지 않기 때문"이라는 명언을 남겼다.

모든 정부 규제는 민원 기업들이 불합리성을 지속적으로 제기하면 결국은 개선된다. 그러나 거듭 말하지만 그것이 쉬운 일은 아니다. 바로 민원 기업들에 대한 보복이 만연해 있기 때문이다. 그런 점에서 기업인들이 부담 없이 불합리한 규제에 민원 제기를 할 수 있는 시스템을 구축할 수 있느냐는 것은 중소기업 규제 개선의 핵심 과제이자 시작이라 할 수 있다.

실제로 정부에서는 기업 규제를 완화함으로써 100조 원에 달하는 규제 비용을 축소해 경제를 활성화하고자 노력하고 있으나 기업 규제를 신고하는 당사자인 기업은 규제신고로 직간접적인 피해를 입거나 번거로움 때문에 신고를 꺼린다. 따라서 기업이 민원을 제기했을 경우, 규제기관의 보복성 조치를 금지하는 제도를 확립함으로써 안심하고 문제를 제기하는 사회 분위기를 조성하기 위해 '중소기업 민원인 보호정책'을 제정할 필요가 있는 것이다.

미국이 규제 개선의 근간으로 '비보복정책'을 채택하고 있는 것은 바로 이러한 이유에서 비롯된 것이다. 기업호민관실에서도 2009년 7월 창설과 동시에 최우선적으로 추진한 과제가 바로 비보복정책이었다. 한국의 기업호민관에 대응되는 미국의 국가옴부즈만실 Office of the National Ombudsman : ONO은 비보복 Non Retaliation 정책을 "정부기관의 규제에 불만이나 이의를 제기한 기업에 대해 정부기관이 응징 punish 하는 행위를 못하도록 하는 정책"으로 정의한다.

"국가옴부즈만은 중소기업에 대해 연방기관 직원이 취한 규제집행행위에 관해 중소기업으로부터 의견을 접수할 방법을 수립해야 한다. 또한 접수된 의견은 적절한 방식으로 해당 연방기관의 감사실에 전달

되어야 하며, 민원인의 신원은 연방기관 직원의 신원보호와 마찬가지로 비밀이 유지되어야 한다."(미 중소기업법 제 30조(b)항 규제집행의 감독)

비보복정책 실천의 예로 미 국세청의 경우, 1997년 국세청법에 비보복에 대한 강력한 벌칙 조항을 신설했다. "세법이나 국세청 매뉴얼 또는 정책을 위반해 납세자나 납세자 대표 또는 국세청 내 다른 직원들에 대해 보복이나 괴롭힘은 면직될 수 있는 행위로 본다"는 것이다. 2007년에는 보복에 대한 무관용$^{Zero\ Tolerance}$ 정책을 천명했다.

미 국토방위청의 경우 2004년 3월 18일 〈연방관보〉 고시문에 다음과 같이 법을 고시했다.

"우리 기관의 정책이나 조치에 관해 질문이나 불만을 제기할 경우 또는 우리 기관의 정책이나 조치와 관련해 외부의 도움을 구하려 할 경우, 우리 기관은 어떠한 형식으로라도 보복하지 않을 것입니다. 우리 기관은 귀하가 우리 기관의 정책이나 조치에 대해 의견, 질문 또는 불만을 제기하고자 할 때 우리가 보복하거나 나중에 질문이나 불만을 방해할 것이라는 염려 없이 이를 제기할 수 있기를 원합니다. 만일 귀하가 우리 기관이 이 약속을 어겼다고 생각할 경우, 우리는 이를 조사해 적절한 조치를 취할 것이며, 그러한 잘못이 반복되지 않도록 할 것입니다. 귀하는 우리 기관의 정책이나 조치에 대해 귀하 지역에 있는 우리 기관의 사무소에 의견 제시, 문의 또는 불만을 제기할 수 있으며, 또한 국가옴부즈만실에 연락할 수 있습니다."

아래 표는 2008년 미국에서 비보복정책을 채택한 기관의 평가표다.

기관명	평가 등급
농무부(AGRICULTURE)	C
산림청(Forest Service)	F
식품안전검사국(Food Safety & Inspection Service)	A
상무부(COMMERCE)	A
산업보안국(Bureau of Industry & Security)	A
해양대기청(National Oceanic & Atmospheric Administration)	A
국방부(DEFENSE)	자료 미제출
교육부(EDUCATION)	A
에너지(ENERGY)	AA
보건복지(HEALTH & HUMAN SERVICES)	A
식품의약청(Food & Drug Administration)	A
건강보험센터(Centers for Medicare & Medicaid Services)	A
국토안보부(HOMELAND SECURITY)	A

험난했던 비보복정책 도입

2009년 7월 23일 기업호민관실은 출범과 함께 5대 중점 실천 과제를 설정했다. 앞서 언급했듯 비보복정책, 대·중소기업 공정거래, 기업가정신 활성화, 기술 규제 개혁, 소상공인 대책이었다. 그중 최우선 과제로 비보복정책을 설정한 이유는 위에서 설명한 바와 같다. 비보복정책 수립을 위해 우선적으로 연구 과제를 수행해 2010년 5월 31일 연구 보고를 완료했다. 그 과정에서 조사된 160개 중소기업의 설문 결과는 그림과 같이 나타났다. 대부분의 응답 기업들이 민원 제기의 효과를 의문시하고 보복을 두려워했고, 86.8%라는 압도적 다수가 비보복정책의 채택을 지지했다.

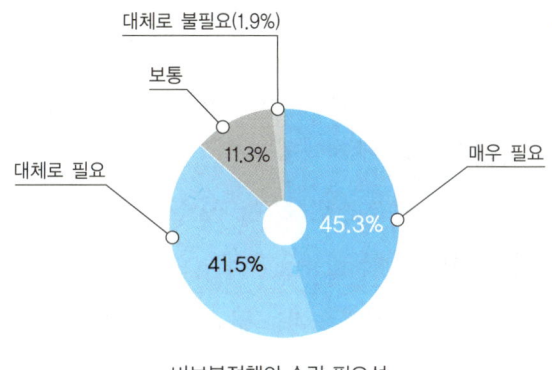

비보복정책의 수립 필요성

그러나 비보복정책의 도입에는 어려움이 많았다. 정부 관료들의 반응부터 냉소적이었다. 주무기관인 총리실은 "비보복정책을 채택하면 지금까지 보복이 있었다는 것을 인정하게 된다"는 이유로 반대했다. 그러나 호민관실에서 사례를 조사하고 나서자 뜨거운 반응이 나타났다. 수백 건에 달하는 중소기업인들의 호소가 이어졌다. 언론에서도 이 문제에 조금씩 관심을 갖기 시작했다. 결국 총리실은 6월에 비보복정책을 전폭 수용해 부처에 총리 지침으로 하달하겠다는 결단을 내렸다. 7월에는 대한민국 정부 부처 중 처음으로 식품의약품안전청이 내규로서 비보복정책을 채택됐다.

한국은 관 주도의 압축성장으로 한강의 기적을 이룩했다. 그 결과 선진국에 비해 상대적으로 정부기관과 민간기업 사이에 갑을관계가 강화되어 소통의 문제가 심각해졌다. 과거의 수출주도 제조업에서의 효율적인 갑을 문화는 이제 서비스 경제에서의 창조적인 수평 문화로 전환되어야 한다. 그래야 지속 가능한 성장이 가능하다. 중진국 진입 방정식과 선진국 진입 방정식은 절대로 같지 않다는 것은 역사가 증명한다. 지난 100년간 중진국에 도달한 국가는 많았으나 선진국에 진입한 국가는 일본과 아일랜드 2개국에 불과했다.

정부규제 중심에서 이제는 민간 자율 중심으로 경제구조 전환이 이루어져야 한다. 규제로 인한 비용은 미국의 경우 GDP의 9% 수준임을 감안할 때 한국은 적어도 100조 원은 될 것이라 추산된다. 규제 선진화를 통해 10%인 10조 원만 줄여도 한국경제의 새로운 활력이 될 수 있다. 이제는 지원보다 규제 개선이 더 중요한 산업정책이다.

비보복정책은 이러한 전환의 시작점으로서 커다란 의미가 있다. 보복이 존재하는 한 규제에 대한 어떤 조치도 효력을 잃는다. 비보복정책은 이제 막 물꼬를 트기 시작했으나 운영이 부실하면 아무리 좋은 정책도 효과가 없다. 관련되는 모든 부처가 협조해야 한다. 그래야 중소기업들이 마음 놓고 이야기할 수 있는 세상이 온다.

대·중소기업 공정거래

중소기업 울리는 대기업의 횡포

대기업의 성장이 곧 국가경제 발전으로 인식되던 때가 있었다. 수많은 중소기업은 대기업을 위해 그저 '소'처럼 일했다. 정부, 언론도 그래야 한다고 강변했다. 그러나 현실은 달랐다. 경제가 발전했고 많은 대기업이 세계적인 기업으로 성장했지만 이들을 위해 희생한 중소기업의 사정은 나아지지 않았다. 불공정거래, 대기업의 보복 등으로 중소기업은 점점 병들어 갔다.

충북 지역에 위치한 통신기기 제조 벤처기업인 A사는 창업 후 대기업 납품 등을 통해 고속으로 성장했다. 무엇보다 뛰어난 기술력이 돋보였다. 그러나 A사는 2006년 생각지도 못한 경영위기에 봉착했다. 납품을 받던 대기업이 문서가 아닌 구두로 한 납품계약을 갑자기 취소하는 바람에 큰 손실을 입은 것이다. 이 대기업은 계약을 성사시킬 듯하다가 돌연 납품을 취소했다. 그것도 일방적인 전화통보였다. 구두계약이었기에 A사는 대기업의 귀책사유를 입증하지도 못한 채 발만 동동 굴렀다.

건설업계에서 제법 이름이 알려진, 유비쿼터스시티 건설의 기획안도 만들어냈을 만큼 시공 능력을 인정받은 한 건설업체 대표는 "이런 일이 비일비재하다. 대부분의 대기업은 거래 조건을 상의할 때 주로 전화로 한다. 이메일조차 주지 않는 경우가 태반이다. 그런 상황에서 서면계약을 요구한다는 것은 '언감생심'이다"라고 말했다.

경기도 소재 B기업 역시 불공정거래의 피해자다. 이 회사는 '특허 공유'를 전제로 대기업과 거래를 시작했고 첫 3년간 승승장구했다. 하지만 대기업이 거래시작 조건으로 공유했던 특허로 B사라는 경쟁사를 육성해 경쟁시킨 후, 특허를 슬그머니 B사의 경쟁사에 공유시킨 뒤 수익률이 급격히 떨어졌다. 국제기준으로 보면 명백한 불공정거래였지만 B사는 변변한 항의 한 번 못한 채 속앓이만 했다.

같은 고통을 겪은 서울 구로구의 한 소프트웨어업체 사장은 "중소 소프트웨어 업체들이 겪는 대표적인 사례다. 이런 과정이 반복되다 보면 단가는 계속 떨어져 결국 수익의 대부분은 대기업에게 돌아간다"고 분통을 터뜨렸다.

환율과 국제유가가 하락할 경우 대기업은 당연한 듯이 중소 협력회사에 납품단가 인하를 요구해 관철시킨다. 그러나 환율이 올라간다고 단가를 올려주는 경우는 거의 없다. 기업호민관실에 접수된 충북의 중견 반도체 소재업체 D사의 경우를 보면, 환율 변동으로 인해 단가 인상 요인이 발생했지만 오히려 대기업은 단가 인하 요구를 했다. 조사를 해보니, 우선 대기업은 D사의 원가계산서를 입수해 경영 상황을 훤히 알고 있었고 이 기업이 개발한 특허기술을 다른 중소기업에 공유시켜 D

사의 경쟁업체로 키웠다. 발주와 취소는 항상 '말'로 이뤄져 기록도 없었다. D사가 거래 중단을 각오하고 공정거래위원회에 제소했지만 증거가 불충분하다는 이유로 기각됐다. D사에게 '대기업과 중소기업 간 자율조정' 이야기는 그저 '그림의 떡'이었던 것이다.

대기업의 불공정거래 사례는 이외에도 많다. 사례를 들추다 보면 그야말로 '불공정 백화점'이란 생각이 절로 들 정도다. 대기업들은 외국 유명 기업 앞에서는 감히 입도 열지 못하는 부당거래 조건을 힘없는 중소기업에 버젓이 요구한다. 이런 불공정거래는 비단 대기업과 제조 중소·벤처기업 사이의 문제만은 아니다. 종합 건설업체와 전문 건설업체, 이동통신회사와 게임 개발업체, 방송사와 드라마 제작사, 대형 시스템통합[SI] 업체와 SW개발업체, 케이블 방송사와 콘텐츠 공급사 등에 광범위하게 퍼져 있다.

대·중소기업 양극화

세계적인 석학 기 소르망 교수는 "한국의 산업화와 민주화 역사는 인류의 문화유산이다"며 한국의 경제 발전을 높이 평가했다. 삼성, 현대, LG, SK와 같은 대기업들은 이런 평가를 받는 데 결정적인 역할을 했다. 그러나 뜯어보면 대기업의 성장을 위해 우리나라는 그만한 대가를 치렀다. 특히 언제나 '을'의 위치에 있었으며 대기업을 위해 '소'처럼 일해 온 중소기업들의 피땀이 있었다.

대기업이라는 형님 집이 잘되면 동생인 중소기업에도 빛이 들 거라는 믿음도 있었다. 역대 정부도 열심히 이를 지원했다. 그 결과 한국이 낳은 자랑스러운 기업 삼성전자는 연간 20조 원 이익이라는 전대미문의 실적을 내기도 했다. 그러나 생각처럼 중소기업의 사정은 좋아지지 않았다. 오히려 시간이 갈수록 힘들어졌고 이제는 폭발 일보직전의 상황에 놓여 있다. 왜 이런 현상이 생긴 것일까.

기업의 이익률 변화 추이(단위 : %)

구분	2006년	2007년	2008년	2009년	2010년 1/4
삼성전자	13.42	11.75	7.57	6.92	12.78
삼성부품업체	5.42	4.93	1.93	3.12	3.0
현대차	5.58	5.49	4.5	9.3	11.39
현대차부품업체	3.11	3.0	1.24	2.73	0.16

표에 따르면, 지난 몇 년간 삼성전자 등 대기업의 이익률이 10%대로 증가한 반면 중소기업의 이익률은 오히려 3% 이하로 감소했다. 그야말로 충격이 아닐 수 없다. 물론 대기업 이익의 상당 부분은 뛰어난 자체 역량의 결과다. 하지만 중소기업과의 사이에서 벌어지는 불평등한 협상의 결과도 큰 이유가 됐음은 분명하다. 어려울 때는 동반자라는 명목으로 단가를 깎고, 환경이 좋아지면 내부역량이라며 보너스 잔치를 하고, 엄청난 이익을 내고도 납품기업의 단가를 회복시켜주지 않는 대기업의 일방적 수탈구조가 만들어낸 결과다.

그러나 문제는 이러한 불평등 구조가 언젠가는 부메랑이 되어 대기업에 돌아온다는 점이다. 지나친 단가 인하는 제품의 품질을 저하시키고, 중소기업의 혁신을 가로막는다. 전 세계를 충격에 빠뜨린 도요타 사태가 단적인 예다. 한국의 대기업들이 반도체와 LCD, 조선, 자동차 분야에서 거둔 눈부신 성과 이면에는 모두 이들 기업과 거래하는 중소·벤처기업들의 희생이 있었다.

물론 앞서 언급한 것처럼 대기업과 중소기업의 수익률 차이가 모두 경쟁력의 차이로 인한 것이라면 얘기는 달라질 수 있다. 예를 들어 삼성전자가 납품업체인 중소·벤처기업보다 5배가량 혁신역량을 가지고 있다면 말이다. 그러나 어떤 학자도, 심지어 삼성전자 측도 이런 주장을 하지는 못할 것이다. 당장 우리나라가 세계시장을 선도하고 있는 LCD 관련 산업만 봐도 그렇다. 삼성과 LG가 최종 제품을 생산해 세계시장을 석권하고 있는 이면에는 교세라, 3M, 코닝 등과 대등한 기술을 가지고 있으면서도 그들보다 훨씬 낮은 가격에 제품을 공급하는 수많은 국내 중소·벤처기업들의 공로가 크다는 것은 두 말할 필요가 없다.

이들 중소기업들은 IT 강국 대한민국의 근간이 되어왔다. 이런 사실들을 볼 때, 대기업과 중소기업 간에 벌어지는 불공정한 구조를 내버려 둔 채 중소·벤처기업을 지원한다는 발상은 그야말로 '썩은 웅덩이를 두고 모기를 잡는 것'과 같다. 중소기업 지원정책보다 공정거래의 기틀을 세우는 것이 우리 경제를 위해 더 중요하다고 기업호민관실이 판단했던 이유가 바로 여기에 있다.

공정거래 확립을 위한 대안

대·중소기업 간 불공정거래는 기업 간의 문제로만 끝나지 않는다. 우리나라가 1인당 국민소득 2만 달러 이상의 선진국 진입으로 가는 데 가장 큰 걸림돌이 되고 있다는 게 나의 판단이다. 일단 불공정거래는 사회양극화의 근본 원인이 되어 사회통합을 저해한다. 대·중소기업의 부가가치 분배의 격차는 사회자원의 균형 배분을 저해한다. 대기업의 임금은 이제 지방 중소기업의 거의 2배에 달한다. 이러한 현실에서 청년들에게 중소기업에 취업하라고 장려하는 것은 공허할 뿐이다.

대·중소기업 문제는 청년 일자리 미스매치의 원인이 되고 있다. 이런 현상은 사회적으로는 결혼이 늦어지는 것, 출산율이 저하되는 것 등의 결과를 가져오는 원인도 된다. 결론적으로 왜곡된 대·중소기업 관계는 국가의 성장과 분배 전체를 왜곡해 선진국 진입을 가로막는 근본적인 원인인 것이다.

이러한 논리에 수긍하지 못하는 많은 사람은 종종 이런 질문을 던진다. "중소기업들이 공정거래위원회 등 국가기관에 대기업의 불공정행위를 제소하고 공정위가 신속하게 불공정 행위를 징계하면 되는 것 아니냐"고 말이다. 그러나 이는 정말 순진한 발상일 뿐이다. 힘없는 중소기업들이 대기업을 제소하는 것은 '회사 문을 닫는다'는 각오를 하지 않고는 못할 일이다. 바로 '대기업의 보복' 때문이다. 물론 하도급법(19조)은 "원사업자가 이 법을 위반했음을 관계 기관 등에 신고한 행위에 대해 보복할 경우 형사처벌을 한다"고 규정하고 있다.

그러나 현실은 그렇지 않다. 일단 형사처벌을 받은 사례가 거의 없고, 있다 해도 그것은 또 다른 보복의 이유가 된다. 법보다 주먹이 가깝듯이 중소기업에게 보복은 언제나 목을 죄는 현실로 다가온다. 기업호민관실이 무기명 신고제, 신고 대행제, 입증책임 전환제도 등을 주장해 온 이유가 바로 여기에 있다.

이런 사정을 아는지 모르는지 공정위에서는 "중소기업들이 신고를 하지 않는 것을 어떻게 하느냐"고 강변한다. 신고만 한다면 엄정 대처하겠다고 말한다. 정말 답답한 노릇이 아닐 수 없다.

불공정한 단가 인하

중소기업들이 겪는 애로 사항 중 가장 큰 것은 역시 '불공정한 단가 인하'다. 단가 협상 때 대기업은 영업 비밀에 해당하는 원가계산서를 중소기업에 공공연히 요구함으로써 협상에서 유리한 위치를 차지한다. '을'의 위치에 있는 중소기업은 울며 겨자 먹기로 원가를 공개한다. 이런 과정을 거치다 보면 대기업이 정해주는 가격이 곧 적정가격이 된다. 중소기업에게 영업 비밀이란 있을 수 없다. 그렇다면 이러한 문제를 해결하기 위해 우리가 준비해야 할 공정한 거래를 위한 장치에는 어떤 것이 있을까.

먼저 대기업이 공정위에 신고한 후에만 중소기업에 원가계산서를 요구할 수 있도록 하는 일종의 등록제도의 도입이 절실하다. 또 원가 확인을 한다는 이유로, 경영지도라는 명목으로 수시로 이뤄지는 중소기업에 대한 대기업의 현장 감사도 제한돼야 마땅하다. 중소기업이 어렵게 개발한 특허 공유를 요구하는 관행도 사라져야 한다. 대·중소기업이 협상할 때 비밀유지약정을 의무화하는 것도 필요하다.

글로벌 표준에 맞는 구매 관행도 준비해야 한다. 우리나라의 대기업들도 이제는 애플, 시스코 같은 글로벌기업처럼 6개월 전에 중소기업에 물량 예측치를 제공하고 최소 3개월 전에는 구매요구서를 제공하도록 하는 관행을 만들어나가야 한다. 장기적 관점에서는 이러한 글로벌 표준이 성장의 새로운 역량이 된다는 점을 깨달아야 한다. 구두 발주, 구두 취소 같은 불공정거래에 대해서는 징벌적 배상제 등 강력한 대안을 마련할 필요가 있다.

호민인덱스

기업호민관실은 2010년 7월 출범한 이후 대·중소기업 불공정거래 사례를 수집해왔다. 그리고 '대·중소기업 선순환생태계 연구' 결과를 발표했다. 국무총리실, 언론 등이 호민관실의 연구에 관심을 보였고 문제 해결에 동참했다.

대·중소기업 선순환생태계는 크게 공정거래 부분과 상생 부분으로 나눌 수 있다. 이 중 합법적인 영역인 공정거래 문제는 공정위의 몫이다. 그러나 이보다 더 큰 문제는 '합리적인가, 아닌가?'의 기준이 되는 거래의 글로벌 스탠더드를 세우는 일이다. 이를 위해 기업호민관실은 '호민인덱스'라는 평가지표를 개발했다.

한국에서는 대기업이 협력업체에 구매 물량에 대한 장기 예측치를 제공하지 않는 것이 대단한 관행처럼 되어 있다. 따라서 납품 중소기업은 설비 증설 판단을 하기가 아주 어렵다. 대부분의 대기업은 구매요구서를 빨라야 한 달 전에 중소기업에 제공한다. 그렇게라도 하면 그나마 다행이다. 통상적으로 납품을 위한 원자재 수급에는 두 달 정도가 걸린다. 중소기업은 사전에 눈치껏 원자재를 발주하지 않으면 납품 지연으로 대기업에 보상금을 물어야 하는 상황에 맞닥뜨린다. 중소기업이 기술개발에 전념하지 못하는 이유도 여기에 있다. 이런 문제를 해결하자는 것이다.

안타깝게도 현재의 우리나라 대기업들은 상당히 합법적이지만 동시에 상당히 비합리적인 방법으로 운영된다. '비합리'가 공정위의 벌과금 부과 대상이 될 수 없다 보니 문제는 좀처럼 해결되지 않고 있다. 그러나 합법적인 차원을 넘어 합리적인 거래가 이뤄질 때 대·중소기업 간 거래, 나아가 우리 경제는 세계적인 수준으로 올라설 수 있다. 언론들이 앞다퉈 대학평가지수를 공개한 이후 한국 대학 수준이 급속히 상승된 것을 생각하면 이해가 쉽다.

그런 점에서 기업호민관실이 마련한 호민인덱스는 앞으로 기업의 사회적 책임^{CSR}을 중요하게 다루는 기준표가 될 것으로 기대한다. 대기업의 중소기업에 대한 보복 금지와 기업 비밀 보호, 기업 내부 평가시스템 등이 수치로 평가될 것이며 환율이나 원자재가격 변동을 납품단가에 반영하고 적정한 유지·보수 계약을 체결하도록 하는가 등의 항목도 중요하게 분석될 예정이다. 그동안 편안하게 시장을 요리해 온 대기업으로서는 그리 기분 좋은 소식은 아닐 것이다.

일각에선 이런 주장도 내놓는다. "대기업과 1차 협력업체는 문제가 없는데 2, 3차 협력업체의 문제가 심각하다"는 것이다. 이들은 "대기업은 현금이나 60일 이내 어음으로 신속하게 대금을 지급하지만 2, 3차 협력업체는 이러한 혜택을 받지 못한다"고 주장한다. 그러나 대금 지급은 호민관실의 조사에 따르면 불공정거래에서 차지하는 심각도가 부당 원가 인하, 부당 거래조건, 기술탈취에 이어 네 번째에 지나지 않는다. 실제 조사를 해보면 그렇지 않다는 것은 금방 알 수 있다. 특히 경쟁업체 간 원가계산서 비교, 원가를 확인하는 부당한 현장 실사 등 다양한 불공정행위는 2, 3차 협력업체가 아니라 대·중소기업 간의 거래에서 특히 심각하다.

부당 거래조건은 더욱 심하다. 제조업에서 건설, 유통에 이르기까지 대기업의 우월적 지위를 남용한 부당 거래는 설계에서부터 납품, 애프터서비스에까지 광범위하게 이루어지고 있다. 특히 기술탈취는 누가 뭐래도 대·중소기업 간의 문제다. 대기업과의 거래에서 특허를 공유해야 한다는 것은 하도급법상 엄연한 불법임에도 중소기업인들에게는 당연한 상식이다. 사업 제안 후 아이디어탈취 사례는 대기업의 대표적인 문제다.

일본보다 강한 우리 중소기업

대한민국 역사상 최초의 대·중소기업 불공정거래 문제 부각에 따른 중소기업인들의 기대가 커지고 있다. 한국의 선진국 진입을 위한 공정사회 구현의 첫걸음이 바로 대·중소기업 간 공정거래 정착에 있다고 해도 과언이 아니다. 공정거래는 혁신경제 구조 정착, 사회 양극화 해소, 청년 일자리 미스매치 등의 현안 문제 해결의 열쇠인 것이다.

참여정부에서도 대·중소기업 상생을 적극 추진했다. 그러나 2004년 참여정부가 추진한 대·중소기업 상생은 문제의 본질인 공정거래보다 대기업의 시혜적인 지원에 초점이 맞춰져 대기업에 오히려 '면죄부'를 준 측면이 있다. 핵심 문제는 상생 이전에 공정거래의 확립이다.

대만은 대기업이 부족하고, 일본은 중소기업 혁신이 약하다. 이런 상황에서 우리나라가 대기업의 글로벌시장 개척력과 중소 벤처의 혁신 역량의 선순환구조를 만들어낼 수 있다면 그 어떤 나라보다 강력한 경쟁력을 구축할 수 있다. 대기업을 위해서라도 '공정거래 문화'의 정착은 필요하다.

동반성장

중소기업 문제, 중소기업 안에 있다

역대 정부 중 '중소기업 살리기'를 주창하지 않은 정부는 하나도 없다. 모든 정치인은 여야를 막론하고 중소기업이 중요하다고 주장한다. 대한민국의 자랑스러운 대기업 집단의 총수들의 첫 번째 화두는 대·중소기업 상생이다. 대한민국 중소기업 지원정책은 그 다양성에서 가히 세계 최고다.

소위 대한민국을 이끄는 집단의 강력한 의지에 비해 그 결과는 어떠한가? 중소기업과 대기업의 격차 확대는 사회통합의 핵심 문제로 대두하고 있다. 중소기업의 국가 GDP 기여 비중이 선진국 기준인 50% 문턱에서 매년 감소하고 있다. 청년들은 실업자가 되는 한이 있더라도 중소기업 취업을 꺼리고 있다. 그렇다면 대한민국이 온 힘을 다해 노력을 하는데도 실패하는 중소기업 문제의 본질은 과연 어디에 있는가? 중소기업의 애로를 다루는 기업호민관을 1년여 역임하면서 느낀 미스터리다.

미스터리인 중소기업 문제의 핵심은 사실 중소기업인들 스스로에게 있다. 중소기업 생태계 형성에 참여하는 사람들의 지속 가능한 동기부여에 실패하고 있다. 중소기업의 협상력 강화를 위한 단결된 결집력이 부족하다. 정부와 대기업이 마련해주는 시혜적 지원에만 의지해서는 전시적인 일과성 정책으로 흐르게 된다.

정부 부문부터 살펴보자. 대기업의 이익을 위해 노력을 하면, 대기업은 기억한다. 주요 부처의 고위 공무원들이 퇴임 후를 생각해 대기업에 정면으로 맞서는 역할을 꺼리는 이유다. 반면 중소기업을 위한 노력을 아무리 하더라도 퇴임 이후를 중소기업계는 보장하지 못한다. 명예를 먹고사는 공무원들에게 격려는 소중한 동기부여다. 그러나 중소기업인들이 불만은 늘어놓으나, 격려의 편지에는 극히 인색하다. 정책 담당자들이 중소기업을 위한 진정한 노력을 지속하게 만드는 효과적인 동기부여에 실패하고 있는 것이다.

이제 기업인들은 중소기업을 위한 활동을 하고 있는 공무원들에게 적극적인 지지를 행동으로 표명해야 한다. 참여만이 현재의 중소기업 문제를 해결하는 유일한 수단이다. 이들의 의견을 모을 수 있는 개방과 참여의 공간이 필요하다.

그렇다면 언론은 어떠한가? 언론은 아무리 사회적인 공공역할이 있다 해도 광고 수입에 기반을 두고 있는 기업임을 망각해서는 안 된다. 주요 언론광고는 대기업이 좌지우지하고 있다. 이러한 상황에서 대기업에 확실한 쓴소리를 할 수 있는 언론을 기대하는 것은 한계가 있다. 2010년 7월부터 9월까지의 언론들의 대·중소기업 문제 제기는 대한민국 언론 역사상 획기적이고 예외적인 사건이라고 보아야 한다. 중소기업들도 언론광고에 동참하자. 단독이 어려우면 연합광고도 가능하지 않은가. 단, 언론도 특정 언론에 광고하는 중소기업을 내버려두자. 중소기업 기사 게재에 적극적인 감사와 비판 의견 개진에 많은 중소기업이 참여한다면 언론의 협조가 진일보할 것이다.

이제 대기업과의 관계를 보자. 대기업을 통하지 않고 단독으로 세계시장을 개척하는 것은 대단히 바람직하나 성공 확률이 극히 낮은 전략이다. 가장 바람직한 국가전략은 대기업이 세계시장을 개척하고, 중소기업이 혁신기술을 공급하는 동반성장의 선순환생태계이다. 공정거래는 대기업의 지속 가능한 혁신을 보장하는 유일한 선택인 것이다. 공정거래는 협상력의 균형이 있어야 한다. 결국 중소기업의 단결이 대안이다. 나만 살면 된다는 중소기업인의 이기심을 대기업이 최대한 활용한 것이 현재의 불공정 갑을 문화다.

누구도 감히 나서서 문제를 제기하지 못한다. 제기하더라도 보도되지 않는다. 보도되더라도 정부에서 수용이 되지 않는다. 수용이 되지 않아도 중소기업인들이 단결해 항의하지 않는다. 이것이 현실이다. 결국 중소기업의 문제는 중소기업인들이 스스로 문제를 해결하겠다는 의지와 단결력의 부족에서 기인하고 있다. 중소기업인들이 초래한 문제라고 보아야 하지 않는가!

상생이 동반성장의 걸림돌인가?

역사는 대부분의 2만 달러 중진국 진입 국가들이 결국 4만 달러 선진국 진입에 실패하고 있다는 사실을 보여준다. 양극화 해소와 공정사회의 원칙을 바로 잡지 못하고 과거의 성장 방식에 집착한다면 우리도 선진국 진입에 실패할 것이라는 교훈이다. 이러한 각도에서 기업호민관으로서 공정거래 구축을 통한 동반성장의 화두를 제시한 것에 보람을 느낀다. 그 이후 동반성장의 추진 과정을 지켜보며 느낀 점을 제시한다.

지금 이익공유제 등 시장경제의 원칙에 대한 논란이 뜨겁다. 개인적으로 존경하는 정운찬 위원장님의 양극화 해소를 위한 충정은 존중하나, 자칫하면 이로 인해 동반성장 논의가 핵심을 벗어날까 우려된다. 잘하려고 하는 일이 오히려 전체의 목표를 그르치는 경우를 역사에서 많이 보아오지 않았는가.

동반성장은 시장경제의 대원칙 아래에서 추진되어야 한다. 억지로 대기업의 이익을 중소기업에 넘겨주라는 의미로 오해를 불러 일으켜서는 안 된다. 동반성장에는 두 마리 토끼가 있다. 한 마리는 공정거래라는 반드시 지켜야 하는 필수과목이고, 또 한 마리는 상생이라는 대기업 자율에 맡기는 선택과목이다. 두 마리 토끼를 동시에 잡을 수 있다면 가장 바람직하나, 상생으로 인해 공정거래 추진이 위축되어서는 동반성장의 근간이 흔들릴 것이다.

시장경제는 시장에서의 가격을 포함한 협상력의 균형을 전제로 한다. 그래서 협상력의 불균형을 초래하는 카르텔을 엄격히 규제하는 것이다. 그러나 실제로 대·중소기업 간의 협상력은 원천적으로 균형을 이룰 수 없기에 공정거래법이 균형추를 맞추어준다. 한국의 대·중소기업 간 문제의 핵심은 가장 기본적인 시장경제 원칙인 공정거래가 제대로 이행되지 않고 있다는 것이다. 예를 들어 중소기업이 불공정거래에 문제 제기를 이유로 대기업이 보복을 할 경우 법에서는 양벌제로 엄격히 규제하도록 되어 있으나, 보복의 입증책임이 약자인 중소기업에 있는 현행 제도에서 실질적인 처벌을 받은 사례는 거의 없다. 당연히 대기업은 부담 없이 문제를 제기한 중소기업을 응징하게 되고 그 결과 시장경제의 원칙이 훼손되는 것이 한국의 현실이다.

단지 '보복 금지의 원칙' 하나만 중소기업 중심으로 집행되면 궁극적으로 많은 불공정거래 문제는 해결되어 갈 것이다. 참고로 한국에서와 같은 형태의 보복으로 인해 미국에 진출한 대기업의 임원이 엄중한 실형을 받은 사례를 상기했으면 한다. 공정거래는 협상력의 균형, 정보력의 균형에 바탕을 둔다. 원가계산서와 같은 영업비밀, 특허와 같은 기업 핵심기술에 대한 요구는 이러한 균형을 파괴하는 반시장적 행위다. 기업호민관실에는 너무나 많은 반시장적 불공정 사례가 접수되었다. 제조업에서 유통, 문화, 건설, 소프트웨어에 이르기까지 전 분야를 망라한다. 이러한 반시장적 행위를 바로잡는 데 동반성장의 우선 목표가 설정되어야 한다.

그럼에도 작금의 동반성장 논의는 과정의 공정성보다는 대기업의 시혜적인 행위를 통한 결과적 양극화 해소 논의로 비쳐지고 있음은 안타까운 일이다. 결과의 평등 추구는 자칫 반시장적으로 보일 수 있다. 불공정거래로 얻은 이익의 일부를 상생이라는 명목으로 베푸는 것이 대한민국이 이룩해야 할 동반성장의 참된 모습은 아닐 것이다.

상생은 대기업의 자율적 판단이다. 단지 상생을 추구하는 세계적 기업들의 성과가 좋다는 연구 결과를 참고하자. 이를 강제로 시행해 중소기업을 도와주려는 순간, 논의의 초점은 필수과목인 공정거래를 덮어버린다. 2004년 참여정부 시절에도 그러했다. 그랬기에 호민인덱스에서는 차라리 상생협력 평가는 제외한 것이었다. 상생이 주제가 되는 순간 대기업의 베풂에 동반성장 전체가 매달리는 꼴이 된다. 이익 공유를 포함한 지나친 상생 논의가 시장경제의 대원칙인 공정거래 확립에 오히려 걸림돌이 될 수 있음을 우려하게 된다.

이민화 벤처 에세이

대기업과 벤처의 결합, 개방 플랫폼

한국에는 두 가지 소중한 자산이 있다. 하나는 세계적 사업역량을 갖춘 대기업이요, 다른 하나는 세계적 수준의 벤처생태계라 할 수 있다. 지식경제 시대의 경쟁력은 과거의 생산원가와는 달리, 개발비를 판매수량으로 나눈 지식원가에 기초한다. 예를 들어 5억 달러를 투입한 〈아바타〉를 5억 명이 본다면 원가는 1달러에 지나지 않는다.

연구개발의 효율성은 중요하나 시장역량이 뒷받침되지 않으면 궁극적 경쟁력은 한계가 있다. 시장 역시 매우 소중한 자산인 것이다. 그래서 지식경제 경쟁력의 두 축인 시장역량과 혁신역량을 극대화하는 것이 대한민국의 선진국 진입전략이라고 정의한다. 그러나 삼성, 현대 등 대기업 단독으로 두 가지 역량을 모두 만족시킬 수 없다는 것이 지식경제 패러독스다. 기업의 규모에 비례해 혁신성이 저하된다는 것은 이미 이론의 여지가 없는 현상이다.

다행스러운 것은 한국은 세계적인 대기업들을 보유하고 있다는 점이다. 전후 폐허에서 출발해 단기간에 전 세계적 경쟁력을 갖춘 삼성, 현대, LG 등의 대기업은 분명 대한민국의 자랑이다. 또 하나의 행운은 세계적 수준의 혁신역량을 갖춘 벤처기업들이 다수 등장해 이미 1천억 매출이 넘는 벤처가 2008년 기준으로 200개를 돌파하고 연간 20%의 성장을 지속하고 있다는 것이다. 한국의 벤처생태계는 짧은 기간의 압축 성장을 통해 2000년의 시련을 거치면서 질풍노도와 같이 성장했다. 현재 대한민국이 자랑하는 휴대폰, 디스플레이산업은 대기업이 선도에 서 있으나 그 이면에는 수많은 벤처의 부품, 장비의 경쟁력이 뒷받침하고 있다. 대기업이 산업을 이끌고, 시장을 개척하면 주요 부품 장비들을 미국·일본 업체에 비해 낮은 가격에 개발 공급하는 벤처들이 뒷받침한 것이 한국의 주요 산업경쟁력의 본질이다.

전 세계에 걸쳐 한국과 같이 대기업의 시장역량과 벤처의 혁신역량이 모두 갖추어져 있는 국가가 많지 않은 것은 아마도 한국의 행운이 아닌가 한다. 이제는 두 가지 소중한 자산을 더욱 결합시켜 4만 달러 선진국가로 도약하는 새로운 성장역량을 구축할 때가 되었다.

개별적으로 시장역량과 혁신역량을 발전시키는 것은 각각 대기업과 중소벤처의 역할이다. 그런데 이 두 가지 역량을 결합하는 힘은 개별 기업이 아니라 복합 기업생태계에서 발현된다. 이러한 점에서 최근 한국의 화두가 된 애플의 아이폰이 시사하는 바가 매우 크다. 애플이 제공한 시장 플랫폼에 전 세계 수많은 개발자의 혁신 아이디어가 구현되어 10만 개가 넘는 응용프로그램들이 앱스토어에서 제공되고 있고, 이 결합력이 바로 애플 생태계의 경쟁력일 것이다. 애플뿐 아니라 구글, 닌텐도, 페이스북 등의 사례에서 이제는 단일 기업이 아니라 복합 기업생태계의 경쟁으로 게임의 룰이 바뀌고 있음을 확인할 수 있다.

한국은 지금까지 협력기업이라는 형태의 폐쇄된 생태계로 구성된 대·중소기업의 관계로 발전해 왔다. 그러나 제품을 넘어 서비스로 경쟁 구도가 변화하는 시점에서 이러한 협력관계는 새로운 변화를 모색할 때가 되었다. 닫힌 생태계에서는 시장의 한계가 있다. 다양한 소비자 니즈를 만족시키기 어렵다. 열린 복합생태계로의 이동은 이제 선택이 아니라 필수다. 개방 플랫폼을 통해 대기업의 시장역량과 벤처의 혁신 역량이 결합해 국가경쟁력을 배가시키며, 시장을 확대해 궁극적으로 대기업에도 더 큰 이익을 가져다준다. 무선 인터넷이 개방되면 모두에게 이익이 된다는 것은 아이폰이 보여주고 있다. 포털의 개방이 윈-윈이라는 것을 페이스북이 증명하고 있다.

일자리 창출의 측면에서도 플랫폼 개방은 결정적인 역할을 할 것이다. 수많은 1인 창조기업의 시장 진입이 수월해질 것이다. 유무선 통신 개방의 확대, 휴대폰의 개방, IPTV의 개방 등은 엄청난 일자리를 만들어낼 것이다. 자랑스러운 대기업과 소중한 벤처의 강점을 결합해 선진국 진입과 청년 일자리 창출의 두 마리 토끼를 잡는 대안이 바로 개방 플랫폼의 전략인 것이다.

기고문

9·29 동반성장 대책에 희망 건다
– 건강한 기업생태계가 선진 경쟁력

지난달 29일 역사적인 대·중소기업 동반성장 회의가 150여 명이 참석한 가운데 대통령 주재로 개최됐다. 이 자리에서 발표된 대·중소기업 동반성장 추진 대책은 결론부터 말하면 몇 가지 아쉬운 점은 있으나 대·중소기업 관계의 새로운 전환을 이룰 수 있는 희망적인 메시지를 담고 있다고 생각된다.

기업호민관실이 출범한 뒤 1년여 동안 수많은 중소기업이 대·중소기업 간 불공정거래에 대해 어려움을 호소했다. 이들의 문제를 정리해 7월초 호민관실이 문제를 제기했고, 언론 특히 〈한국일보〉에서 집중적인 보도를 해줬다. 이어 대책을 건의한 지 불과 3개월 만에 정책으로 발표한 정부 당국의 신속한 대응은 한국의 미래경쟁력을 보여주는 것이어서 주목된다.

대·중소기업의 건강한 생태계는 21세기 선진 한국의 근간이다. 마르코 이안시티 하버드 대학 교수의 말처럼 이미 세계는 개별 기업 간의 경쟁에서 기업생태계 간의 경쟁으로 전환하고 있다. 중소벤처의 혁신역량과 대기업의 글로벌 마케팅 역량이 효과적으로 결합된 국가가 지식·창조 경제의 강자가 된다. 대기업의 몫을 중소기업으로 이전하는 '제로

섬게임'이 아니라 중소벤처의 혁신역량을 북돋워야 대기업의 경쟁력도 더 커진다는 '플러스섬게임'인 것이다.

대·중소기업간 불공정거래는 크게 네 가지 과제로 집약된다.

첫째, 신고의 활성화다. 신고가 활발하고 공정한 당국의 판단이 뒷받침된다면 불공정거래는 사라질 것이다. 그러나 현실적으로 대부분의 중소기업들은 보복이 두려워 실명 신고를 못하고 있다. 이 때문에 9.29 대책에서 조합에 '단가조정 협의 신청권'을 부여한 것은 간접적인 신고의 활성화에 도움이 될 것으로 본다. '단가 인하 입증책임의 대기업으로의 전환', '패스트 트랙제도' 등도 신고의 유효성을 확대, 신고를 활성화시킨다는 점에서 긍정적인 대책으로 평가된다.

둘째, 정보의 비대칭으로 인한 협상력의 차이가 너무 크다. 대기업은 중소기업의 원가계산서 등 각종 정보를 갖고 단가 협상을 한다. 사실상 협상이 아니다. '원가계산서 등의 자료 요청 절차 강화'와 '일방적 실사 금지'는 정보의 비대칭을 축소, 중소기업의 협상력을 높이는 데 일조를 할 것으로 기대된다. '성과공유제'도 정보의 객관화에 도움이 될 것이다.

셋째, 핵심기술 등 중소벤처 협상력의 박탈이다. 중소벤처가 협상력을 가지려면 특허 등 차별화한 기술이 뒷받침되어야 한다. 독일의 강소기업은 한마디로 특허기업이다. 그동안 대기업과 거래하기 위해서는 특허를 내놓고 시작한 경우도 많았다. 설계도면도 당연히 제공됐다. '기술탈취의 사전 예시제'는 고도화한 기술탈취의 사례를 미리 예시해 사전에 기술 유용을 방지하는 데 기여할 것이다. 또 '기술 임치제의 확대', '비밀유지약정 도입' 등은 중소벤처의 지적재산 보호막이 될 수 있을 것이다. 특히 '기술탈취 배상책임 강화'는 대기업에 입증책임을 전환해 법원이 손해액을 인정할 수 있도록 한다는 점에서 기대가 크다.

넷째, 글로벌 스탠더드에 맞지 않는 불합리한 거래조건이다. 발주를 받아 납품을 하려면 제조업의 경우 통상 부품 수배에서 제작까지 3개월이 소요된다. 글로벌 스탠더드는 3개월 전 서면 발주다. 그동안 한국의 대기업은 한 달 내 혹은 구두 발주로 중소기업의 애로를 가중시켜왔다.

현장의 문제를 개선하려면 단가 위주의 구매부서 평가도 개선돼야 한다. '대기업 최고경영자^{CEO}의 의지, 발주 관행, 단가조정 원칙' 등을 〈동반성장 협약〉에 반영한다는 것은 효과적인 수단이 개발되면 한국의 공정거래 문화 개선에 촉진제가 될 것이다.

단체협상, 징벌적 배상제 등이 도입되지 못한 것은 아쉬운 점이다. 그러나 이번 대책과 지원센터 운영, 지속적인 동반성장위원회의 활동으로 불공정거래의 많은 부분이 개선될 수 있다는 희망을 걸어본다.

— 〈한국일보〉 2010. 10. 5

퇴임고별사

퇴임에 따른 고별사

나는 2009년 7월, 초대 기업호민관을 맡아 활동을 시작했으며 2010년 11월 17일에 사임했다. 약 1년 4개월의 기간 기업의 애로 사항을 처리하기 위해 많은 노력을 기울였으며 대략 1,200건에 달하는 규제 업무를 처리했다. 그동안의 성과와 정부에 바라는 제언 등을 퇴임사에 실었다.

기업호민관을 사임하며

상생과 공정사회를 추구하는 여러분께.

안녕하십니까, 이민화입니다.
지난 1년여간 신념을 가지고 보람을 느끼며 임한 기업호민관이라는 직함 대신 이민화로 인사드립니다. 기업호민관실은 중소기업의 사정이 악화일로여서 중소기업정책의 전환이 시급한 때에 설립되었습니다. 부족한 저에게 중요한 사명을 지닌 초대 호민관의 기회가 주어진 것을 영광으로 생각합니다.

지원과 보호에서 자율과 경쟁으로

제게 기업호민관 활동은 메디슨 창업, 벤처협회 설립에 못지않은 매우 소중한 시간이었습니다. 한국은 전환 시대의 패러다임에 직면하고 있습니다. 중진국 진입까지 요소경제에서 행해진 지원 위주의 중소기업정책은 더 이상 적절하지 않습니다. 선진국 진입을 위해서는 지원과 보호의 패러다임에서 경쟁과 자율의 패러다임으로 변화해야 합니다. 불합리한 규제 혁신은 상생과 공정사회를 위한 중소기업정책의 새로운 패러다임이라 생각해보았습니다.

개별 애로와 규제 패러다임-소진화와 대진화

기업호민관실은 설립 직후부터 규제혁신을 소진화와 대진화로 분류하고, 각각 3대 개방전략과 5대 중점 과제를 설정하여 업무를 진행했습니다. 소진화는 개별 기업의 애로를 접수하여 처리하는 규제 개선이고, 대진화는 개별 기업 차원을 넘어선 규제 패러다임을 바꾸는 규제 혁신으로 정의했습니다.

최소 규모 조직으로 연간 1,200건 처리 역량을 확보-소진화

'호민플랫폼'은 한국 최초의 규제처리 시스템으로 기업인을 위한 '규제 길라잡이'로 확대 진화하여 규제 처리의 효율성을 뒷받침합니다. '호민net'은 전문호민관, 지역호민관, 협력호민관으로 구성된 외부의 '열린 조직'으로 10여 명의 작은 조직인 기업호민관실에 큰 힘을 보태주었습니다. 무보수로 자원봉사를 해주신 분들께 감사의 말씀을 다시 전하고 싶습니다.

한편 규제학회, 중소기업학회 등과 긴밀한 제휴를 통해 학회의 역량을 호민관실의 내부 역량화하고 있습니다. '규제 SNS'는 트위터를 활용한 의견 수렴으로 소셜미디어 활용 1위로 선정되기도 했습니다. 14만 중소기업인들과 직접 소통하는 '호민 레터'는 매주 중점 규제 개선의 소식을 전하고 기업인들의 의견 수렴을 하는 창구 역할을 수행하였습니다. 비보복, 대중소기업 등의 정책 입안에 결정적인 자료의 원천이었습니다.

이제 호민관실은 개방의 철학으로 연간 1,200건을 넘어서는 규제 발굴, 처리 역량을 갖추게 되었으며, 조만간 세계 최고의 처리시스템을 구축할 것으로 기대하고 있습니다. 참고로 불과 6억원의 예산으로 금년에만 2조 원이 넘는 규제 개선 효과를 거두었다는 내부 평가를 하고 있습니다.

규제의 패러다임을 바꾸다, 대진화 과제들

규제의 패러다임을 바꾸는 규제 혁신인 대진화 과제들에서도 소기의 성과를 거두었습니다. 10년 묵은 규제인 공인인증서 강제 사용 규제를 해결하여 한국을 웹 2.0 시대의 인터넷 후진국의 덫을 풀었습니다. 규제 개선의 첫 단추인 민원인에 대한 보복을 금지하는 비보복정책을 성공시켰습니다. 또한 기업가정신을 고양하기 위해 부처협의를 통해 '연대보증', '채무 부종성'의 전기를 마련했습니다. 기술 규제의 핵심인 사전인허가에서 자기선언제도의 틀을 도입하고 있습니다.

공정사회로 가는 길 - 공정거래

무엇보다도 획기적인 패러다임의 혁신은 대·중소기업 공정거래 과제라고 생각합니다. 몇 번의 칼럼에서 언급한 바와 같이 우리의 자랑스러운 대기업들의 지속 가능한 성장을 뒷받침하기 위해 효율적 갑을 문화에서 창조적 공정 문화로 탈바꿈해야 한다는 신념으로 준비한 과제입니다. 준비 과정에서 많은 분의 우려는 대기업과의 대립각의 결과였으나 이는 대기업을 위한 일이라는 믿음을 가지고 있습니다.

호민관실 출범 이후 수집된 자료를 바탕으로 2009년 7월 1일 킥오프 kick-off 미팅 이후 7월 22일까지의 불공정 사례 언론캠페인은 한국의 언론사에 획기적인 사건이기에 수많은 언론인에게 다시 한 번 감사드립니다. 7월 23일 호민관실 1주년 기념 '공정거래 대안 세미나'에서 23개의 개선 대안과 평가지표인 호민인덱스 추진을 발표하게 된 것은 많은 분의 도움의 결과였습니다.

   호민관실의 건의 결과를 바탕으로 두 달 만인 9월 29일 동반성장 대책회의가 개최된 것은 한국의 국가경쟁력을 보여주었다고 생각합니다. 단체 신고, 단가인하 입증책임 전환, 원가계산서 신고제, 일방적 실사 제한, 성과 공유제, 사전 예시제, 기술임치제 확대, 비밀유지약정 체결, 임직원 평가제도 개선, 지원센터 등 9.29 대책은 7월 23일 호민관실 세미나 발표를 부분 수용했다는 데 자부심을 가지고 있습니다. (참고 자료 참조)

   소중한 불씨를 살려 건전한 생태계 형성을 위해 9.29 이후 지속적으로 피부에 와 닿는 공정거래의 추진이 기업생태계 문화 개선을 위하여 필수적이라는 점에서 호민인덱스를 통한 시범 평가를 기획하게 되었던 것입니다. 9.29정책의 입법화는 6개월 이상의 시간이 소요되는 것이 대부분이어서 내년 하반기에 가야 피부에 와 닿는 정책이 시작되므로 모처럼 달아오른 실용정부의 공정사회 의지의 신뢰가 의문시될 수 있다고 판단한 것이었습니다. 과거처럼 소나기만 피하고 보자는 시각이 지금도 존재하고 있습니다.

글로벌 평가지수-호민인덱스

불법적인 불공정거래는 정부 규제의 영역이고 합법적이지만 국제표준에 미치지 못하는 불합리한 거래는 정부 규제보다는 사후평가를 통한 개선이 바람직하다는 점에서 호민인덱스가 7월 23일 세미나에서 발표되었습니다. 이 지수 개발은 세계 최초로 이루어진 것으로 글로벌 수준으로 승화시키기 위해 중소기업학회, 경영학회와 공동으로 광범위한 연구로 개발하게 되었던 것입니다. 그 결과를 바탕으로 대기업과 중소기업 간 단가협상이 집중적으로 이루어지는 11월에 대기업에 대한 시범 조사가 시행되면 동반성장 문화가 조기에 정착될 것으로 판단하고 서둘러 추진한 것입니다.

호민인덱스의 추진 유보

이러한 호민인덱스가 완료 단계에서 실시가 보류된 것을 안타깝게 생각하며 그 과정을 정리해 봅니다.

- 공청회 중지 요청, 시범 조사 유보 요청

9.29 직후인 10월 12일 호민인덱스 개발의 최종 과정인 공청회 직전에 동반성장지수와 유사하다는 이유로 공청회 중지 요청을 받게 되었습니다(그러나 동반성장지수는 당시에는 용역 발주조차 나가지 않은 실체가 불확실한 상태였습니다). 결국 공지된 공청회여서 개최는 하되 보도는 못하게 된 것이고, 공청회에서 호민관실은 호민인덱스의 브랜드도 포기하고 동반성장지수의 일부로서 포함되기 바란다는 발표를 하게 되었습니다. 또한 동반성장지수가 연말까지 완료된다는 조건으로 시범 조사를 유보하게 되었습니다.

- 동반성장지수 연말까지 어려워

그러나 동반성장지수가 연말까지 완료는 불가능하다는 상황을 파악하게 되어 모처럼 달아오른 중소기업의 기대감을 냉각시키는 결과를 우려하게 된 것입니다(실제로 많은 기업이 불공정거래가 다시 재개되고 있다는 호소를 해오고 있었습니다). 11~12월은 단가협상의 달이라는 점에서 더욱 소중한 시간입니다.

- 서면 실태 조사의 무산

이에 따라 연말까지 동반성장지수가 완료되지 않을 경우를 대비해 호민관실은 호민인덱스 시범 조사 필요성을 확인하기 위하여 호민레터를 통한 서면 실태 조사를 하고자 하였습니다. 문제는 호민관실 자체의 실태 조사도 불가능한 상태에 돌입한 것입니다. 이는 기관 독립성에 심각한

위협이기에 강력히 항의했으나 파견 직원들로 구성된 호민관실의 한계로 결국 실태 조사를 포기하게 되었던 것입니다.

이러한 상태에서는 지속적인 업무 수행이 불가능하여 기관 독립성 호소를 위한 마지막 선택의 길을 가게 된 것입니다. 일부에서 우려하는 이 과정에서 대기업 역할론은 저는 배제하고자 합니다.

규제 개혁을 위한 호민관실의 독립성

1년여의 짧은 시간이지만 많은 분들의 도움으로 나름대로 많은 성과를 이룩했다고 자부합니다. 이는 지원부처의 독립성에 대한 뒷받침이 있어 가능했습니다. 저는 호민관 부임 시부터 물러나는 시점을 생각해왔습니다. 그 시점은 '호민관실이 통제받는 시점'입니다. 모든 부처의 규제 혁신을 위해 전방위 대처하는 호민관실이 특정 부서의 통제하에 들어가면 이미 규제 혁신은 불가능해지기 때문입니다. 호민인덱스와 관련하여 거듭되는 통제는 결국 더 이상 호민관실의 모든 규제 혁신을 어렵게 만드는 결과를 초래할 것입니다.

앞으로 규제 혁신을 통한 공정사회 구축을 위해 호민관실의 독립성은 아무리 강조해도 지나치지 않을 것이라 생각하며 다음과 같은 제언을 사임서에 대신하고자 합니다.

    1) 호민관실의 인사와 예산의 독립을 법적으로 보장
    2) 민간출연을 통한 운영 예산의 허용으로 실질적 반관 반민화
    3) 호민관 선출 과정에서 중소기업단체의 추천권
    4) 무급 비상근 호민관을 상근 호민관으로 변경

끝으로 기업호민관실은 1년여 동안 1,200여 건의 기업 애로 처리 역량을 구축해 가장 효율적인 조직을 이룩했습니다. 또한 관계의 시대에 적실한 분야별, 지역별 네트워크와 개방조직을 형성하였습니다. 혼란과 불확실 속에서도 발전을 위한 걸음을 멈추지 않았습니다. 신념과 애정을 느낀 업무와 조직에서의 기업호민관이라는 직함은 내려놓지만, 대·중소기업 상생과 공정사회 구현을 위해 지속적으로 노력할 것입니다.

불행히 호민인덱스 추진 과정에서 독립성 훼손의 문제로 사임하게 되었으나 공정사회 구현의 시작인 동반성장에 반드시 공정거래를 위한 호민인덱스의 취지와 내용만은 반영되길 바랍니다. 그리고 열기가 식지 않고 지속되어야 대·중소기업 문화가 변화한다는 점에서 지속적인 혁신 아젠다가 제시되길 바랍니다.

일신의 보전을 위한다면 사퇴 이후 조용히 사라져야 하나 국가의 장래를 위한다면 개인의 불이익을 감수하고라도 호민관실의 독립성을 유지해야 한다는 소견으로 마지막 의견을 올림을 이해 바라고자 합니다. 개인의 기업가정신이 발휘되고, 대·중소기업은 함께 성장하며, 그로 인해 발전하는 국가를 그립니다.

2010년 11월 17일 이민화

참고 자료 1) 동반성장 대책과 호민관 건의

구분	7.23 공정거래 세미나(호민관실)	9.29 동반성장 대책
A. 신고 활성화	예시제, 보복 금지, 단체신고	기술탈취 예시제, 가격인하 입증책임 전환, 단체신고
B. 부당 원가 인하 방지	원가계산서 신고제, 현장 강제실사 제한, 환율반영제도	원가계산서 신고제, 현장 강제실사 제한, 패스트 트랙
C. 지재권 침해 방지	지재권 신고제, 기술임치제 활성화, 사전 NDA 의무화	기술임치제 활성화, 사전 NDA 체결
D. 부당 거래 방지	징벌적 손해배상제도, 발주시스템 선진화, 부당 검수 해소, 불공정 서비스 방지, 임직원평가제도 개선	임직원평가제도 개선

합법성 (공정위)	합리성 (호민 인덱스)	사회적 책임성 (대중소 상생협력재단)
공정거래협약 이행 평가	합리적 글로벌 표준거래	상생협력 확산

> 지금 눈 나리고
> 梅花 香氣 홀로 아득하니
> 내 여기 가난한 노래의 씨를 뿌려라
> 다시 千古의 뒤에
> 白馬 타고 오는 超人이 있어
> 이 曠野에서 목놓아 부르게 하리라.
> __ 이육사 '광야'

유라시안 네트워크

인문사회 국가전략에 도전하다

- 왜 지금 유라시안 네트워크인가?
- 스마트 코리아로 가는 길, 유라시안 네트워크
- 홍익인간과 천부경

2008년 한국의 새로운 미래전략에 대해 여러 사람과 대화를 하면서 한반도 국가의 정체성으로 추가적인 도약은 한계가 있다는 결론에 이르렀다. 그래서 한국의 정체성을 한반도에 두지 않고 전 유라시안 대륙에 확산하기 위한 대안을 강구하게 되었다. 그렇게 탄생한 것이 유라시안 네트워크다.

왜 지금
유라시안 네트워크인가?

한반도를 뛰어넘는 디지털 노마드를 꿈꾸다

한국의 새로운 미래전략을 탐구하기 위해 우선 우리나라가 당면하고 있는 문제를 정리했다.

첫 번째는 주력 산업이 서비스융합의 산업으로 이동하고 있다는 것이다. 따라서 기술에서 제도로 성장의 원동력이 바뀌고 있었다. 그런데 한국은 정작 필요한 제도의 경쟁력이 너무도 취약했다.

두 번째는 한국의 국력이 상승하는 데 비례해서 국가 개방도 레벨업 해야 한다는 것이다. 게임에 익숙해지면 다음 단계로 레벨업하듯이 프레이저의 이론처럼 국가의 발전은 개방도와 정비례한다.

개방 촉진을 위한 대안이 필요했다. 특히 서비스 분야의 비개방이 국가 발전의 발목을 잡고 있었다. 금융, 교육, 행정, 법률 그리고 의료 분야. 이러한 분야의 개방을 촉진하기 위한 대안이 필요했다.

세 번째는 외교전략의 전환이 필요하다고 보았다. 미국을 따라가는 추종전략은 후진국에서 중진국으로 진입하는 데는 효과적인 전략이라 할 수 있다. 그러나 이 전략으로 선진국 진입은 불가능하다.

이 세 가지 문제를 풀기 위한 개방 촉진의 스토리텔링이 필요했다.

개방을 이끌어내기 위한 스토리텔링으로 한국의 정체성을 한반도를 떠나 전 세계에 퍼져 있는 한민족 네트워크를 넘어 유라시아 대륙과 남미에 걸친 몽골리언 알타이어 국가들의 네트워크 허브로 자리하고자 하는 대안을 제시한 것이다. 이를 구현하기 위한 역할로 유라시안 국가들의 인문학적 동질성을 확보하는 활동을 하기로 했다.

첫 번째 작업으로 역사적 정체성 확보를 추구했다. 과연 우리 한국과 알타이 인종의 역사적 정체성은 무엇인가? 우리는 폐쇄된 농업국가였던가, 아니면 개방 무역국가인가?

다음으로 미래 한국을 이끌어갈 새로운 패러다임으로 호모 모빌리언스Homo Mobiliance, 즉 디지털 노마드에 기초한 스마트폰과 결합된 신인류의 미래를 꿈꾸고 한국이 이러한 새로운 패러다임을 앞서 가야 한다는 방향을 제시했다. 몽골리언 노마드가 디지털 노마드로 재부상하는 것이다. 이러한 내용을 바탕으로 뜻있는 사람들을 모집하기 위한 사전 작업으로 유라시안 네트워크라는 강연 자료를 준비하고 몇 차례 강연을 통해 좋은 반응을 얻었다. 유라시안 네트워크 사단법인을 결성하기로 하고 그 이사로 바텍의 노창준 대표, 오스템임플란트의 최규옥 대표, 다산네트웍스의 남민우 대표, 한국기술투자의 서갑수 대표, 비트컴퓨터의 조현정 대표를 선임했다. 이분들의 기여를 바탕으로 유라시안 알타이 인문학을 정립하기 위한 연구 지원 활동을 시작했다.

2008년 4월 18일, 서울대 인문대학과 연구 프로젝트의 지원 합의를

서울대 인문대학과 연구 지원 협약을 맺고

맺었다. 유라시안 네트워크의 연구 프로젝트는 조선과 청나라의 관계사, 라틴아메리카 원주민의 신화 번역, 몽골리언 루트의 연구, 몽골 문명의 국제학술대회 지원, 몽골의 언어와 문화출판 지원 그리고 중앙유라시안 학술지 발행으로 설정하고 각각을 개별 기업들이 지원했다. 지원 규모는 평균 1,000~1,500만 원 정도였다. 당시로서는 대단한 규모였음에 틀림없었다.

안타까운 점은 이 지원 사업이 중앙유라시안학회의 연속적인 지원을 제외하고는 지속되지 않았다는 점이다. 가장 큰 이유는 지원연구 과제의 결과가 생각하는 방향과 일치하지 않았다는 점이 가장 크지 않은가 생각한다. 물론 『몽골의 언어와 문화』라는 획기적인 책이 출판된 점은 주목할 만한 일이나 총체적인 연구 성과는 기대에 못 미친 것이 사실이다.

이에 따라 2009년부터는 연구 방향에 민간연구 지원을 확대하는 계획을 세우고 이에 따라 '고조선 문자연구', '아리안 500 프로젝트' 등의 연구를 후원했다. 초창기에 유라시안 네트워크의 발전에 힘써준 윤정화 님은 유라시안 사단법인을 등록하고 기부금의 손비 처리를 할 수 있는 지정기부금단체로 자리매김을 해주었다. 이제 유라시안 네트워크는 나름대로 뜻있는 연구를 후원하는 작은 역할을 지속하고 있다.

가장 중요한 것은 정부 부문이 관심을 두지 않는 민간 부문의 연구를 지원하는 일들이다. 한민족 정체성에 대한 만화, 천부경과 기독교의 접목, 카자흐스탄의 문화적 동질성 연구, 남미 인디오의 문화적 동질성 연구 모두가 대단히 의미 있는 프로젝트들이다. 특히 〈고조선 문자연구〉(II)는 허대동 님의 심혈을 기울인 작품으로 아직은 미완의 단계이나 수천 점 발굴된 명도전의 문자가 한자가 아니라 고대 한글이라는 점은 거의 명확해지고 있다. 이것이 학문적으로 입증되면 프랑스의 이집트 학자 샹폴리옹의 로제타스톤 해독을 통한 이집트 문자연구 못지않은 대단한 영향력이 있지 않을까 생각한다.

유라시안 네트워크 활동 중 나의 전국 강연은 매 강연마다 반응이 폭발적이었다. 이러한 반응을 바탕으로 2010년에 『스마트 코리아로 가는 길 : 유라시안 네트워크』라는 책을 '새물결'에서, 2012년에는 『호모 모빌리언스』를 '북콘서트'에서 출판했다.

앞으로 유라시안 네트워크는 끝까지 도전해야 될 네 가지 주요 과제 중 하나라 생각한다. 지금은 디지털병원수출조합의 신수진 님이 사무국장을 겸임하며 지원해주고 있다. 새로운 이사진으로 가세한 김진원, 차기철, 배영호 대표님과 기존의 노창준, 최규옥, 남민우, 조현정 대표님의 지원을 통해 꾸준히 연구 지원 활동을 하면 유라시안 알타이 인종을 아우르는 인문학적 기반이 다져지지 않을까 생각한다.

스마트 코리아로 가는 길, 유라시안 네트워크*

한국은 지난 세기 인류 역사상 초유의 질풍노도의 성장을 이룩하였다. 그 성장의 주역은 60년대의 여공, 70년대의 기능공, 80년대의 상사 세일즈맨, 90년대의 개발기술자, 그리고 벤처 기업을 포함한 기업가들이다. 그러나 이러한 성장의 핵심역량이 중국의 강력한 대두로 인하여 더 이상 유지되기 어렵다. 특히 기술개발력의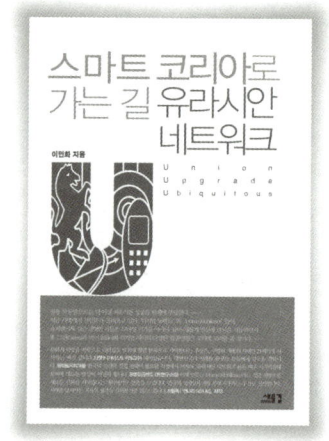
우위 상실이 가장 심각한 문제로 보인다. 과연 한국의 21세기를 이끌 다음 성장 동력은 존재하는가?

국가가 개발 단계에서는 실용학문이 중요하다. 그러나 공학, 경제,

---

*   여기에서는 지난 2010년 10월에 출간된 『스마트 코리아로 가는 길, 유라시안 네트워크』(이민화 저)의 내용을 요약하여 유라시안 네트워크의 비전을 정리해 본다.

경영학 등 실용학문만으로는 선진국 진입에 한계가 있다. 이제 실용학문에 인문사회학의 경쟁력이 배가 되어야 선진국 진입이 가능해 지는 것이다.

우리는 기술 역량으로 반도체, 조선, 핸드폰 등 우수한 제품을 만들어 수출 성장하였다. 이러한 상품의 수출에 대하여 국내에서는 이해관계의 상충이 없어 반대하는 목소리는 없었다. 그러나 선진국으로 갈수록 서비스산업의 비중이 커지는 서비스경제로 이전하고 있어, 단순한 기술개발전략만으로는 서비스 중심의 선진 경제에 적응할 수 없다. 서비스산업은 국가 내부의 이익집단 간의 이해가 상충하고 있기 때문에 집단 간 이해관계를 조정할 역량이 바로 국가의 역량이다. 즉, 열린 인문학에 기반을 둔 국가의 가치관이 국가경쟁력이 되는 것이다.

한국의 부문별 경쟁력은 OECD 등 발표에 의하면 조선, 반도체, 자동차 등 상위 5 안에 드는 A학점 분야와 평균 10위 내외의 B학점 분야, 그리고 하위 5에 속하는 법률, 의료, 교육, 금융, 행정의 5대 C학점 분야가 있다. 선진국 진입은 바로 이러한 C학점 분야를 B학점 이상으로 끌어 올리면 되는데, C학점 분야와 A학점 분야의 차이를 규명해 보면 열린 분야와 닫힌 분야의 차이라는 단순한 결론에 도달하게 된다. 오히려 C학점 분야들이 인적 자원 측면에서 국내 최고라는 것은, 개인의 능력이 아니라 국가시스템이 바로 분야별 경쟁력을 좌우하는 결정적인 요소임을 보여 주고 있다.

프레이저 연구소의 연구 결과는 경제 개방도와 국가의 GDP는 정확히 비례하고 있음을 보여주고 있다. 즉, 선진국전략은 단순하게 개방전략이라 할 수 있다. 그러나 개방은 국가 전체로는 대체로 득이 되나, 개별 소집단에게는 손해가 되기에 저항이 매우 커서 이를 극복하는 국가만이 선진국에 진입하는 것이다.

후진국에서 중진국 진입의 시기에는 강대국을 추종하는 전략이 매우 효과적이다. 후진국으로서 독자 노선을 걷는 경우 예외 없이 빈곤의 복수를 감수하게 된다. 그러나 중진국 진입 이후에도 단순한 추종전략은 강대국의 견제가 부분적으로 강화되어, 성장의 한계에 도달하게 된다. 이 단계에서 효과적인 대안이 바로 자체적으로 주변 세력을 모으는 선도전략을 보완하는 것이다. 이제는 우리가 주변국을 이끌 역량을 갖추어야 할 때가 된 것이다.

세계의 질서는 나름대로의 네트워크에 기반을 두고 있다. 앵글로색슨, 유태인, 중국인, 라틴, 무슬림 등 수많은 네트워크가 종횡으로 연결되어 국제 경쟁 질서를 형성한다. 그러나 전 세계에서 이러한 네트워크가 없는 유일한 인종이 있다. 바로 몽골리언 인종이다. 한국의 선진국 진입은 이러한 몽골리언의 네트워크를 한국의 리더십으로 구축하여 외교적·경제적·문화적으로 선도하는 전략이 효과적일 것이다.

불과 3세기 전까지 육상 교역의 세계사를 주도했던 유라시안의 몽골리언 역사, 철학, 문학 등의 인문학 연구는 전 세계적으로 소외되어 있다. 한국이 유라시안의 리더십을 갖기 위하여 유라시안 인문학의 메카가 되어야 한다. 이를 바탕으로 터키, 카자흐스탄, 베트남, 페루, 헝가리 등 유라시안의 거점 국가들과 확고한 네트워크를 구축하여 국가 발전전략의 전수와 자원 확보의 효율성을 배가할 수 있다.

유비쿼터스 시대의 패러다임은 디지털 노마드Digital Nomad로 가고 있다. 이 시대의 핵심 기술인 모바일 기술을 한국, 일본, 핀란드 등 몽골리언 국가들이 주도하는 것은 단순한 우연은 아니다. 새롭게 부상하는 몽골리언 국가들과의 네트워크가 바로 한국의 선진국 진입의 초석이 되기에 유라시안 인문학의 연구는 개방 국가, 선진 한국의 국가적 핵심 전략 과제인 것이다. 한국이 유라시안 인문학 연구의 메카가 되기 위하여 국내외 인문학자의 동참이 필요하다. 많은 연구를 바탕으로 문·사·철 분야별 유라시안 학회를 지원하고 이를 승화하여 유라시안 다보스로 발전시켜 간다면 유라시안의 리더십 구축이 가능할 것이다.

이제 한국은 개도국에서 중진국으로 진입했다. 이 과정은 세계 역사에 전무후무한 기록이었다. 그러나 역사는 지난 100년간 개도국에서 중진국을 거쳐 선진국 진입에 성공한 예를 일본과 아일랜드 두 나라밖에 없다는 것을 보여준다. 많은 나라가 선진국 문턱에서 새로운 패러다임의 변화를 감내하지 못하고 주저앉았다. 이제 중진국 진입과는 전혀 다른 새로운 국가전략으로 선진국 진입에 임해야 한다. 세계 최고 수준의 노령화 속도, 최저의 출산율 등의 통계는 우리에게 시간 여유가 얼마 없다는 것을 의미한다.

이를 위해 제도의 혁신, 개방국가, 열린 한국, 리더십전략으로 가야 한다. 새로운 전략에 입각해 국가의 비전으로 제시된 것이 유라시안 네트워크다. 이를 통해 내부의 개방 확대와 유라시안 전체의 협력을 통한 새로운 국가 발전전략이 수립될 수 있다.

유라시안 네트워크 연구 지원 과제 목록

2009년 서울대 인문대학연구소 연구 지원 목록

연구소명	주제	지원기관
동아문화연구소	청대의 중국과 조선 : 양국 관계 연구	㈜바텍
라틴아메리카연구소	라틴아메리카 신화집 번역 발간 : 라틴아메리카 원주민 신화	㈜아이레보
비교문화연구소	구세계 증거성 벨트와 그 학제적 함의 : 몽골리언 루트를 중심으로	㈜다산네트웍스
문화유산연구소	몽골 초원에 핀 고대문화 전시 및 몽골문명의 세계 국제학술대회 개최	㈜오스템임플란트
언어연구소	유라시안 언어 및 지식 데이터베이스 구축을 위한 기초연구 : 한·유라시안 제어의 전자사전 모델설계	㈜한국기술투자
중앙유라시아연구소	국제학술대회 개최 및 학술지 신규 발행	㈜유비케어

2010년 연구 지원

허대동	『고조선 문자』 (도서출판 경진)
최일해	〈아리안 500〉
유원수	『몽골의 언어와 문화』 (도서출판 소나무)

2011년 연구 지원

김정민	〈단군의 나라 카자흐스탄〉
류현수	〈천부경과 성경으로 보는 인문학〉
손성태	〈코리안-아메리칸 네트워크〉
허대동	〈고조선 문자와 훈민정음 연결 연구〉
조지현	〈한국, 세계 역사와 함께하다〉

2012년 연구 지원

이주현	〈소셜 월드〉

홍익인간과 천부경

이 시대에 필요한 신 철학

새로운 호모 모빌리언스의 도래에 발맞추어 새로운 철학의 출현이 절실하게 요구된다. 뉴턴의 만유인력법칙과 다윈의 진화론, 맬서스의 인구론, 아담 스미스의 국부론이 같은 시대에 함께 나타난 것은 우연이 아니다. 시대의 기술적 변화에 맞는 새로운 사상, 철학이 뒷받침된 것이다. 막스 베버가 『프로테스탄티즘과 자본주의 윤리』에서 이윤 창출이 선한 행위라는 것을 논파함으로써 이자가 악이라는 전통 가톨릭과 이슬람 사상의 굴레를 벗어나게 된 것이다.

천대받던 베니스의 상인이 일약 새로운 시대의 주역으로 등장했다. 중세 유럽에서는 이자를 받는 천한 일은 유대인의 몫이었기 때문이다. 지금도 이슬람에서는 이자를 금지한다. 이로부터 근대 부르주아 자본주의가 출발했다. 이후 미국의 시대가 등장하면서 실용주의, 즉 프래그머티즘이 철학으로 등장했다. 모든 시대의 변화에는 이를 뒷받침하는 시대적 패러다임에 맞는 철학의 재정립이 필요하다.

호모 모빌리언스의 바람직한 본질은 선순환과 생명 발현이다. 개인과 전체가 융합을 통한 선순환을 한다. 개인의 사유가 아닌 전체의 공유 철학이다. 이 공유는 과거 실패한 공산주의와 같은 개인의 이기심이 무시된 공유가 아니라 이기심이 승화하는 공유다. 갈등을 넘어선 순환의 철학이다. 상극과 상생이 서로 선순환해 호모 생명을 만들어간다.

홍익인간의 철학

이제 호모 모빌리언스의 철학으로 홍익인간 철학을 제시한다. 흔히 동양 문화는 통합적이라 말하고, 서양 문화는 분석적이라 얘기한다. 인류는 분석을 통해 과학을 만들었다. 낮과 밤을 분리하고, 남자와 여자를 분리하고, 좌와 우를 분리했다. 이로부터 어두움과 밝음이 명백해졌고, 너의 것과 남의 것이 분명해졌다. 공유지의 비극이 사라지면서 경쟁을 통한 진화적 발전에 돌입했다. 그러나 모든 발전은 스스로의 모순에 부딪힌다. '월가를 공격하라'는 운동처럼 순환되지 않는 부의 축적은 결국 누구에게도 도움이 되지 않는다는 시대적 공감대가 형성되고 있다. 이제는 분할을 통한 경쟁 철학이 한계에 부딪히고 있는 것이다.

생물학에 따르면 경쟁의 궁극적인 형태는 협조다. 사람 몸에서 수분을 빼고 나머지의 절반은 미토콘드리아. 사람의 세포 안에 들어와 기생해 공생Symbiotic에 성공한 또 다른 생명체가 미토콘드리아. 그들은 인간의 세포로부터 영양분을 공급받아 ATP라는 에너지를 만들어낸다. 미토콘드리아가 만들어내는 에너지를 이용해 인간은 운동을 한다. 미토콘드리아는 어느 시점에선가 인간의 세포와 공생을 통해 경쟁에서 협조로 바뀐 것이다. 사람 몸속에는 사람 세포 수와 비슷한 60조 개의 세균이 서식하고 있다. 특히 대장 속의 유산균이 그러하다.

산소가 대기에 확산되면서 산소의 공격으로부터 숨어들어 인간과 공존한 세균이 바로 유산균이다. 얼핏 보기에 경쟁하는 기업들도 그들이 있음으로써 협조가 이루어진다. 옆에 있는 양복가게가 없어야 할 대상만이 아닌 것이다. 이제는 무한경쟁에서 협조를 통한 경쟁으로 철학적 패러다임이 전환되어야 한다. 무한성장의 신화는 이미 붕괴되었다. 지구온난화로 대변되는 지속 가능성은 눈앞의 화급한 과제다. 급속도로 북극해가 녹고 있다. 이미 기상이변은 일상화되고 있다.

자원 소모적 성장에서 지속 가능한 녹색 성장으로 인류의 패러다임이 변모해야 한다. 그것은 선과 악이 나누어지는 이분법적인 철학이 아니다. 낮은 좋고, 밤은 나쁘다는 생각이어서도 안 된다. 남존여비의 사상도 아니다. 정지 상태에서는 상극相剋인 기운이 순환하면서 상생相生으로 바뀐다는 순환의 철학인 것이다. 이러한 순환 철학은 태극으로서 극명하게 표현된다.

한글의 창제 원리

한글의 창제 원리는 천지인 사상에 뿌리를 두고 있다. 모음은 · (天), 수평모음 ㅡ(地), 그리고 수직모음 ㅣ(人)로 구성된다. 모음이 천지인의 상형문자라면 자음은 발성기관의 상형문자다. 발음기관 자체가 오행의 원리로 구성되니, 자음은 당연히 오행의 원리로 이루어진다. 이러한 모음과 자음이 각각 상생과 상극의 원리로 창제된 것이 한글이다.

한글의 창제 원리는 다시 천지인으로 시작하는 천부경天符經이라는 우리 민족의 홍익인간 철학에 기반을 두고 있다. 81자로 이루어진 천부경의 해석을 이러한 선순환의 철학으로 재해석해 보자.

천부경과 선순환 사상

태초에는 아무것도 없었다. 태초는 무극無極인 것이다. 혼돈이다. 분별이 없다. 이를 '一 始 無 始 一'이라 한다. 시작은 없었다.

이러한 무극이 하늘과 땅이 나누어지면서 양극兩極이 된다. 천과 지만 있을 때는 이 세상은 순환되지 않는다. 양극은 분별이 있지만 서로 대립하고 있다. 가진 자와 가지지 못한 자가 대립하게 되고, 주주와 종업원이 대립하고, 회사와 소비자가 대립하고, 국가와 환경이 대립한다.

이 대립되는 갈등은 곳곳에서 문제를 야기한다. 기업의 이익과 소비자의 가치, 개인의 가치와 사업의 가치, 성장과 분배, 교육과 업무역량, 경제적 성과와 사회적 역량 등의 갈등이다. 우리는 늘 이 중에서 어느 쪽을 선택하느냐 하는 갈등이 지금까지의 자본주의의 본질적 문제였다.

그런데 사실은 이러한 두 가지 가치는 서로 하나를 버리고 하나를 선택하는 선택의 문제가 아니라는 것이 바로 본질이다. 새가 두 날개로 날듯이, 어두움과 밝음이 공존할 때 사물이 인식된다. 기업도 이익을 내고 소비자에게도 가치를 제공해야 사회와 기업이 더불어 지속 가능한 선순환 발전을 한다. 중소기업의 혁신역량과 대기업의 시장역량이 선순환해야 모두에게 이익이 지속적으로 확대된다. 기업의 부가가치 창출이 주주와 종업원에게 적정 분배가 될 때, 차기 부가가치 창출이 증대 된다. 우리 동네 할머니 보쌈집 할머니는 가격을 높이는 것이 궁극적으로 돈 버는 방법이 아니라는 것은 경험으로 알고 있다. 이와 같이 대립되는 상극의 가치를 선순환시키는 것이 사람의 힘이다. 이것이 리더십이고 기업가정신이다.

바로 천지인에서 인人의 역할인 것이다. 한민족의 고유의 숫자는 3이다. 정기신精氣神, 원방각圓方角, 성명정性命精, 천지인 등 3이란 숫자가 순환과 생명의 본원적 숫자다. '析三極無盡本'이 바로 무극에서 천지인의 태극으로 변화하는 과정을 설명하고 있다.

천부경에서는 '天一一地一二人一三'이란 문장으로 천지인의 역할을 설명한다. 각각 양의 기운인 혁신과 음의 기운인 유지, 그리고 이를 순환시켜 생명을 불어넣는 사람의 역할을 표현하고 있다.

그 다음 문장인 '一積十鉅無櫃化三'은 상극과 상생이 순환하는 태극과 8괘의 변화를 설명한다. 천부경에서 가장 해석이 어려운 부분인데, 마한세기의 일적십거도가 밝혀지면서 이는 태극을 설명하는 구절임이 확실해졌다.

이 단계를 거치면 '天二三地二三人二三'이라는 선순환 세상이 나타나는 것이다. 이는 바로 정적인 상태의 갈등의 양극이 인간이 생명을 불어넣는 순환 과정으로 협력으로 바뀌는 것이다. 순환을 통해서 상극과 상생이 하나가 되어 생명이 탄생하는 것이다.

이 천지인을 나타내는 세 숫자인 일, 이, 삼으로 놓고 합치면, 현실 세상을 형성하는 융합의 숫자 6이 나온다. 즉, 천지인이 합쳐지면서 비로소 이 세상에 현실 세계를 만드는 기초가 이루어지는 것이다. 육은 융합의 숫자이다. 이로부터 새로운 세상이 만들어지는 것을 표현한 구절이 다음 문장인 '大三合六生七八九'이다.

그 다음 문장인 '運三四成環五七'은 지상의 삼태극의 형상과 사물의 질료와 우주의 행성과 별자리를 설명하고 있다. 천지인으로부터 우주 삼라만상의 발현을 설명하는 것이다.

천부경에서는 세상은 우연이 지배하는 복잡계라고 설명한다. '一妙衍萬往萬來' 작은 변화가 묘하게 움직여 세상이 서로 소통하고 변화한다. 바로 복잡계이며 인터넷 세상이 아닌가. 바로 호모 모빌리언스의 세상이다. 빅 데이터의 세상이다. 웹 3.0의 세상이다.

그러한 세상이 과연 어떠한 세상이 될 것인가. 거기에 대해서도 천부경은 이렇게 해석한다. '用變不動本 本心本太陽昂明' 본질은 변하지 않고 태양을 바라는 밝은 곳을 향하고 있다. 결국 복잡한 세상의 본질은 선한 가치라는 것이 아닌가.

그리고 이 모든 것이 인간 속에서 다시 합쳐진다. 즉, '人中天地一'인 것이다. 인간 속에 모든 세상이 있다. 인간이 소우주인 것이다.

그러나 깨달음을 얻은 인간이 속세와 분리되는 것이 아니라 속세와 더불어서 끊임없이 선순환 발전하기 때문에 끝은 끝이 아니다. 즉, '一終無終一'이 된다.

세상을 보는 완전히 다른 시각은 바로 홍익인간과 재세이화로 대변되는 우리민족 고유의 천부경 사상이다. 일각에서는 천부경을 천도교, 단군교 등의 경전으로 치부하는 시각도 있다. 그러나 홍익인간 사상은 우리의 국조이신 단군의 사상인 동시에 전 세계가 공유할 수 있는 사상이 될 수 있는 것이다. 혼자 잘되는 것이 아니라 널리 잘되게 하라. 자아완성을 추구하는 소승불교가 자아완성을 이끄는 대승불교로 확대되는 것과 비견할 수 있다. 이 세상을 떠나서 잘되게 하는 성속聖俗의 분리가 아니라 일상생활에서 세상을 이롭게 하라는 재세이화로 연결된다.

누구의 사상이 중요한 것이 아니다. 중요한 것은 새로운 시대에 맞는 사상적 기반을 찾고 만들어가는 일련의 노력일 것이다. 이것을 특정 종교의 사상으로 치부하는 그 자체가 갈등의 시각을 벗어나지 못한 것이 아닌가 한다.

세상은 이제야 주주^{Investor} 자본주의에서 사회^{Society}, 파트너^{Partner}, 주주, 고객^{Customer}, 임직원^{Employee} 모두가 하나로 융합되어서 발전해 나가는 SPICE의 세상, 새로운 선순환 열린 기업생태계로 간다. 전 세계 어디를 보더라도 우리 대한민국의 천지인 사상만큼 적합한 사상적 대안을 내 과문 탓인지 발견하지 못했다. 우리의 홍익인간, 천지인 사상을 호모 모빌리언스의 철학으로 전 세계와 더불어 공유하는 것이 어느 누구에도 해가 되지 않음은 너무나 자명하지 않는가? 다음은 내 블로그에 올려둔 천부경의 요약과 원문이다.

太初 無極의 混沌에서 天地人의 太極이 나와 相剋과 相生이 善循環하여 四象의 물질세상을 형성하고 玄妙한 세상을 만드는 데 그 중심에 하늘의 화신인 사람이 있어, 한계를 극복하는 끝없는 바른 노력을 한다.

천부경을 바탕으로 하는 지속 가능한 기업경영을 해석해보았다.

정지 상태의 상극의 가치가 순환 과정에서 상생으로
태극의 원리와 한역의 원리로서 지속 가능한 녹색 성장으로
혁신은 도전에서, 도전에 의한 실패는 학습의 과정이다.
유지와 혁신이 선순환하는 태극 구조의 학습조직이 미래의 조직
소비자 이익과 기업의 이익이 선순환하고
기업의 이익과 종업원의 이익이 선순환하여
기업의 가치와 국가의 가치와 개인의 가치가 선순환되는 구조

공적 영역의 無私心과 사적 영역의 이기심의 승화로 선순환 가능
개인도 修身齊家治國平天下의 지속적인 한계의 확대를 하고
기업도 사적 이익에서, 공적 영역으로 승화하는 사회적 기업으로
국가도 닫힌 국가에서 열린 국가로 세계와 더불어
性通光明하더라도 在世理化, 弘益人間으로 더불어 사는 一神降衷

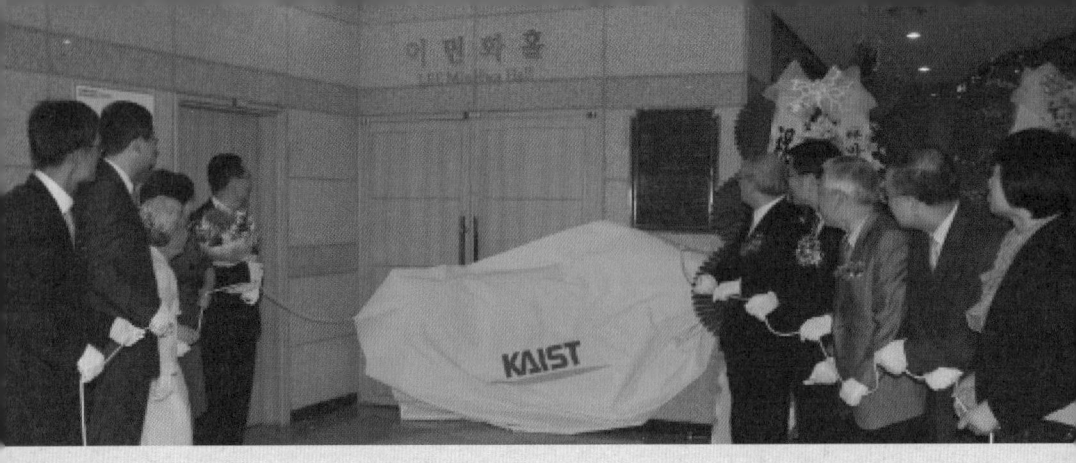

- 생각하는 방법을 가르쳐야 하며,
  생각해낸 것을 가르쳐서는 안 된다.
  _굴리트

카이스트 이야기 06

새로운 대학교육에 도전하다

- 카이스트 동문회
- 카이스트 교수로서
- 'Academic Excellenc'에서 기업가정신을 병행하라
- 이민화홀

카이스트는 나의 모교이자 영원한 마음의 고향이며 학문이 무엇인가를 진정으로 배운 곳이다. 또한 나의 도전의 삶이 시작된 곳이기도 하다. 수많은 인재와 과학자, 교수, 기술인을 키워낸 카이스트를 돌아보며 더 나은 카이스트로 발전하기 위한 글을 이곳에 담았다.

카이스트 동문회

카이스트 발전의 밑거름, 동문

카이스트 출신 기업인들이 모태가 되어 설립한 벤처협회를 중심으로 한국 벤처는 질풍노도처럼 발전했다. 벤처 절정기에 이른 2000년 카이스트 1회 양동열 선배님으로부터 지상명령이 떨어졌다. 이제 1회 중심의 카이스트 동문회 운영에서 4회인 나에게 운영을 넘긴다는 것이었다. 나에게는 어려운 중책이었으나 추상같은 명을 감히 어찌 거역하리오.

동창회 사무실을 가보았다. 여직원 김진명 씨 홀로 외롭게 사무실을 지키고 있었다(그녀는 이 글을 쓰는 2012년 지금까지도 홀로 동창회를 지키고 있다). 가보니, 우리 카이스트 동문들의 연락처도 제대로 확보되어 있지 않았다. 과별, 기수별, 직장별 다양한 각도의 연결 네트워크가 필요했다. 주소록이 뒷받침되지 않은 상태에서 어찌 강력한 조직 형성이 가능하겠는가. 미국의 유명 대학들, 이를테면 하버드, MIT, 스탠포드 등은 막강한 동문들의 성원과 후원으로 발전하고 있다는 것은 주지의 사실이다. 더구나 카이스트 졸업생들은 국가 세금으로 장학금을 받아 공부하지 않았는가. 최소한 받은 만큼은 돌려주는 것이 선순환구조 아니겠는가.

　물론 카이스트 출신 기업들의 가치는 40조 원이 넘는다. 지금까지 카이스트에 투입된 예산의 수십 배가 훨씬 넘을 것이다. 카이스트가 이룬 사회적 가치는 수많은 졸업생이 삼성, 현대, LG와 같은 기업들로 진출해 국가 기간산업을 일으킨 것, 수많은 대학과 연구소에서 교육과 연구 활동을 한 것과 더불어 졸업생들이 설립한 기업들이 이룩한 기업가치도 엄청나다. 적어도 국가 차원에서 카이스트 설립은 남는 장사를 한 셈이다.

　이러한 카이스트의 지속 가능한 발전을 동문회가 뒷받침해야 한다. 나는 즉시 직원을 영입하고 주소록 확충 작업에 돌입했다. 부끄러운 얘기지만 당시 카이스트 동문회는 홈페이지조차 없었다. 이 작업은 전산과 동문인 핸디소프트의 안영경 대표가 흔쾌히 맡아주었다.

　주소록과 홈페이지에 이어 기업인들을 중심으로 하는 기부 활동에 돌입했다. 과기회를 중심으로 많은 분이 동참해주었다. 그 결과 탄생한 것이 동문창업관과 태울관 등이다. 그러나 지금까지 카이스트와 관계없는 비동문이 기부한 금액이 1천억 원이 넘는 것에 비해 카이스트 졸업생들의 기부는 100억 원이 조금 넘는 수준이다. 기업가치가 40조 원이면 뭣하겠는가. 모교에 대한 선순환 활동은 아직도 취약한데 말이다.

　그러나 이러한 나눔 활동의 결과로 나는 많은 카이스트 기업인에게 기피 대상이 되었다. 만나면 기부 얘기를 꺼낼까 봐 피하는 것이다. 지금도 카이스트 모임을 가면 기부 스트레스를 없애자는 이야기가 자주

나온다. 물론 기부는 자발적이어야 하지만 절대기준으로 보아 아직 매우 적은 것이 사실이다. 이 문제는 지속적으로 동문회가 풀어나가야 할 과제라 생각한다.

    2000년 나는 카이스트 이사로 선임되었다. 카이스트의 최고 의사결정기관은 이사회다. 원장 선임으로부터 주요 정책 결정까지 이사회 의결 사항이다. 그러나 당시는 커다란 이슈가 없었기 때문에 갈등 요소는 거의 없었다. 2002년 이사회를 물러난 후 서남표 총장의 재임 사건을 통해 이사회의 중요성이 부각되었다. 앞으로는 이사회가 카이스트의 지속적인 발전을 위한 밑거름이 되길 바란다.

카이스트 교수로서

또 다른 공연, 후학 육성

이사회에서 물러난 5년 후인 2009년 7월 카이스트 초빙교수로 부임했다. 내가 맡은 강의 과목은 기술거래소 이사장으로 재직하면서 연구한 개방혁신, 즉 〈오픈이노베이션〉, 벤처협회회장으로서 주도했던 〈벤처와 기업가정신〉, 메디슨 대표로서의 경험을 바탕으로 한 〈CEO 특강〉, 이런 활동을 결합한 〈실전 창업지도, 벤처 2.0〉 등이 있다. 나는 강의를 좋아한다. 강연을 공연이라고도 부른다.

학생들과의 대화는 더욱 좋아한다. 취미생활인 동시에 후학을 육성할 수 있으니 얼마나 감사한 일인가. 강의 방식 자체도 소통을 중심으로 하는 팀 연구와 발표를 중심으로 혁신하고 있다. 수업 중에 페이스북과 같은 SNS를 활용하고 수업 이후에도 소통의 채널로 이용하고 있다. 물론 두 개의 스크린과 수업 도중에 모두가 인터넷으로 참여하는 인프라가 있어야 한다. 아마 학생들에게는 신선한 충격이 되고 있다고 생각한다.

2012년 들어 두 개의 대학원 강의가 추가되었다. 안철수 교수가 맡고 있던 과목 전체를 추가로 떠맡게 된 것이다. 〈기업가정신〉과 〈벤처창업 이론과 실제〉라는 과목이다. 아마도 가장 많은 강의를 담당하고 있는 교수 중 한 명이리라. 그런데 카이스트 강의는 나의 전체 활동 중 1/4 정도다. 그런 의미에서 나는 시간에 쫓기면서 사는 운명으로 태어나지 않았나 싶다. 2012년 현시점에서는 카이스트 교수가 디지털병원수출조합, 유라시안 네트워크, 벤처창업과 더불어 나의 4대 활동 영역이다.

'Academic Excellenc'에서 기업가정신을 병행하라

나의 모교 카이스트, 벤처의 요람을 꿈꾸며

2010년 11월 기업호민관을 물러난 후 카이스트 문제를 전반적으로 재조명할 시간이 생겼다. 여러 명의 교수님들을 만났고, 학생들의 이야기도 많이 경청했다. 단편적일 수 있으나 한 가지는 명확했다. 객관적 지표로서 카이스트의 창업 활동은 급속히 저하되어 있었다. 수십 건을 넘던 신규 창업 활동은 두세 건으로 축소되었다.

이러한 창업 축소는 카이스트만의 문제가 아니라고 주장하는 사람도 있었다. 다른 학교와의 비교를 통해서도 상대적 비교 수치는 현저히 떨어졌다. 한때 한국 벤처기업의 20%를 넘던 카이스트 출신 기업인들은 2% 이하로 축소되었다. 대전 지역 내에서도 상대적으로 창업 실적은 떨어졌다. 외부 환경의 문제는 아니었다. 문제는 카이스트 안에 있었다.

통계 분석을 한 결과 2006년을 기점으로 카이스트의 창업은 급속도로 저하되었다. 동시에 2006년 이후 카이스트의 소위 SCI급 논문은 증가했다. 학문적 수월성Academic Excellence과 기업가적 대학Entrepreneurial University, 두 가지가 서로 반비례한 것이다. 그러나 전 세계의 일류 대학을 보라. 스탠포드의 휴렛패커드, 하버드의 주커버그의 예를 들 필요도 없다. 모든 일류 대학은 학문적 수월성과 창업 활성화 두 가지를 동시에 달성하고 이를 선순환시킨다. 그러나 카이스트는 학문적 수월성은 키우면서 기업가정신이 사라진 학교가 되었다.

문제는 다각도로 분석되었다. 분명한 현상은 카이스트 안에 산업계와 호흡을 같이하는 교수들이 거의 없다는 점이었다. 논문을 잘 쓰는 교수는 많아졌으나 산업계와 거리가 멀어졌다. 심지어 대전시와도 거리가 멀었다. 예컨대 벤처인들을 초빙하여 공동 과제를 수행할 만한 관계조차 거의 없는 상황이었다.

신문에 여러 차례 보도되었으나 학생들의 자살로 대변되는 살벌한 학업 환경, 학점에 따라 돈을 내는 벌금제도, 이런 것들이 학교의 분위기를 경직화시켰다. 축제조차에도 사람들이 모이지 않는 정열이 없는 학교가 된 것이었다. 초기 카이스트의 산학협동은 다 어디로 갔는가?

진정한 경쟁력은 학점과는 관계가 별로 없다는 것이 나의 개인적 소신이다. 그런데 학생들은 학점의 노예가 된다. 뭔가가 잘못되어 있다. 그래서 카이스트 2.0이라는 혁신 제안을 서남표 총장님을 비롯한 주요 교수들에게 발표했으나 실질적인 후속 조치는 없었다. 총장의 의지가 바뀌지 않는 한 이 문제는 위로부터의 개선은 불가능했다. 결국 아래로부터의 개혁 활동을 해야 한다는 결론을 내리고 쓴 글들이 〈카이스트 2.0〉이란 기고문들이다. 이를 위해 카이스트에 기업가정신 확산을 위

기업가정신 강의를 마치고 학생들과 함께

한 일련의 활동을 전개했다.

스마트 캠퍼스 캠페인, CEO세미나, 기업가정신 강좌, 실전창업 프로그램 등이다. 산학협력단을 비롯한 많은 기관이 열심히 활동을 했고 송락경 교수가 적극 동참했다. 이에 대한 결과는 연간 두세 개에 불과했던 창업이 2년 만에 20~30개의 창업으로 늘어날 전망이다. 이제는 오히려 창업 촉진이 아니라 창업 내실화가 문제가 되지 않을까

실전 창업지도, 벤처 2.0 강의를 마치고

생각한다.

  카이스트는 앞으로도 한국의 이공계 중심 대학이 되어야 한다. 나아가 세계적인 이공계 대학이 되어야 한다. 학문과 창업의 선순환을 통해 말이다. 이를 위해서는 카이스트 내부에서만 문제를 풀어서는 안 된다. 대전, 대한민국, 전 세계로 열린 학교가 되어야 한다. 연구실은 산업체의 문제를 함께 고민해야 한다. 졸업생들은 상호연결을 통해 개방혁신에 참여해야 한다. 이러한 열린 학교로 가는 프로젝트를 스마트 캠퍼스 프로젝트라 명명하고 자원봉사자들을 모았다.

  스마트 캠퍼스는 개인이 스마트폰으로 들어가고 학교도 스마트폰으로 들어가 융합하는 최적의 학교를 의미한다. 이제 시작 단계이나 개방혁신, 창조경제, 기업 혁명가에 이어 또 다시 비공식 자원봉사조직의 결과가 기대되는 활동이다. 카이스트는 나의 모교인 동시에 벤처의 요람이고 청년들의 꿈을 펼칠 수 있는 장소가 되어야 한다.

이민화홀

벤처기업의 꿈을 키울 수 있는 터전을 마련하다

2009년 7월 카이스트의 동문창업관에 이민화홀이 생겼다. 동문창업관은 내가 주도하여 카이스트 동문 기업인들을 윽박질러 설립한 건물이다 (이때 MIT를 3년 앞선 세계 최초의 OCW 제공을 위해 동문창업관과 사이버 카이스트에 1백억 원을 기부했다). 후배 동문창업을 촉진하기 위한 건물이다. 마침 카이스트의 현재 내 사무실이 바로 이 건물 안에 위치하고 있다.

이민화홀 커팅식

News

KAIST에 벤처기업가 이민화 박사의 이름을 딴 홀이 생긴다

카이스트는 2009년 6월 30일 오후 4시 동문창업관에서 벤처산업 육성에 기여한 이민화 박사의 공헌을 기리기 위해 '이민화홀' 명명식을 갖는다고 밝혔다.

이 박사는 2001년 카이스트 출신 기업인들과 함께 100억 원의 기금을 조성해 후배들이 벤처기업의 꿈을 키울 수 있는 터전인 동문창업관을 건립해 기증했다. 카이스트는 이 박사의 뜻을 기리기 위해 동문창업관의 영상강의실을 이민화홀이라 명명하게 됐다고 설명했다. 이 박사는 1985년 최초의 벤처기업 메디슨을 창업했으며, 1995년에는 벤처기업협회를 세웠다. 이후 코스닥 설립과 벤처기업특별법 제정 등 우리나라 벤처산업 발전을 주도해왔다.

카이스트는 이 박사의 벤처산업 및 신기술 사업화의 노하우를 학생들에게 전수하고자 초빙교수로 임용할 예정이다. 이 박사는 기술경영대

학원과 과학영재교육연구원에서 차세대 영재기업인 양성을 위한 교육 프로그램에 참여해 기업가정신에 대해 강의한다.

서남표 총장은 "이민화 박사는

기술 사업화의 불모지였던 국내에 기술벤처의 필요성을 역설하고 기술벤처의 확산 기반을 마련한 선구자"라며 "앞으로 대한민국의 미래를 이끌어갈 기술 확산과 영재기업인 배출을 위해 노력해 주었으면 좋겠다"고 말했다.

한편 이날 행사에는 홍석우 중소기업청장을 비롯해 동문 벤처기업 대표 20여 명, 정부출연(연) 관계자, 서남표 총장, 교수 등 약 100여 명이 참석한다.

- 〈이데일리〉 2009. 6. 29

• 아무리 위대한 천재의 능력일지라도 기회가 없으면 소용이 없다.
_보나파르트 나폴레옹

영재기업인

특허 기반의 영재기업인 양성에 도전하다

- 태동의 과정
- 교과목의 구성
- 선발 캠프 그리고 미래의 가치

2009년 5월 무렵, 카이스트의 이 광형 교무처장 초청으로 대전에 내려갔다. 마침 가는 날이 장날이라고 특허청에서 오신 분들과 카이스트 교수들 그리고 영재교육원 박사들이 토론을 하고 있었다. 토론의 주제는 고정식 특허청장이 화두를 던진 '특허 기반의 영재기업인' 과정을 카이스트에 만들어야 되느냐 하는 논의였다.

그 격렬한 논의의 과정을 거쳐 영재기업인 프로그램이 카이스트 내에 설치되어 중고등학생들을 대상으로 특허 기반의 영재기업인 교육이 시작되었다. 그 과정의 전후와 교육 내용을 소개한다.

태동의 과정

영재기업인을 꿈꾸다

대체로 대학 내에 교육 과정을 설치할 때 정부 부처가 돈을 내고 학교는 그 기금을 따오기 위해 열심히 노력하는 것이 일반적이다. 그런데 당일 풍경은 주객이 전도된 형국이었다. 특허청의 정연우 과장은 영재기업인 프로그램을 반드시 관철시키기 위해 노력하는 모습이었고, 이광형 원장을 비롯한 카이스트 교수들과 영재기업원 박사들은 시큰둥한 표정으로 앉아 있는 모습이었다.

"아니, 기업인이 교육을 통해 키워지나?"

"그리고 영재가 무슨 기업인인가?"

그런데 마침 평소에 추진해왔던 창조경제연구회에서 내가 주제 발표했던 자료를 가지고 있었다. 그 자료는, 미래사회는 특허를 중심으로 재편되고 전 세계의 기업가치는 빠른 속도로 특허로 이동한다는 내용을 담고 있었다. 예를 들면 1985년 전 세계의 특허거래 금액은 불과 50억 달러였는데, 20년 후인 2005년에는 1,500억 달러로 증가했다. 소위 미국의 잘나간다는 S&P 500대 기업의 기업가치의 80%는 무형자산이고 그중 절반은 특허자산으로 분석된다. 특허가 미국을 대표하는 500대 기업의 가치에서 건물, 토지, 기계장치를 포함한 유형자산의 비중보다 크다는 놀라운 사실을 얘기하고 있는 것이다.

그 이유는 단순하다. 기업이 남들과 차별화할 수 있는 핵심역량이 생산을 넘어, 기술을 넘어, 이제는 특허로 진입하고 있다는 것을 의미한다. 앞으로 사업은 특허를 가지거나 아니면 시장을 가지거나 둘 중 하나를 가지고 있어야 하며 이 둘을 선순환시킬 수 있는 기업은 우량기업이 된다는 것을 의미한다. 나는 두 가지 화두를 담고 있는 창조경제연구회의 성과를 그날 모임에서 뜻하지 않게 발표하게 되었다. 결과는 놀랍게도 카이스트 박사들이 왜 특허 기반의 기업인을 육성해야 하는가를 이해하게 된 것이다. 돌이켜보면 고정식 청장은 전체적인 그림을 암묵적 형태로는 파악했던 것 같다. 추진을 명받은 정연우 과장은 비록 특허청의 최고 돌파력을 가진 인재이긴 했지만 체계적으로 파악하지는 못했다고 본다. 그러나 곧 대단한 뚝심을 발휘하여 최고가 된다.

카이스트와 포스텍 2개 대학을 경쟁적으로 발전시키기 위해 영재기업인 프로그램을 설치하자고 추진했으나, 사실 양 대학 모두 그렇게 적극적이지 않았던 이유다. 그날 이후 카이스트는 IP$^{\text{Intellectual Property :}}_{\text{지식 재산}}$ 기반의 영재기업인 사업을 추진하는 것으로 결론짓고 추진 책임을 나에게 맡겼다. 드디어 8월부터 특허 기반의 차세대 영재기업인 기획에 착수했다.

전체적인 그림은 명확했다. 미래 기업의 차별화 요소인 IP를 기반으로 이를 기업가로 연결하는 IP-CEO 과정은 대한민국의 미래 발전의 핵심이었다. 전국의 중고등학생을 선발해 1만 시간 교육을 시키면 한국을 먹여 살릴 인재가 나온다. 이를 위한 자금은 특허청에서 지원한다. 문제는 전 세계적으로 사례가 없는 새로운 일이란 점이었다. 영재육성은 어떻게 할 것이냐에 대해 많은 분이 다양한 의견을 제시했다. 인성교육을 강화해야 된다, 수학과 과학을 충실히 해야 한다, 응용프로젝트를 많이 해야 한다 등등……. 의견과 조언이 너무 많아 오히려 혼란을 초래할 정도였다.

한 번 물면 놓지 않는 불독 같은 정연우 과장은 교육혁신 전도사인 조벽 동국대 석좌교수, 이인식 소장님을 비롯해 많은 분을 만나 어느 정도 눈이 트여가는 모습이었다. 정 과장의 지원은 획기적이었다. 정부기관의 군림은 아예 없고 동업자처럼 지원을 해주었다. 그래도 되는지 지금도 의문이다.

개소식을 하다

드디어 2009년 9월 영재기업인 교육원 개소식을 열고 공식 출범했다. 그 이전인 8월에는 막강한 사람들을 동원해 자문위원회를 구성했다.

그리고 없는 예산을 동원해 다섯 과목의 온라인강좌를 준비했다. 녹음의 질 등이 완벽하진 않았지만 이 강좌들은 이 분야 최고의 강좌라 자부한다. 몇 번의 개선 과정을 거치면 대한민국 전체적으로 공유해도 좋을 만큼 자랑스러운 콘텐츠로 발전할 것이다.

온라인 교육에 이어 최고의 오프라인 캠프 기획을 시작하였다. 오프

영재기업인 교육원 개소식을 여는 자리에서

라인 캠프는 2명의 강사가 1개의 주제를 가지고 화두를 제시했다. 예를 들어 녹색기술에 대해(혹은 스마트 혁명에 대해) 한 명은 기술적 측면, 한 명은 인문학적 측면을 가지고 두세 시간에서 걸쳐 전 세계에서 벌어지는 첨예한 문제를 제기한다. 학생들은 팀을 나눠 화두를 정하고

영재기업인 교육원 현판식을 마치고

인터넷 검색을 하고 토론을 하면서 문제를 풀어나간다. 물론 정답은 없다. 조교들이 도와주기는 하나 조교들도 정답을 가지고 있는 것은 아니다. 정답의 반대말은 오답이 아니라 '또 다른 정답'인 것이다. 생전 처음 부딪히는 문제에 학생들은 난감해했다. 문제를 찾는 것부터가 문제다. 새벽 두세 시가 될 때까지 난상 토론을 하고 인터넷을 뒤진다. 특허를 검색한다. 그리고 드디어 깨달음을 얻고 희열을 얻는다. 진짜 학습이다.

교과목의 구성

교육혁명을 시작하다

나는 전체적인 교과목에 대한 정리를 했다.

첫 번째는 IP다. 특허가 없으면 미래산업의 차별화 요소가 없고 결과적으로 차별화된 수익 창출이 어려워진다. 먼저 특허를 교육시켜야 된다.

두 번째는 이 특허를 기반으로 기업으로 이끌어가는 기업가정신을 키워야 한다.

이렇게 해서 양대 과목은 만들어진다. 특허를 만들어내는 융합 기술, 사업화를 이끌어내는 기업가정신 두 가지가 IP-CEO의 양대 축을 형성한다. 이어 융합 기술이 기업화되기 위한 과정의 포장 과정이 특허다. 특히 트리즈^{TRIZ}가 중요한 역할을 차지한다. 한편 기업가정신으로부터 융합 기술로 새로운 니즈를 전달하기 위해서는 사회가 요구하는 가치를 창출할 수 있고 조명할 수 있는 인문학이 필요했다. 그리하여 4개의 기본 과목이 구성되었다. '융합 기술', '특허', '기업가정신', '인문학'이다. 이를 기본 과목으로 삼고 분야별 첨단 기술에서 화두를 제시하고 팀 프로젝트로 문제를 해결하는 캠프가 구성된다.

일단 교과목은 만들어졌다. 이 교과목을 어떻게 전달할 것인가? 선발 학생들은 온라인교육과 더불어 한 달에 1회씩 1박 2일의 오프라인 캠프를 하기로 했다.

우선 온라인교육을 위해 대한민국에서 가장 뛰어난 강사의 섭외에 들어갔다. 미래 기술, 융합 기술 쪽은 마침 운 좋게 대한민국 최고의 두 분을 모셨다. 융합 기술연구소를 운영하는 이인식 소장님, 아스펙연구소를 운영하는 차원용 박사님이다. 두 분은 융합 기술에 대한 책을 많이 냈고 미래에 대한 탁월한 혜안을 갖고 계신 분들이었다. 스타일은 다르지만 내공은 당대 최고였다. 특허 기본 과정은 대학생 실전 특허 교육에 많은 경험을 갖고 있는 영동대의 윤상원 교수님에게 위임했다.

기업가정신은 전 세계에서 기업가정신의 최고봉로 평가받는 뱁슨 대학의 도나 켈리 교수와 연구를 공동 수행한 산업기술대학의 약관의 이현숙 교수를 발탁했고, 카이스트의 송락경 교수가 도와주었으며, 인문학 분야는 카이스트의 인문과학대학에 위임했다.

이어 교육의 하이라이트인 오프라인 캠프 설계(CC캠프)에 착수했다. 캠프 설계의 핵심은 프로젝트 중심 교육이었다. 창조성과 협업을 중심으로 하기에 CC$^{Creativity\ and\ Collaboration}$캠프라고 명명한 것이다. 온라인교육은 콘텐츠 전달 중심의 이론 수준이라면, 오프라인교육은 문제 해결 능력을 키워주고 창조성을 키워주는 교육으로 설계했다. 그 모토는 'Less Teaching, More Learning'이다.

새 술은 새 부대에 담아야 했기에 새로운 사람이 필요했다. 그리하여 두 명의 탁월한 전임 연구원들도 발탁했다. 사업의 실무 책임을 맡을 허남영 박사와 단국대학교 박사과정을 마치고 혈혈단신 대전으로 내려와 합류한 백민정 연구원이었다. 두 사람이 북 치고 장구 치면서 커리큘럼의 세부 사항을 만들고 온라인강좌를 만들어갔다(두 사람은 누가 먼저 이 사업에 참여했는가 그 시기 문제를 놓고 지금도 논쟁 중이라는 후문이 있다). 이어 영재교육에 경험이 많은 우정수 연구원이 합류해 트리오팀이 구성되었다. 바야흐로 대한민국 창조성 교육혁명의 시작이었다.

온라인강좌 교육 분야

교육 분야	목표	교육 내용
미래 기술(중)/ 지식융합(고)	미래 기술 변화에 대한 통찰력 향상	2030 Trends, NT · ET · BT · GT · ST · IT의 이해, 지식융합, 과학 기술과 상상력 등
지식재산권 (중/고)	지식재산의 창출역량 함양 및 창조적 사고기법 학습	발명과 창조력, 저작권의 이해, 특허제도와 출원서 작성
기업가정신 (공통)	IP를 기반으로 기업을 설립하고 운영하는 도전정신과 리더십 함양	시장조사와 소비자 인터뷰 등을 통해 자본주의 시장경제 체제를 이해하고, 기업가 인터뷰와 사업 아이디어 탐색
미래 인문학 (공통)	미래사회의 변화에 대한 통찰력과 창조적 아이디어 생성역량 향상	기업 발달사 : 앤드루 카네기, 소니와 전자산업의 혁명, 빌 게이츠와 IT 혁명, 기업가의 역할 등

다른 나라의 사례, 특이점 대학

IP-CEO 과정을 설계할 때는 몰랐으나 거의 같은 시기에 구글이 나사 NASA의 에임스연구소와 함께 일반인들을 대상으로 비슷한 프로그램을 미국에서 만들었다. 지금도 전 세계적으로 중고등학생 대상의 특허 기반 기업인교육은 아마도 카이스트 과정이 유일하지 않은가 생각한다.

2010년부터 본격적으로 교육이 시작되었다. 매주 온라인 과제가 주어지고, 정답이 없는 문제를 풀면 카이스트 학생들이 조교로서 피드백을 하고, 집단 커뮤니티에서 토론하고, 한 달에 한 번 1박 2일 캠프에서 로봇, IT, 바이오, 우주 등 다양한 주제를 가지고 문제를 풀어나갔다.

무엇보다 왕성한 호기심을 주체할 수 없었던 영재 아이들은 같은 생각을 가지고 있는 친구를 만나는 그 자체만으로도 엄청난 기쁨이었다. 이 교육을 위해 중국에서 온 학생 한 명은 하루도 빠지지 않고 수업에 참여했다. 학생들은 열광에 열광을 거듭했다. "일반 영재교육에 비해 비교할 수 없을 정도로 수백 배 좋은 교육이다"라고 입을 모았다. 진정한 창조교육을 아이들이 맛본 것이다. 그들이 1만 시간 연습을 하면 대한민국이 중국과 차별화할 수 있는 새로운 인적자원을 확보할 것이다.

이 과정은 많은 언론을 통해 보도되었으며 많은 학생이 참석한 석학들을 놀라게 했다. 심지어 학부모들조차 변했다. 처음에는 이 교육이 과연 대학입시에 도움이 될까 반신반의하던 학부모들도 "설사 대학입시에 도움이 되지 않는다 해도 너무 좋은 교육이다" 하고 지지를 보냈다. 다행스러운 것은 첫해 캠프에 참여한 학생 중 4명이 카이스트에 입학했다는 사실이다. 그해에 고등학교 2학년생 20명이 조기 합격을 했는데, 그중 4명이 캠프 참가자였다. 4명 중 3명이 일반 고등학교 출신이었는데, 2차 면접에서 대단히 높은 점수를 받았다. IP-CEO 과정에서 토론이 무엇인가를 진정으로 배웠기 때문이다(물론 이 교육의 목적은 대학 입학이 절대 아니다).

아쉬운 점은, 2011년 심화 과정 교육의 성과는 첫해 기본 과정에 비해 열광적인 반응이 나오지 않았다는 점이다. 처음에는 혁신적인 교육 프로그램이 나중에는 새롭게 인식되지 않은 것이다. 혁신은 끝없는 고행의 길이다. 게임처럼 레벨을 계속 올려야 한다. 쉬워도 어려워도 몰입은 어렵다는 것이 칙센트미하이의 이론 아닌가.

선발 캠프 그리고 미래의 가치

영재 아이들을 통해 비전을 보다

그해 12월, 제1기 학생을 모집했는데 전국에서 중고등학교 교장의 추천으로 5 : 1의 경쟁률을 거친 끝에 101명을 선발했다. 선발 캠프에서부터 토론교육을 실시하고 그 과정에서 창조성이 뛰어나고 CEO로서의 리더십을 가진 학생을 선발했다.

선발캠프의 주제는 개인 과제와 집단 과제로 나누었다. 개인 과제는 〈네이처〉에 실린 최첨단 이론으로 당연히 사교육으로선 불가능한 문제

입소교육 후 한자리에 모인 영재 학생들

영재기업인 학생들과 함께

들이었다. 그것도 영어로 된 것을 제시하고 그를 바탕으로 창조성을 테스트했다. 집단 과제는 녹색 기술에 대한 강연을 듣고 팀 프로젝트를 제출하는 장기 과제였다. 제한된 시간 내에 문제를 풀어내는 팀 단기 과제도 있었다. 이처럼 다양한 과정을 거치면서 조교들의 개인 리더십 평가와 더불어 창조성을 평가했다.

여기에 기업가지수 테스트를 뱁슨의 모델을 도입해 실시했다. 대한민국 최초의 창조적 기업가 선발 캠프였다. 재미있는 것은 떨어진 학생들도 캠프 과정이 즐거웠다고 입을 모았다는 점이다. 밤새워 프로젝트를 하고 새벽 두세 시 넘어서까지 토론을 벌이다가 갑자기 변곡점에 도달해서 다양한 아이디어들을 쏟아냈다. 이런 몰입을 통한 창조성의 기쁨을 맛본 학생들은 그 희열 때문에 수업을 열광적으로 지지했다. 온라인교육의 콘텐츠 제공, 오프라인 캠프의 프로젝트를 통한 문제해결 능력, 이 두 가지가 완전히 새로운 IP-CEO교육의 핵심인 것이다.

이 캠프를 통해 나는 미래의 가치를 볼 수 있었다. IP-CEO 과정을

카이스트 · 포스텍 연합교육에서 날개를 편 학생들과 함께

통해 연간 100명의 기업인들이 출현하여 이 중 20%가 성공하여 100억 원 가치의 기업을 만든다고 가정해보자. 매년 2천억 원의 가치가 카이스트에서 만들어지는 것이다. 전국으로 확산이 되면 이 가치는 10배 증가한다.

한편, 한 학생이 평생 가치 있는 특허 10편을 만들고 각각 1억 원이 가치가 있다면 연간 천억 원의 특허가치가 만들어진다. 한국이 이 사업에 올인해도 될 충분한 이유가 되는 것이다. 그런 의미에서 한국의 미래 도전은 특허 기반 영재기업인에 달려 있다.

Interview

지구상에 인류가 출현한 이래, 세상은 항상 도전하는 자들에 의해 진화했다. 여기 '도전하는 자가 세상을 바꾼다'는 화두로 교육포럼(교육개발원) 최상덕 실장과 한 벤처 인터뷰를 소개한다.

도전하는 자가 세상을 바꾼다

최상덕: 향후 10~20년의 미래에 교수님이 연구하거나 활동하는 분야가 어떻게 변화하리라고 예측합니까?

이민화: 교육과 관련하여 제가 활동하는 분야는 제가 직접 하는 게 아니라 다른 사람들이 일하는 데 필요한 인프라를 구축하고 지원하는 일입니다. 인재 양성과 기업 활동에 관한 플랫폼을 제공하는 것이지요. 앞으로 중요한 것은 개별 기업 활동 못지않게 기업들 간의 복합생태계가 중요해집니다. 정책과 인프라의 중요성이 증가하는 것이지요. 미래 사회는 창조적 기업들이 엄청나게 많아지는 사회인 동시에 그 창조적 기업들이 자기조직화되는 생태계가 굉장히 중요해집니다. 이때 관계의 룰이 중요해지므로 정책의 역할 역시 중요해질 것으로 봅니다.

많은 분이 정부의 역할은 점점 축소될 것이라고 생각하지만 창조경제로 가면서 오히려 정부의 역할은 더 중요해집니다. 크기는 작아지겠지만 중요성은 증가하는 것이지요. 그렇다 하여 필드에서 뛰는 플레이어가 되어서는 안 됩니다. 정부는 어디까지나 룰메이커가 되어야 하고 심판이 되어야 합니다. 한국 정부의 문제는 플레이어의 역할을 너무 많이 한다는 점입니다. 교육도 마찬가지입니다. 정부 교육 부처의 역할도 룰메이커나 심판에서 그쳐야 합니다. 교육 부처가 플레이어가 되면 교육이 경직됩니다.

현재 한국의 제일 심각한 문제는 출산율입니다. 신생아의 수가 줄어드는 것이 국가가 당면한 가장 심각한 문제이지요. 익히 아는 것처럼 우리나라는 OECD 국가들 중에서 출산율이 최하위입니다. 1.19~1.18 사이인데 1.2가 안 되는 낮은 출산율로는 21세기에 국가 번영을 기대하기 어렵습니다.

또 하나가 창업에 관한 문제입니다. 창업도 일종의 출생입니다. 즉, 개인과 법인의 출생이 저하되고 있다는 게 제일 큰 문제라고 봅니다. 국가 전체로 보았을 때 두 마리 토끼가 있지요. 하나는 성장이고 하나는 고용입니다. 요즘 복지가 화두로 등장하고 있는데, 최선의 복지는 고용입니다. 그런 의미에서 대한민국의 '고용 없는 성장'이 문제가 되는 것입니다.

성장이 고용을 창출하는 유일한 방법은 창업밖에 없습니다. 이는 전 세계적으로 입증이 되어 있지요. 미국에서도 신규 고용 인력의 80%를 흡수하는 것은 기존의 기업이 아니라 창업기업들입니다. 대기업은 전 세계적으로 여러 가지 이유 때문에 고용을 줄이고 있습니다. 대기업은 성장은 만들지만 고용은 만들지 못합니다. 전통기업들은 성장은 못하지만 고용은 유지하지요. 그 대기업들이 줄이는 고용을 흡수해 나갈 곳은 창업기업밖에 없습니다.

신생 창업기업들이 성장과 고용의 두 축을 담당하게 됩니다. 그러므로 21세기에는 창업 활성화 문제가 제일 심각합니다. 창업 활성화의 핵심은 창조적 인재입니다. 저는 창의라는 단어는 사용하지 않고 창조를 사용합니다. 원래 창의였는데 제가 창조로 바꿨지요. 일견 말장난일지 모르지만 두 가지는 명백히 다릅니다.

최상덕: 구체적으로 어떻게 다른가요?

이민화: 창의는 하나의 프로세스 혁신입니다. 점진적 혁신이지요. 그러나 창조는 완전히 룰을 바꾸는 것입니다. disruptive innovation, 즉 와해적 혁신입니다. 그래서 우리가 지금 필요한 것은 그 와해적 혁신을 만들어낼 창조적 인재입니다. 만약 주어진 목표가 있을 때 "(그) 목표로 가는 길을 찾아라"는 창의적인 것이지만 "목표를 바꾸라"는 것은 창조적입니다. 그래서 저는 창조라는 말을 사용합니다. 미래에는 창조적 인재가 굉장히 중요하기 때문입니다.

최상덕: 그러한 변화에 비추어볼 때 미래(향후 10~20년)에 요구되는 인재상과 그 인재가 갖추어야 할 주요 능력(역량)이 어떻게 변화하리라고 예측하나요?

이민화: 결국 "인재상이 무엇이냐?"는 질문이겠지요. 기업과 사회가 요구하는 스킬의 변화 도표에 따르면 매뉴얼 기반의 업무는 점점 줄고, 매뉴얼에 없는 업무들이 늘어나고 있습니다. 제일 빨리 늘어나고 있는 게 'non-routine'하고 'interactive'한 것들입니다. 1960~1970

년대에는 대부분의 기업 활동이 매뉴얼만 잘 운영하면 문제가 없었습니다. 그래서 매뉴얼 기반의 일상적인 업무들이 주축이었지요. 그러나 이제는 매뉴얼이 없는 non-routine하고, 지금까지 없었던 일이 계속 발생합니다. 그것도 혼자 하는 게 아니라 interactive해야 합니다.

이것이 사회가 요구하는 니즈입니다. 이 니즈에 맞춘 사람들이 non-routine한 것을 해결하기 위해서는 창조성이 필요하죠. 그 다음에 이 창조성이 interactive해야 됩니다. 제가 하는 일이 아무리 창조적인 일이라 해도 혼자 하는 일은 점점 줄고 있습니다. 사회가 복합화되고 있기 때문이죠.

여기에는 여러 가지 이유가 있지만, 과거는 만능 인력을 요구한 것에 비해 지금은 만능 인력을 요구하지 않습니다. 자꾸 통섭을 얘기하면서 모든 걸 다 잘하는 사람을 요구하는 것처럼 보이지만 그것은 확률적으로 떨어집니다. 우리에게 필요한 것은 팀입니다. 이론적으로 모든 성적을 90점 받는 사람 10명을 모아놓으면 90점이 나오는데, 각 과목에 100점 받고 나머지 0점 받는 사람들 10명을 모아놓으면 전 과목이 100점이거든요.

전 세계적으로 성공적 창업기업의 특징을 보면, 서로가 보완해주는 팀의 형성이 굉장히 중요합니다. 그러므로 interactive해야 됩니다. 협력성이 필요한 이유지요. 창조성 다음에 필요한 것이 협조성입니다.

그 다음에 중요한 역량은 ICT역량입니다. 앞으로 세상의 변화는 스마트와 소셜로 가면서 클라우드를 추구합니다. 그때 ICT역량이 굉장히 중요해집니다. 이는 협력cooperation이 아니라 기술technology이며 커뮤니케이션 테크놀로지 communication technology입니다. 그 세 가지를 3C라고 했지요. 3C로 끝나는 것이 아니라 3C가 어디로 향하느냐가 중요합니다. 세상의 부와 가치를 증대시키는 쪽으로 가야 합니다. 나 혼자 행복해서는 안 되며 구성원 모두가 행복해져야 합니다. 그런 의미에서 World가 들어가고, 그렇게 탄생한 것이 3C+World입니다.

최상덕 : 갈수록 사회 여러 분야에서 창의성 또는 창의적 인재의 중요성을 강조하는데, 교수님은 창의성과 창의적 인재에 대해 어떻게 정의하십니까?

이민화 : 창의적 인재는 말 그대로 새로운 아이디어를 내는 것입니다. 새로운 아이디어를 낼 때 무엇이 필요할까요? 여러 논문에서 이 문제를 다루었습니다. 비유하면 '물이 차서 넘치는 게 창의적이다'라고 말하는 사람도 있습니다.

창의성의 첫 번째는 일단 지식과 경험이 있어야 합니다. 창조성은 타고난다고 주장하는 사람이 많지만 지식과 경험이 없으면 뒷받침을 하지 못합니다.

그 다음에는 창조적 사고 creative thinking가 없으면 안 됩니다. 창조성이 발현되기 위해서는 생각의 기술 thinking skill이 있어야 됩니다. 그런데 안타깝게도 우리나라는 생각하는 방식에 대한 교육이 부족합니다. 나인시그마 9 sigma 못지않게 중요한 것이 트리즈 TRIZ입니다. 트리즈는 러시아에서 시작되었는데 '발명이 어떻게 만들어지는가?'에 대한 연구에서 출발했지요. 분석을 해보니 '붙은 것을 나누는' 것이 발명이었지요. 즉, '모순을 극복하는 게 발명'이라는 결론을 내린 것입니다. 모순은 우리 주변에 굉장히 많습니다. 예컨대 소비자는 '넓으면서 좁아야 된다'는 요구를 하지요. 크면서 작아야 된다는 모순을 요구하는 것입니다. 이 모순을 해결하는 것이 바로 발명입니다.

트리즈에는 약 백 가지 정도의 기법들이 있습니다. 그 기법이 창조적 사고를 만들어주지요. 창조적 사고는 기본적으로 문제를 해결하는 것입니다. 문제를 해결한다는 것은 과정의 갈등을 극복하고 모순을 극복하는 것이지요. 그래서 저는 트리즈교육을 중요하게 여깁니다. 카이스트 학생들도 트리즈를 하는데, 교육 후에 확실히 달라집니다.

두 번째는 창조적 사고입니다. 우리 교육에서 첫 번째(지식과 경험)는 많이 하고, 두 번째(사고법)는 거의 하지 않습니다. 세 번째는 무시하지요. 바로 동기^{motivation}입니다. 창조성을 끄집어내는 데는 동기가 굉장히 중요합니다. 우리가 지금까지 해온 동기는 "너 안 하면 때린다"입니다. 이는 창조성을 죽이는 것입니다. 중고등학생을 뽑아서 테스트하면 고등학생의 창조성이 훨씬 떨어집니다. 왜냐하면 교육 과정에서 동기를 거꾸로 받았기 때문이죠. 정답을 찾는, 안 틀리는 연습만 했어요. 안 틀리는 연습을 한 사람은 창조성이 사라집니다. 창조성은 오답을 통해 배우는 것이니까요. 그런데 우리는 오답을 통한 교육을 하지 않고 정답을 맞히는 교육만 하기 때문에 고등학생의 창조성이 떨어지는 것입니다.

이제 세 번째 문제는 동기입니다. 동기에 필요한 것은 자발성입니다. 자기의 내면에서 나오는 동기가 진짜 창조성 동기입니다. 본능적인 동기가 나오려면 재미^{fun}가 있어야 합니다. 그런데 교육의 재미가 지금 사라지고 있습니다. 정답을 맞히게 하는 교육은 재미를 사라지게 합니다. 대신 노력만을 요구하죠. 반면 창조적 교육은 재미를 바탕으로 합니다. 그래야 내면의 동기가 나오니까요.

하지만 재미만 있고 그 다음에 아무것도 없으면 단순한 '놀이'로 가 버립니다. 그래서 경쟁과 평가가 필요하지요. 그것이 진정한 동기입니다. 사람들에게는 자율이 필요하지만 자율만 있다면 사람들은 그저 놀기만 합니다. 자율을 최대한 주되 결과를 가지고 평가하면 동기부여가 됩니다. 이것이 시장경제의 원리입니다.

최상덕: 한국사회 발전을 위해 인재가 갖추어야 할 주요 역량과 인성은 무엇이라고 생각합니까?

이민화: "창조적 인재가 우리의 궁극적 목표인가?" 하는 질문에는 "예스"라고 대답하기는 어렵습니다. 교수들 중에는 창조적 인재들이 많습니다. 그런데 교수들은 사업을 잘 못합니다. 그들은 세상을 바꾸지 못합니다. 그러므로 우리에게 필요한 것은 창조성creativity과 그것을 행동으로 옮기는 도전challenge입니다. 그래서 '창조적 도전'이라고 말하지요.

창조성은 있는데 도전을 안 하는 사람은 세상을 못 바꿉니다. 이노베이터innovator가 될 수 없지요. 미래에 필요한 것은 창조적인 역량이고 거기에 도전정신이 있어야 합니다. 그래야 이노베이터가 나옵니다. 우리가 원하는 사람은 이노베이터, 즉 혁신가입니다.

최상덕: 교수님은 W도 굉장히 강조를 하셨잖아요?

이민화: 창조성이 발현되는 과정을 보면 '나'를 중심으로 생각하는

사람은 창조적이 되지 못합니다. 세상을 중심으로 생각해야 합니다. 창조성이 발현되는 사람은 넓게 세상을 봅니다. '나 혼자 잘먹고 잘살겠다'는 편협한 생각을 갖고 있으면 큰 아이디어가 안 나옵니다. 그러므로 가치관의 진화를 해야 할 때입니다. 왜냐면 돈이라는 것은 세상 가치 중의 하나일 뿐이기 때문입니다. 매슬로우Maslow의 욕구 5단계설을 보면 안정욕구 정도에 해당하는 3단계거든요. 그 다음 단계는 명예, 그 다음에 자아실현입니다. 매슬로우의 5단계는 이제 6단계로 바뀌었지요. 자아실현 다음에 타아실현이 있지요.

한국의 대부분의 사람이 머물러 있는 곳이 3단계입니다. 이제 한 단계 더 올라가야 합니다. 그렇게 되면 돈은 삶에서 절대적인 문제가 아니게 됩니다. 능력 있는 사람이 자기가 세상에 가치를 만들고, 그 가치의 일부분을 배당 받는 것이 부라고 생각해야 합니다. 반대로 부가 첫 번째 목표가 되면 세상이 왜곡되기 시작합니다. 지금 한국에서 일어나는 대표적인 현상입니다.

저는 학생들에게 "기업의 목표가 뭐냐?"고 물었을 때 "이윤 추구"라고 대답하면 굉장히 혼냅니다. 그건 잘못 가르친 겁니다. 이윤 추구는 결과일 뿐 기업의 본질적인 목표는 가치 창출입니다. 이 사회에 창출한 가치의 일부를 기업이 분배 받는 것이 기업의 이윤입니다. 물론 이윤은 내야지요. 그런데 이윤 자체가 목표가 되면 가치 창출은 없어도 되고 오로지 이윤만 내야 한다는 사고로 바뀌어버립니다. 안타깝게도 그런 기업들이 많습니다. 기업의 정의가 잘못된 탓이지요. 그런 의미에서 기업의 평가지표는 매출도 아니고 이익도 아니고 '부가가치'가 지표가 돼야 합니다. 그것이 가장 정확한 평가를 할 수 있죠.

부가가치가 평가지표가 되면 좋아지는 점이 많습니다. 부가가치의 극대화는 기업 참여자들에게 갈등의 요소가 아닙니다. 부가가치를 올리는 것이 종업원들에게 나쁜 것도 아니고 주주에게 나쁜 것도 아닙니다. 그러나 이윤의 극대화가 목표가 되면 반드시 갈등이 생깁니다. 부가가치를 분배하는 것이 급여이고 주주의 이익입니다. 이렇게 생각하면 부가가치의 극대화를 위해 다 같이 노력해야 되는 것은 틀림없는 일이 되는 거죠.

최상덕 : 창의적 인재 양성과 관련해 현 우리나라 초·중등학교교육과 대학교육이 당면한 문제 또는 과제가 있다면 무엇입니까?

이민화 : 중고등학교와 대학의 경우, 중요한 것은 평가시스템입니다. 지금의 평가시스템은 경쟁이 전부입니다. 하나의 룰을 가지고 경쟁을 하다 보니 평가에 대한 불만들이 많습니다. 그것을 극복하기 위해 도입한 것이 객관적 시스템입니다. 그리하여 객관식 시험을 내고, 평가에 주관의 개입을 없앤 것이죠. 그 결과는 정답교육으로 가버린 것입니다. 평가의 편의성을 위해 만들어진 결과가 정답교육입니다. 정답교육이 만들어내는 것은 '주어진 일을 하는 인재'밖에 못 만듭니다. 즉, 매뉴얼 인간밖에 못 만들지요.

정답은 콘텐츠contents입니다. 콘텐츠는 매일매일 쏟아집니다. 오늘날 매년 쏟아지는 콘텐츠는 인류가 역사 이래 만든 것보다 많습니다. 그 정답을 어떻게 다 배우겠습니까? 공식에 집어넣어 답을 내는 게 아니라 공식이 어떻게 만들어지는가를 알아가는 콘텍스트context 교육이

다시 중요해지는 거죠. 옛날 교육 방식이 필요한 이유입니다. '정답이 없는 교육을 해야 된다'는 게 결론입니다. 창조적 인재를 키우려면 정답 없는 교육을 해야 합니다. 이때 제일 어려운 점이 평가의 기준이지요. 그래서 문제를 내고 각자 다른 답을 쓰고, 각자 다른 답에 대해 평가를 해야 합니다. 이것을 할 수 있으면 새로운 교육이 형성됩니다.

이 시스템에 참여해서 도움을 줘야 할 사람이 학부모입니다. 한국 교육을 망치는 원인이 학부모들이니까요. 그래서 평가문제는 '주관의 객관화'밖에 없습니다. 객관적 평가는 불가능하죠. 주관이 모이면 객관화됩니다. 결국 답은 상호평가peer review입니다. 이것 이외의 답은 없습니다. 전문가를 여럿 동원해서 평가를 하면 코스트가 너무 높습니다. 그것을 실제 현장에 도입할 수 없지요. 상호평가를 하는 방법이 필요한 이유입니다.

교사 혼자 전체를 주관 평가를 하게 되면 한국의 교육 현실에서 유혹에 빠지게 됩니다. 그래서는 교육이 이루어지지 않으므로 학생들끼리 상호평가를 하게 하면 됩니다. 그것에 필요한 많은 기법이 개발되어야 하지요. 이것 역시 제가 실험을 여러 차례 했는데 그냥 맡겨두면 친분 관계에 의해 편향적이 됩니다. 그러므로 평가를 또 평가해야 합니다. 그래서 메타meta평가가 또 이루어져야 됩니다. 이러한 일련의 평가에 관한 여러 가지 연구들이 필요합니다.

전 세계적으로는 교육 3.0이 발달하는 과정에서 평가 부분이 너무 취약합니다. 논의만 무성한 단계지 진정한 교육 3.0이 대중교육mass education에 적용은 되지 않고 있습니다. 평가 문제 때문이지요. 그렇다

해도 방법은 있습니다. 오답을 통한 교육이 되어야 합니다. 창의적 인재교육은 오답을 통한 교육으로 가능합니다. 평가 문제를 해결하기 위한 동료평가$^{peer\ review}$를 보완하는 시스템의 연구가 필요합니다. 그 다음에 그런 평가를 하면서 중요한 점은 남들은 어떻게 답을 냈는가를 배우는 것입니다. 집단평가$^{social\ review}$인 동시에 소셜러닝$^{social\ learning}$입니다.

최상덕 : 소셜러닝은 학생들의 수준과 관계없이 일단 가능하다고 보십니까?

이민화 : 아닙니다. 수준이 어느 정도 올라서야 하고 편차가 너무 커서도 안 됩니다. 지금 우리나라 학급 편성을 보면 어려운 점이 많습니다. 평준화교육은 사실 완전히 비평준화입니다. 비슷하지 않은 사람을 모아놓고 어떻게 평준화를 할 수 있겠습니까? 그래서 학생 수준은 비슷한 그룹으로 모아야 합니다. 그렇지 않고서는 어렵습니다. 그 다음에 정치집단이 있으면 안 되므로 메타평가가 중요합니다. 평가를 평가하는 것이죠. 통계를 보면 편향된 평가들이 종종 나옵니다. 왜냐하면 자기들끼리 정치적 영향력으로 "누구 밀어주자, 누구 왕따시키자" 등의 행위를 합니다. 이를 엄벌하는 제도가 필요해요.

최상덕 : 우리나라 학교와 대학이 미래(최소 10년 후)의 사회와 직업이 요구하는 역량(또는 능력)과 인성을 잘 키울 수 있기 위해서는 어떻게 바뀌어야 합니까?

이민화 : 미래사회가 요구하는 역량은 최소 10년 뒤의 세상에 현재 콘텐츠에서 쓸모 있는 게 별로 없습니다. 그러므로 콘텐츠 중심 교육은

지양해야 됩니다. 문제해결 능력 중심으로 가야 됩니다. 정답을 배우는 것은 지양해야죠. 그러기 위해 대학의 교육이 프로젝트 중심으로 가야 합니다. 결국 프로젝트가 문제 풀이니까요.

학교의 기본 과목들은, 전 과목이 개론적인 정도만 가르칠 필요가 있습니다. 개론에 없는 교육은 프로젝트 수행 과정에서 찾아갈 수 있습니다. 그것을 내비게이터라 합니다. 내비게이터가 있으면 프로젝트를 하면서 '아! 요런 것들은 어디에서 찾지?'를 검색합니다. 그러면 필요한 참조 교육들이 나열되고 그중에 필요한 것을 학습하면 됩니다. 그것이 하나의 검색 능력입니다. 그 검색 중에서도 시멘틱semantic 검색 기술이 발달하고, 또 피봇 검색, 역검색 기술도 발달할 것입니다. 그러한 내비게이터는 앞으로 충분히 잘 개발할 수 있을 것입니다.

그러면 대학이 가르칠 것은, 물론 고등학교도 마찬가지로, 개론introduction입니다. 각 분야의 개론만 가르칠 필요가 있지요. 그래야 용어를 알게 되니까요. 그리고 '어디에서 무엇을 찾을 수 있는가'는 기본적인 지도map를 주기 때문에 가능합니다. '어떻게 찾아가느냐?'가 내비게이터를 활용해서 프로젝트를 중심으로 문제를 풀어가는 과정을 평가합니다. 이렇게 바뀌어야 됩니다.

최상덕 : 일부에서는, 예를 들어 기본적인 개론 수준의 교육을 통해 기존 교육을 정당화하는 사람도 있습니다. 개론 수준의 교육 자체도 기존 교육 방식과는 다른 새로운 접근이 있어야 하나요? 아니면 창의성 교육에는 적합하지 않지만 효율적이고 효과적인 교육이라 해서 정당화될 수 있나요?

이민화 : 균형이 필요합니다. 일정 수준의 콘텐츠를 알아야 됩니다. 그 최소한의 뿌리가 되는 것이 개론입니다. 개론을 무시하면 안 됩니다. 그래서 개론은 아주 강도 있게 교육할 필요가 있으며 일부는 퀴즈도 볼 필요가 있습니다. 보통 퀴즈를 싫어하는데 전문가 고급코스에서는 퀴즈를 볼 필요가 없으나 개론에서는 퀴즈를 보아야 합니다. 개론 수준의 교육에서 토론이 중심이 되어서는 안 됩니다. 그렇지만 토론을 하는 연습을 할 필요는 있습니다. 균형의 문제니까요.

최상덕 : 플랫폼이 굉장히 중요하다고 말했는데, 최근 클라우딩과 연결이 됩니까?

이민화 : 그렇습니다. 어디서나 다 찾아볼 수 있으니까요. 백과사전은 전부 그곳에 있는 것이고, 콘텐츠도 어디서든 그곳에 있고요.

최상덕 : 그렇다면 기초교육과 클라우딩시스템 기반의 교육과는 어떻게 연결이 되나요?

이민화 : 개론이 플랫폼이 되는 것입니다. 애플리케이션에 필요한 것들은 다 가르치는 것이 아니라 클라우드에서 가지고 옵니다. 프로젝트를 하면서 '아, 이 문제를 풀려면 어떻게 해야 하지? 필요한 지식을 어디서 구하지?' 하는 궁금증과 의문이 듭니다. 그때 볼 수 있는 것들을 우리가 찾아주는 것이므로 다 가르칠 수는 없습니다. 모든 학문이 세분화되어 있으니까요. 각 교수마다 자기 전공 분야가 있으므로 그 분야를 살리면 됩니다. 스크랩 & 빌드 scrap & build 가 되어야 합니다.

최상덕 : 최근 IT에서의 개념들이 교육 쪽에도 많이 소개되면서 '기존의 교육 개념들과 이런 개념들이 어떻게 접목되어야 하는가?'라는 논

의가 활발하지요. 가장 중요한 것 중 하나가 커리큘럼입니다. 최근 플랫폼 개념과 클라우딩이 확산되고 있는데 기존의 커리큘럼 개념과 어떻게 연결이 되어야 합니까?

이민화 : 기존의 것을 분류해야 합니다. 플랫폼과 애플리케이션으로 분리하고, 애플리케이션은 클라우드로 보내고, 플랫폼은 기본 교육으로 들어가야죠. 물론 수많은 애플리케이션을 다 교육하는 것은 불가능합니다. 물리학의 파생 가지가 너무 많기 때문에 전부 할 수는 없습니다. 인문학 문제도 마찬가지지요. 많은 인문학 분야에서 한두 가지를 맛보기 했다고 그 사람이 달라지겠습니까? 그러므로 인문학의 많은 분야도 개념을 빼놓고는 전부 다 클라우드입니다. 이것이 잘못 인도되고 있는 부분이 많습니다.

최상덕 : 우리가 클라우딩을 할 때, 잘못하면 인터넷이 발달하면서 한편에서는 걱정하는 부분도 있지요. 아이들의 사회적 적응력이 약해지고, 개인화되는 것 아니냐는 우려입니다. 또 한편에서는 IT 능력으로 상호작용을 강조합니다.

이민화 : 클라우드로 가면 전부 상호작용입니다. 오히려 지금 스마트 시대로 가면서 사람들의 관계는 더 많아집니다. 관계가 자본이니까요. 이제 현금자본 시대에서 인간자본을 거쳐 사회자본의 시대로 갑니다. 오프라인에서 만나는 사람 숫자보다 온라인에 훨씬 더 많습니다. 소셜 네트워크가 훨씬 많습니다. 우리가 오프라인에서 만나는 것이 비교적 강한 연결이라면 소셜 네트워크에서 만나는 사람들은 약한 연결입니다. 네트워크 이론에서 강한 연결과 약한 연결이 혼재되어 있어야 창발적으

로 창조성이 나타납니다.

옛날에 PC 시대에는 그럴 수 있었지요. PC는 한 놈이니까요. PC에 빠져들면 완전히 개인화되는 거죠. 지금은 네트워크로 들어가잖아요. 딱 들어가면 바다에 들어가는 것이므로 개인화가 아니라 오히려 집단생명화입니다. 그럼에도 개성은 살아 있으며 나의 외연을 전부 확장한 것입니다. 개인이 전체의 일부가 되는 게 아니라 내가 주변으로 확장해서 큰 나를 만들어가는 과정이 집단생명화죠. 저는 이것을 호모 모빌리언스homo mobiliance라고 명명했습니다.

최상덕: 그동안의 연구나 자신의 경험을 통해 미래 세대의 창의성 또는 창의적 역량을 키우기 위해 필요하다고 생각하는 사고법이나 학습법이 있으면 말씀해주시겠습니까?

이민화: 이것은 실패에 대한 생각인 것 같아요. 창조적 학생들의 특징을 보면 말도 안 되는 얘기를 많이 합니다. 그리고 발명을 많이 하는 사람들의 특징을 보면 많은 실패를 합니다. 이것이 혁신의 본질이지요. 창조성이라는 것은, 생명으로 놓고 보면 진화 과정입니다. 생명이 환경에 적응을 해야 살아남으니까요. 그렇다면 창조성이 왜 필요할까요? 사람도 그렇고 기업도 그렇고 세상이 바뀌니까 적응을 해야 합니다. 적응을 하려면 과거와 다르게 해야지요. 그것이 혁신입니다. 혁신을 만드는 요소 중에 창조가 있으며, 창조성에는 열정과 도전이 있습니다.

그 진화를 촉발시키는 것은 돌연변이입니다. 돌연변이 대부분은 쓸모가 없으나 일부 쓸모 있는 돌연변이가 모든 생명체를 진화시켜 나갑니다. 창조성도 똑같습니다. 창조성은 비교적 실패가 많습니다.

창조성은 문제를 바꾼 겁니다. 많은 부분이 실패하지요. 벤처기업의 경우는 20%가 성공하고, 발명 아이디어 특허는 1%가 살아납니다. 새로운 아이디어는 0.3%가 성공합니다. 그러니까 많은 부분에 실패가 따릅니다.

실패를 통해 배우는 것이 제일 중요한 사고입니다. 실패는 나쁜 것이 아니라 진화를 촉발하는 연결고리죠. 실패를 없애면 진화의 길이 끊어집니다. 사회 전체로 봐서는 실패를 지원하는 구조가 되어야 합니다. 기업도 그렇습니다. 틀린 놈을 혼내기 시작하면 그 다음부턴 정답만 얘기합니다. 혁신이 없어지는 거죠. 한국의 교육이 그렇습니다. 하나 틀리면 SKY 대학에 못 가는 구조입니다. 이것은 교육이 아니지요.

우리나라 교육은 세상이 요구하는 인재와는 전혀 다른 사람들을 길러내고 있어요. 고등학교 때 억압적으로 교육을 시켰기에 막상 대화를 나눠보면 무엇을 배웠는지 모르겠어요. 생각하는 방식은 하나도 배우지 않았습니다. 그래서 실패를 통해 배워나가야 하고, 실패를 지원하는 환경이 있어야 합니다.

최상덕 : 미래사회에서 요구되는 창조적 인재 양성을 위해 산업계 및 사회와 교육계가 어떻게 협력해야 하나요?

이민화 : 미래는 융합의 시대입니다. 모든 것이 융합됩니다. 그중에서 연구개발, 교육, 산업이 융합되어야 합니다. 융합되어야 되는 이유는, 분리가 되면 사회 변화를 못 따라가는 교육과 연구개발이 됩니다. 통합의 연결고리가 연구개발 프로젝트입니다. '사회가 이런 문제를 안고 있다'는 프로젝트를 대학에 주면, 대학은 그 문제를 풀어가는 과정

에서 배워나갑니다. 일부는 정답을 배우고, 일부는 오답을 내는 것이지요. 오답을 내더라도 지원을 해야 하고, 정답을 내면 찬양을 하면 됩니다. 그러나 환경이 바뀌면 정답이 오답이 될 수도 있습니다. 그래서 이 프로젝트를 중심으로 산·학·연이 뭉쳐야 됩니다.

융합의 과정에서 혁신적 아이디어가 나오고 창조적 인재가 나오지요. 두 마리 토끼를 잡는 방법입니다. 지금 한국의 산학연의 협동 연구는 고사 상태입니다. 완전히 죽었다고 봐도 됩니다. 정부가 지원하는 과제 빼놓고는 안 합니다. 기업은 대학에 연구 과제를 줄 생각을 하지 않습니다. 준다 해도 '얼굴' 보고 주는 셈이지요. 과제를 주는 제일 큰 이유는 졸업생을 데려가기 위해서입니다.

대학은 현재 기업에 비하여 프로젝트 개발경쟁력이 없습니다. 경쟁력이 있으면 왜 기업이 안 주겠습니까? 기업의 논리는 간단합니다. 내가 하는 것보다 대학이 하는 게 더 좋으면 주게 되어 있습니다. 대학에 제대로 된 프로젝트가 없다 보니 창조적 인재 양성이 안 됩니다. 해결책은 시드^{Seed} 중심 연구개발입니다. 일반 사업화 프로젝트는 도저히 대학이 못 따라갑니다. 경쟁력이 없어 협력이 되지 않습니다. 시드 중심형, 특허와 지식재산권 중심으로 가면 가능합니다. 시대가 창조경제로 가고 있습니다. 개발에서 부가가치가 만들어지는 게 아니라 지식재산권에서 만들어집니다.

정부의 역할은 국가 전체를 혁신국가로 만들겠다는 의지를 가져야 하죠. 혁신국가를 지탱하는 힘이 창업기업입니다. 창업기업정책을 국가 아젠다의 최우선에 두어야 됩니다. 창업 활성화가 성장과 고용의 유일한 해결책이고, 그것이 튼튼해야 복지의 뒷받침이 됩니다. 또한 일자리가 만들어지고요.

혁신국가로 가기 위해 교육과 사회시스템이 균형 발전을 해야 합니다. 교육만의 문제는 절대 아닙니다. 한쪽에서 아무리 좋은 인재를 키워낸다 해도 사회시스템이 혁신국가의 시스템을 못 만들어주면 대학교육에서 동기부여가 안 됩니다. 그런데 현재 대학교육에서 동기부여라는 것은 "우리 학교는 삼성전자 많이 보낸다" 입니다. 엉터리 동기부여지요.

그렇게 된 이유는 대학교육도 문제지만 사회시스템이 혁신국가를 뒷받침하는 시스템이 안 되어 있기 때문입니다. 그래서 혁신국가로 가는 시스템은 사회 차원의 기업체의 재도전의 길을 열어주는 것입니다. 한 번 실패한 기업은 "너는 영원히 사회에서 퇴출되어야 한다. 실패는 악이다. 추방당해야 한다"고 낙인이 찍힙니다. 이러한 상태에서는 혁신국가가 될 수 없습니다. 실패라는 것은 혁신시스템에서는 필연입니다. 실패를 통해 학습이 이루어지는 중요한 연결고리인데 실패를 부정하는 것은 교각살우나 마찬가지지요.

최상덕 : 창조성에서 어떤 경험이나 과정이 있으면 중요한 교훈이 될 것 같아요.

이민화 : 동기부여가 가장 중요합니다. 창조성이 발현되는 과정을 보면 산에 올라가는 것과 비슷합니다. 산을 올라갈 때는 어렵고 힘들지요. 그 과정을 사람들이 피하려는 것입니다. 그러나 산의 정상에 올라갔다 내려온 사람들은 그 기쁨을 압니다. 그래서 교육 과정이나 기업

창업에서 이러한 고난의 극복과 창조성의 기쁨을 맛볼 수 있게 해줘야 합니다.

창조성의 기쁨을 맛볼 수 있게 해주려면 고난의 과정이 힘들더라도 한 번은 겪도록 해야 합니다. 마라톤을 뛰어보지 않은 사람은 마라톤 하이를 모릅니다. 마라톤 하이를 겪어본 사람은 그 즐거움을 알기에 힘든 마라톤을 합니다. 그 과정을 통해 새로운 가치를 창출한 결과가 그에게 도움이 되고 사회를 바꿔나갑니다. 고난 속에서 기쁨을 느끼고, 몰입을 통해 새로운 아이디어를 내고, 그것을 평가받는 시스템이 굉장히 중요합니다.

여기에는 티핑포인트 tipping point가 있습니다. 물은 99도에서는 끓지 않지요. 1도가 넘어야만 물이 끓습니다. 마찬가지로 1도를 위해 티핑포인트를 넘어가는 훈련을 시켜줘야 합니다. 집단토론은 그 방법 중의 하나지요. 효과적이면서 경쟁력을 기를 수 있고 훈련을 통해 창조성도 기를 수 있습니다.

최상덕: '창조적인 사람은 특별한 사람이 아니다'라는 관점에서 볼 때 평범한 사람이 창조성을 발휘하려면 어떤 롤 모델을 설정하면 좋을까요?

이민화: 2년 동안 '특허 영재기업인 교육' 경험에 의하면, 선발된 학생들은 아주 쉽게 적응을 하더군요. 그러므로 누구든 훈련으로 충분히 가능합니다. 첫 번째 출발은 문제에 대한 호기심이 중요합니다. 호기심이 발동되고 문제에 대한 답을 찾으려 온갖 노력을 하죠. 어떤 문제는 생각하다가 잊었었는데, 책을 읽다가 우연히 연관이 떠오르기도 합니

다. 그 바탕에 있는 것은 문제의식입니다. 즉, 문제를 발굴하면 답은 거의 나온 것이나 마찬가지입니다. 그런데 정작 문제는, 우리는 학생들에게 문제를 안 가르친다는 점입니다. 그 영향으로 우리 학생들은 질문을 잘 하지 않습니다. 잘못된 교육의 모습이지요.

출발은 문제이고, 문제에 대한 호기심입니다. 그것이 지속되기 위해서는 문제를 풀었을 때 뭔가 보상이 있어야 됩니다. 물론 돈은 아니고요. 인정, 즉 명예가 가장 중요합니다. 매슬로우의 안정지향 욕구 다음에 명예 욕구가 있는 것으로도 알 수 있지요.

최상덕 : 인재들이 도전할 수 있는 사회적 환경과 기업가정신이 중요하다고 보았을 때, 우리 기업 환경이나 산업 부분에서 변해야 할 것은 무엇일까요?

이민화 : 우선 플랫폼 기업이 있습니다. 시장을 담당하는 기업이죠. 또 혁신을 담당하는 기술기업들이 있습니다. 즉, 시장기업과 기술기업이 있는데 두 기업의 역할은 다릅니다. 기술기업은 다산다사입니다. 많이 만들어지고 많이 죽지요. 죽을 수 있는 권리를 줘야 됩니다. 플랫폼 기업은 효율을 추구해야 하고요. 그래서 이 세상을 이끄는 두 가지 힘은 효율과 유연성입니다. 유연성을 만들어내는 게 중소벤처들이고, 효율을 만드는 것은 대기업들입니다. 둘 사이의 공정한 생태계 형성이 제일 중요하지요. 공정한 생태계가 되어 있으면 인적 자원의 왜곡도 줄어듭니다.

'대·중소기업 관계가 중요하다'는 글을 읽고 잘못 해석을 해서 "대기업의 이익을 나눠줘야 된다"고 오해하는 사람들이 많습니다. 절대 그

것이 아닙니다. 생태계는, 전체가 부분의 합보다 크다는 것입니다. 새로운 가치를 만들고 그 가치를 공정하게 나누자는 주장인데, 대기업의 이익을 사후 분배한다는 것은 생태계적 관점이 아닙니다. 대·중소기업 관계가 건전한 관계로 갈 때 생태계가 건전해집니다. 건전한 생태계가 형성되는 것이 산업 측면에서 가장 중요하죠. 가치를 창출하고 분배하는 선순환 과정이지요.

'중소기업이 혼자 세계로 나가 왜 성공을 못하는가?' 이는 좀 답답한 이야기입니다. 당연히 성공하는 회사도 있죠. 그러나 모든 중소기업이 세계로 나가라는 것은 어마어마한 에너지 낭비입니다. 세계시장을 뚫기 위해서는 굉장한 에너지가 들어갑니다. 그 에너지를 개별 기업이 낭비하는 것은 국가적으로 바람직한 일이 아니지요. 글로벌 마케팅은 플랫폼 기업들이 하는 것이며, 혁신적 솔루션이나 서비스는 중소 벤처들이 해냅니다. 이것이 선순환되는 구조가 완성되면 국가가 발전합니다. 그런 의미에서 대·중소기업의 관계가 중요한 것입니다. 물론 작은 기업 중에서 극히 일부는 성장해서 플랫폼 기업이 되기도 하지요.

최상덕 : 교수님은 '주관의 객관화'가 필요하다고 주장했는데 메타평가를 통해 그것이 가능한가요? 또 IB^{International Baccalaureate} 프로그램을 보면 세계적으로 이루어지고 있습니다. 실제로 시험은 주관식 시험이지요. 그런 면에서 메타평가가 그룹과 그룹을 넘어서까지 가능할까요?

이민화 : 주관의 객관화를 통한 평가 및 메타평가의 문제는 연구해야 될 과제죠. 그게 평가를 평가한다는 것입니다. 만약 우리가 효율성을

배제한다면 얼마든지 할 수 있습니다. 전문가들을 열댓 명씩 동원하면 되지만 코스트를 담당하지 못하는 거죠.

초기에는 전문가 그룹과 시범 대조군을 계속 비교해가는 것입니다. 그러면서 상대에게 보여주는 거죠. '전문가 그룹은 지금 이렇게 나가고 있다. 너희들은 이렇게 나가고 있다.' 그 상태를 계속 보여주면 매칭이 됩니다. 이렇게 해서 카이스트 같은 경우는 동일 그룹이니까 빨리 매칭이 되었지요. 그보다 차별성이 큰 집단은 더 오래 걸리겠지요. 또 정치적으로 완전히 다른 집단도 있습니다. 이러한 성향의 집단은 우리가 더 연구해야 할 과제입니다.

• 우리의 인생에서 가장 행복한 때는 일에 몰두하고 있을 때다. __ 힐티

디지털병원

세계 의료산업의 새로운 패러다임에 도전하다

- 디지털병원 수출을 구상하다
- 유헬스 프로젝트
- 디지털병원 부활하다
- 디지털병원 수출조합 설립

2000년이 시작되면서 메디슨의 세계화전략에 대한 근원적인 의문에 봉착했다. 3차원 디지털초음파 등 차별화된 기술로 세계시장을 열고 사내벤처와 사외벤처 육성으로 신성장동력을 지속적으로 발굴해 성장동력을 확대한다는 장비 위주 전략의 한계를 느끼게 된 것이다. 2000년에 2,500억 원 이상의 매출을 올리는 대한민국 최대의 의료기 회사로 성장했으나 이른바 GPS^{GE, Phillips, Siemens}에 비하면 1/30 이하 규모의 변방 기업에 지나지 않았다. 야심차게 돌진했던 MRI, 내시경, 환자 감시 장치, 디지털 엑스레이 등의 병원 시장 진입 장벽은 통곡의 벽처럼 높고도 높았다. 과연 메디슨은 패스트팔로워라는 추종전략으로 GPS를 뛰어넘어 세계 의료산업의 강자가 될 수 있을까?

결론은 '아니다'였다. 적어도 지금까지 시도했던 개별 의료기 단위의 시장 공략은 너무도 높은 장벽을 뛰어넘기에는 2% 모자랐다. 결론은 이러한 경쟁구도를 뒤엎는 새로운 사업모델이 필요하다는 것이었다. 고심을 거듭해 마침내 완성한 것이 '디지털병원전략'이었다.

디지털병원 수출을 구상하다

IT 한국의 강점 살려 병원을 통째 팔아보자

디지털병원전략은 개별 의료기가 아니라 IT 융합으로 효율성이 극대화된 병원을 통째로 수출하자는 전략이었다. 의료기기, 의료정보시스템, 병원관리시스템, 건축 등을 융합한 복합 산업화로 경쟁하는 것이다. 한국의 강점은 IT와 건설에 있다. 병원산업을 100이라 볼 때 의료기기 5%, 소모품 5%, 의약품은 15%에 지나지 않는다. 나머지 75%는 의료서비스 영역이다. 가장 IT 융합이 안 된 분야인 의료서비스를 IT화함으로써 병원산업의 경쟁력을 극대화할 수 있다고 생각을 바꾼 것이다. 한국이 치열한 민간병원 간의 경쟁으로 이룩한 세계 최고의 병원 효율성을 바탕으로 해외시장 진출을 하자는 발상의 전환이다.

세계시장을 바라보니 전 세계 개발도상국과 산유국 등 신규 병원시장 수요는 3천억 달러를 넘는 데 비해 시장의 뚜렷한 강자는 없었다. 의료산업의 블루오션이 바로 디지털병원이라는 결론에 도달했다. 병원의 장비, 환자, 물류 전체를 조망할 수 있는 경쟁우위를 확보함으로써 의료산업의 판도를 바꿀 수 있다고 본 것이었다. 3천억 달러의 세계시장의 10%만 장악해도 300억 달러가 아닌가.

디지털병원전략의 완성을 위해 필요한 수많은 분야를 메디슨 단독으로 수행한다는 것은 불가능하다는 결론도 도출됐다. 기존의 의료산업에서 조달 가능한 분야는 외부 조달을 한다. 그리고 기존에 없는 기업은 육성한다. 기업가정신을 가지고 여러 분야를 개척해나갈 회사를 집중 육성한다는 방침을 세우고 설립한 회사들이 메디페이스, 메디다스, 메디링스, IT벤처, 써텍, 메디카드, 이컴, M2컴 등이었다. 병원 운영의 3대 축은 환자, 의료장비, 의약품과 소모품 등 물류다. 이 세 가지 요소를 통합 관리하는 IT 융합서비스를 각각 EMR, PACS, SCM이라 한다. 우선 이 3대 분야의 세계적인 기업을 만든다는 전략에 따라 설립된 메디페이스, 메디다스, 메디링스는 이후 인피니트, 유비케어, 이지메드컴으로 이름을 바꾸며 이 분야의 세계적인 경쟁력을 갖추었다.

의료장비를 통합하는 IT 융합서비스인 PACS는 MRI, CT, X-ray, 초음파 등의 영상 필름을 만들지 않으므로 운영비 절감, 분실 방지, 신속한 진단 등 의료서비스의 질을 한 단계 올리게 된다. 메디슨의 전설적 프로그래머인 최승욱 군이 기술개발을 담당하고 방사선과 의사인 최형식 사장이 영업을 맡아 설립한 메디페이스는 한국을 PACS 보급률 세계 1위 국가로 끌어올렸다(보급율 95% 이상). 전 세계가 놀란 한국 PACS의 성공은 병원경영의 효율화로 연결돼 의료비 절감에 획기적 기여를 했다. 메디페이스는 이후 인피니트(이선주 대표)로 회사 이름을 바꾸고 코스닥에 상장돼 현재 한국을 대표하는 소프트웨어 서비스 기업으로 성장하고 있다.

환자의 의무기록을 IT 융합하는 EMR 전자의무기록 분야는 메디다스와 비트컴퓨터가 각각 개인병원과 중소병원을 담당해 역시 한국을 EMR 보급률 1위 국가로 끌어올렸다. 하루 300명 이상의 환자를 볼 수 있는 한국 의원의 효율성은 외국에서 상상할 수 없는데, 이것은 바로 한국의 EMR에 기반을 두고 있다 해도 과언이 아니다. 상장사였던 메디다스는 유비케어로 회사 이름을 바꾸어 개인용 EMR의 세계화를 주도하고 있다. 역시 상장사인 비트컴퓨터는 중소병원의 EMR에 주력하고 있다.

한편 디지털병원의 경쟁력 확보를 위한 노력과 병행해 병원 수출 역군을 양성하면서 시장을 개척하는 일련의 영업 프로젝트를 전 세계에서 전개했다. 박병욱, 황한웅, 서원군, 김태형 등 이 사업을 위한 특수 요원들이 양성되었다. 이들은 인도네시아, 스리랑카, 키르기스스탄, 러시아, 베트남 등에서 좌충우돌하며 생소한 개념을 전파하고 수출입은행 등의 지원으로 여러 건의 수주를 성공시켰다.

지금 와서 고백컨대 당시 디지털병원은 제대로 준비가 되지 않은 상태였으니, 실제 구현 과정에서 얼마나 많은 시행착오를 했을지 상상해 보라. 끔찍한 일들이 연속으로 터져 나왔다. 가장 아쉬운 점은 내부 갈등을 유도하는 종합상사들의 끼어들기 작전으로 결국 국익에 도움이 되지 않는 피 흘리는 저수익 구조로 전락하는 것이었다. 한국의 일부 의료기 회사들은 눈앞의 감언이설에 공조체제를 파기했기도 했다. 수백 개 기업이 동참해야 하는 종합병원 프로젝트에서 그러한 문제를 통해 두 가지 중요한 교훈을 얻었다. 차별화된 기술이 있어야 차별화된 수익을 얻을 수 있다는 것과 뜻을 같이하는 중소기업들의 단결이 매우 중요하다는 교훈이었다.

　돌이켜보면 2000년 메디슨의 디지털병원전략은 상식을 뛰어넘는 획기적인 발상이었으나 충분한 준비가 되지 않은 상태에서 해외 진출을 서둘러 많은 시행착오를 범했다. 그러나 패스트팔로어전략은 더 이상 유효하지 않다. 이제는 퍼스트무버전략으로 가야 한다. 남들과 달라야 한다. 비록 실패가 있을지라도 우리는 계속 도전해야 한다.

메디슨 신화 다시 한 번

한국형 'IT토털의료' 통째 수출

삼성에 인수된 메디슨의 창업자이자 이 땅에 벤처기업의 씨앗을 뿌린 이민화 박사가 이제 개별 기업이 아닌 한 산업 분야에 투신하고 있다. 그는 "이제 더 이상 회사는 만들지 않겠다"고 밝혔다. 2011년 3월 설립된 '한국 디지털병원 수출사업협동조합' 이사장이다. 이제 옛 메디슨처럼 의료기기만이 아닌 디지털 진단 및 처방, 의료서비스로 대표되는 '한국형 디지털병원'의 시스템을 통째로 융합시켜 세계로 수출하겠다는 꿈을 준비하고 있다.

이 조합에는 의료기기업체와 대형병원을 포함해 건설업체, 컨설팅업체, 의료 소프트웨어업체 등 78개 회사가 회원사로 참여하고 있다. 병원을 짓는 것은 물론 장비를 설치하고 통신 및 디지털 인프라와 소프트웨어를 깔며 의료서비스에 대한 교육까지 진행하게 된다.

이 이사장은 "우리가 이처럼 패키지 수출을 하지 않으면 GE, 지멘스, 필립스와 경쟁하기 어렵다"며 "의료기기, 병원, 의료 IT시스템 등 헬스케어 관련 업체들이 개별적으로 수출하는 것보다 훨씬 규모가 크고 산업적 파급효과도 크다"고 말했다. 말뿐인 의료산업의 성장동력 산업화가 아니라 이를 실증하겠다는 것이다.

우리나라는 OECD 국가 중 병원의 디지털화가 가장 진전된 것으로 평가받고 있다. 디지털병원시스템은 검사, 진단, 처방, 처치 등 의료 효율화를 통해 전체 의료비용을 30% 정도 절감하는 것으로 나타났다. 따라서 개인의 경제 사정은 물론 국가별 공통적인 문제인 건강보험 재정 위기 극복에도 도움이 될 것으로 분석되고 있다.

이 이사장은 "미국만 해도 의료보험 비용이 국가재정의 16%인데 조만간 20%에 이를 것으로 전망된다"며 "IT 기술의 융·복합화를 바탕으로 한 우리나라 디지털병원시스템은 이런 문제를 해결하는 데 큰 도움이 될 것"이라고 밝혔다.

그는 특히 한국이 강점을 갖고 있는 EMR 전자차트, PACS 의료영상저장전달시스템, CPOE 처방전달시스템 등 의료 IT는 그 자체만 해도 3천억 달러 이상의 시장을 창출할 것으로 전망했다.

디지털병원은 일단 개발도상국이나 중동권 신흥 자원부국 등이 주요 공략 대상. '한국'이라는 국가브랜드에 대한 선호도가 높고, 이미 시스템이 정착된 선진국보다 새로운 건설 사업이 많기 때문이다. 실제 페루, 카자흐스탄 등에서 국가 창구를 통해 한국식 디지털병원 공급 요청을 받고 있어 연내 수출이 가시화될 전망이다.

한편 이 이사장은 우리나라의 창업제도와 기업 문화에 대해서도 견해를 밝혔다. 그는 "실패를 용인하지 않으면 혁신경제로 전환하기 어렵다. 실패를 지원하지 않으면 혁신도 사라진다"며 "도전을 위한 실패를 용인하고 장려하는 문화가 하루빨리 정착돼야 한다"고 강조했다.

창업 또는 벤처는 실패의 과정인데, 우리나라의 제도와 문화는 실패한 기업인의 재기를 원천적으로 봉쇄해 소중한 학습자산을 낭비하고 있다는 지적이다. 따라서 삼성전자나 현대자동차 같은 효율적인 기업은 가능하지만 애플이나 IBM 같은 혁신적인 기업은 불가능하다는 것이다.

메디슨에 대한 의견도 덧붙였다. 삼성의 메디슨 인수에 대해 그는 "기술을 가진 기업이 시장을 가진 기업과 결합한 것은 우리가 적극 지향해야 할 길"이라며 메디슨이 몇 단계 더 발전할 계기가 될 것이라고 말했다.

또 삼성과 애플을 비교해 달라는 주문에 "삼성과 애플은 잘하는 과목이 서로 다르다. 애플이 개방생태계 또는 오픈이노베이션에 강하다면, 삼성은 수직적 공급사슬Supply Chain에서 효율적이며 생산성이 높은 기업"이라 평가했다.

그의 직함은 디지털병원수출조합 이사장 외에 벤처기업협회명예회장, 카이스트 초빙교수, 사단법인 유라시안 네트워크 이사장 등 다양하다. 그밖에 방송 진행자, 자유기고가, 멘토 등의 비공식 직함도 있다. 7일 중 평균 1.5일은 대전에 내려가 강의를 하고 나머지는 서울에 올라와 벤처 및 의료산업 발전, 영재기업인 육성과 관련한 각종 행사와 세미나 참석, 강연, 글쓰기 등으로 보낸다. 그의 말처럼 '창업할 시간'이 없을 만큼 바쁘다.

— 〈헤럴드경제〉 2011. 5. 19

유헬스 프로젝트

미래 의료산업의 선두주자를 꿈꾸며

2001년 메디슨을 물러난 직후 설립한 한국의료연구소(현 이자성 코메드 사장)에서 집중적으로 검토한 전략은 미래 의료의 새로운 기회였다. 과연 인류 최대의 산업인 의료산업의 미래는 어디로 가는가? 많은 고민을 하고 본질을 파헤친 결과, 미래 의료의 패러다임을 '관리의료'라는 키워드로 집약했다. 그 이유는 급격한 노령화 추세와 젊은 층의 웰빙 트렌드라는 두 가지 기회와 이를 해결할 수 있는 새로운 모바일 기술이라는 3박자가 맞아 떨어진다고 보았다.

  새롭게 부상할 의료 분야는 진단을 넘어, 치료를 넘어 관리의료라고 정의했다. 실제 주위를 살펴보자. 대부분의 병들은 이제 진단 기술의 발달로 발견 자체는 가능해지고 있다. 일부 암과 특별한 질환을 제외하고는 수술 등 치료 기술이 뒷받침한다. 그러나 많은 사람은 지금도 고통 받고 있다. 바로 만성병 때문이다. 고령화에 따르는 만성병은 고혈압, 당뇨, 고지혈, 요실금, 천식 등 수많은 질환이 있다. 이들 질환의 딜레마는 병원에서 치료하기에는 현실적인 국가 재정의 한계가 있으나 그렇다고 해서 치료를 포기할 수는 없다. 이 갈등을 메워주는 대안이 바로 모바일 기술을 활용한 관리의료 유헬스케어u-healthcare다.

한국이 이 분야에서는 IT 기술을 바탕으로 세계를 이끌어 갈 수 있다. 전 세계 5조 달러의 의료시장에서 유헬스u-health가 적어도 20%를 차지한다고 볼 때 1조 달러라는 막대한 시장에 도전할 가치는 충분하다. 메디슨 설립 때보다 더 큰 기회가 있다고 보았다. 메디슨에서 만들었던 디지털병원 프로젝트와 시너지를 합치면 한국이 미래 의료산업의 선두주자가 될 수 있다고 확신했다.

유비쿼터스 헬스케어ubiquitous healthcare. 2002년 내가 처음으로 이 용어를 만들었을 때 모두들 생소해했다. 차라리 모바일 헬스케어mobile heathcare라는 말을 쓰자는 의견도 있었다. 그러나 철학자 하이데거는 "언어는 존재의 집이다"라고 하지 않았는가! 새로운 용어를 만드는 것이 새로운 패러다임을 만든다는 관점에서 유헬스케어 네트워크ubiquitous heathcare network라는 명칭을 밀고 나갔다. 뒤에 네트워크란 단어가 붙은 이유는 유헬스케어는 단일 주체가 할 수 있는 일이 아니라 여러 주체들 간의 협력을 통한 네트워크 모델로 추진해야 된다는 관점에서 붙인 것이다. 단일 기업이 아니라 기업생태계의 산업인 것이다.

이 일을 추진할 회사로 헬스피아가 유헬스케어로 간다는 신념에서 수많은 새로운 연구를 시작했다. 우선 응용 범위를 넓히는 일이었다. 노령화에 따르는 만성질병의 관리뿐만 아니라 젊은 사람들의 웰빙관리도 유헬스케어가 활용 가능했다. 다이어트, 피부관리, 미용, 헤어스타일 등 각종 웰빙관리를 전문가와 실시간으로 연결해 관리하는 대안이 바로 유헬스케어다.

전 세계적으로 막 태동시키고 있는 분야였기 때문에 가장 중요한 것은 특허였다. 메디슨 시절 출원했던 100여 개의 특허 못지않은 특허를 유헬스케어 분야에서 만들어냈다. 총 70개의 특허가 2000~2004년에 출원되었다. 출원 분야는 유헬스케어의 기본 인프라에서 질병별 응용 분야까지 펼쳐져 있다. 미래는 특허의 시대다. 특허를 장악하지 못하면 사업의 차별성이 주어지지 않는다. 차별성이 주어지지 않으면 수익을 낼 수 없다.

유헬스케어 사업은 이후 국가적인 사업이 되었다. 나아가 세계적인 사업이 되고 있다. 2004년 이전까지는 유헬스케어란 용어 자체에 대해 모든 사람이 인지하지 못했다. 그러나 그 이후 유헬스케어는 국가의 미래 사업으로 많은 지자체의 시범 사업으로 등장했다. 하지만 사업 주체들의 판단에 중대한 오류가 있었다. 유헬스케어를 기술로 본 것이다.

유헬스케어는 본질적으로 기술로 해결할 것도 있겠으나 핵심은 의료제도다. 의료제도를 제대로 만드는 것이 유헬스케어의 본질이다. 이 부분이 지금까지도 간과되고 있어 안타깝기 그지없다. 당뇨 환자의 예를 들어보자. 혈당수치를 떨어뜨리면 당뇨 환자의 합병증 발병 비율이 반 이하로 줄어든다. 당뇨로 인한 합병증인 실명, 손발 절단, 심부전 등의 의료비용이 전체 직간접 의료비용의 10%가 넘는다(직접비는 4%). 우리나라는 8조 원에 달하고, 전 세계적으로는 5천억 달러의 비용이 당뇨 환자로부터 발생한다. 원격 유헬스케어의 관리를 통해 합병증을 절반으로 줄일 수 있다면, 세상의 건강가치는 몇 천억 달러가 늘어나게 된다.

유헬스케어는 소모품의 관리 기능도 제공한다. 미국의 경우에는 의료보험에서 당뇨측정 스틱을 제공하고 있다. 그러나 일부 환자들이 이 스틱을 블랙마켓에 다시 판매를 하고는 재청구를 한다. 그 대안은 간단하다. 실제 환자의 혈당을 측정한 수치가 카운트되기 때문에 정확한 수량을 제공할 수 있는 것이다. 매일의 혈당 측정이 모든 당뇨 환자에게 이루어지고 이것이 1차로 인공지능 소프트웨어 로봇을 거쳐, 2차로 간호사에게서 관리되고 예외적인 처방이 필요한 경우에는 1, 2, 3차 의료기관을 통해 네트워크 차원에서 총체적 관리가 이루어진다면 국가 전체의 당뇨 환자 관리비용 절감은 적어도 1조 원 수준에 이를 것이다.

그렇다면 이러한 유헬스케어에 의한 혈당관리에 대하여 의료보험료가 지불되어야 한다. 현재 보급이 확산되지 않는 이유는 기술적인 문제가 아니다. 이미 본인이 세계 최초로 당뇨폰을 발명하고 세계 최초로 원격혈당관리서비스를 제공한 바 있다. 단지 여기에 원격관리에 따른 보험료 지급이 의사들에게 뒤따르면 되는 것이다. 이것은 진단이 아니라 단순히 자가 측정일 뿐이므로 현재의 원격관리법으로도 문제가 없다. 참고로 전 세계적으로는 한국처럼 의사와 환자의 면 대 면 상담을 강요하는 원격관리법은 존재하지 않는다. 한국이 고쳐야 할 잘못된 갈라파고스적 제도 중 하나다.

유헬스케어의 킬러 애플리케이션은 혈당관리부터 시작해야 한다. 그러나 혈당관리보다 더 중요한 것이 혈압관리다. 성인병 환자의 1위는 고혈압이다. 한국의 사망 원인 1위도 암 다음이 심혈관계 질환이다. 미국 등은 심혈관 질환이 사망 원인 1위가 된 지 오래다. 심혈관 질환의 관리는 꾸준히 혈압을 측정하는 것이 근본적 대안이다. 간편하게 혈압을 측정할 수 있다면 고혈압에 관련되는 전체 의료비용을 획기적으로 줄일 수 있고 이것은 또한 조 단위의 금액을 넘어선다.

혈압의 경우에는 기술적인 문제가 해결될 가능성이 지금도 존재한다. 혈압센서를 일반 혈압계와 같은 커프 방식으로는 크고 무겁기 때문에 일상생활에서 사용할 수 없다. 가벼워야 된다. 스마트폰에 그대로 들어가야 된다. 가장 유력한 대안은 스마트폰의 카메라를 사용하는 것이다. 약간의 기술적 대안만 주어지면 고혈압 환자는 일반 스마트폰의 카메라를 통해 일상생활에서 24시간 그 어느 때라도 혈압을 측정할 수 있게 된다.

다이어트는 웰빙의 대표적인 유헬스케어 응용 분야다. 다이어트에 관계된 의료비용 또한 어마어마하다. 다이어트를 위한 종합적인 관리시스템이 다양한 방법으로 다양한 회사에서 제공될 수 있다. 이를 위해 체중계, 음식의 칼로리 등등이 표준화될 필요가 있다. 그 표준으로 IEEE 11703이 공표되었다. 이제는 체중계 위에 올라서면 체중 데이터가 나의 스마트폰으로 즉시 전송된다. 체성분 측정을 하면 측정 결과가 즉시 전송된다. 식사를 할 경우 모든 식단의 RFID 전자태그 혹은 바코드를 통해 칼로리를 계산해서 바로 올릴 수 있다. 운동을 하면 스마트폰 안에 있는 운동량 측정기, 자이로센서 등이 측정해서 특정 시간대의 특정 운동량에 대한 정보를 입력할 수 있다. 스포츠센터에서는 RFID와 스마트폰이 상호작용을 해서 운동량에 대한 결과를 제공할 수 있다. 앞으로는 NFC가 대체한다. 이 모든 것들이 바로 네트워크다.

유헬스케어의 응용 분야는 무궁무진하고 한국은 이를 앞서갈 수 있는 기반을 가지고 있다. 단지 문제가 되는 것은 국가제도다. 이제 다시 한 번 유헬스케어를 국가 차원에서 밀고 가야 될 시기가 되었다. 2004년 유헬스케어 발전에 가장 큰 문제가 된 장벽은 스마트폰 이전 세대인 피처폰의 다양성에 있었다. 수많은 종류의 피처폰에 응용소프트웨어를 장착하는 것은 너무나 어려웠다. 이제는 스마트폰 앱을 통해 소프트웨어의 개방 보급이 가능하다. 인터페이스의 표준은 아직 IEEE 11703으로 표준화되어 있다. 제일 큰 장벽이 해소된 것이다.

두 번째 장벽은 의료보험제도다. 이 제도를 해결하면 센서 개발을 포함해 각종 시스템 개발이 산업계 차원에서 왕성하게 일어나 대한민국이 세계의 유헬스케어산업을 이끄는 선구자가 될 수 있다. 아마도 한 해를 놓치면 우리에게 기회가 없을 가능성도 있다. 2012년 벽두, 세계가전쇼$^{CES : Consumer Electronics Show}$에서 스마트폰 기반의 유헬스 장비들이 대거 소개되었음을 상기하자.

디지털병원 부활하다

바이블, 디지털병원 백서

2008년 2월 전자산업진흥회^{KEA}의 김성복 상무와 상의해 한국의 미래 성장동력으로 디지털병원전략을 되살리기로 결심하고 우선 전체 로드맵을 만드는 기동타격대$^{Task\ Force}$를 가동시켰다. 타격대의 구성은 나의 총괄책임 아래 메디슨의 김태형 부장(훗날 디지털병원조합 설립으로 인연이 이어진다), 우리들병원의 정지훈 박사, 예치과의 박인출 대표, 성민병원의 안병문 원장, 코어메드의 이미숙 대표, EMMI의 윤정화 대표, 서울대병원 문주영 국장이 참여했고, 전자진흥회의 김현기 센터장이 간사를 맡았다.

거의 매주 모이는 강행군을 거쳐 2008년 6월 1차 보고서가 완료되었다. 지금도 이 분야의 바이블인 〈디지털병원 백서〉다. 이 백서에서는 디지털병원 수출의 개념을 정의하고, 시장을 분석했다. 그리고 단계적 추진 방안을 제시했다.

1단계는 2008년 시작된 연구개발 과제였다. 차별화된 연구개발을 통해 경쟁입찰에서 유리한 사양을 제시할 수 있어야 한다. 이 과제는 이미숙 대표와 정지훈 박사가 수고해 ETRI가 주관하고 서울대, 연대, 비트컴퓨터, 이디스넷 등이 참여하는 국책 연구 과제로 선정되었다. 이 결과는 실제 구현 단계에 돌입해 한국 디지털병원의 경쟁우위를 지키게 될 것이다.

2단계는 2009년 시작된 시범병원이었다. 연구개발의 결과를 실제 구현하는 병원이 있어야 한다. 그리하여 3개의 병원을 병원협회와 함께 지정했다. 성민병원, 사랑병원, 용인병원이 지정되어 세계 표준인 400병상 규모의 디지털병원 시범을 구현했다.

3단계는 1, 2단계의 준비를 바탕으로 해외영업에 돌입할 조직이었다.

여기, 〈디지털병원 백서〉를 요약하여 소개한다.

21세기 최대 산업, 의료산업

새로운 미래 성장동력의 발굴이 국가적으로 절실한 과제가 되었다. 신성장동력의 일환으로 의료산업의 가능성이 논의되고 있다. 전 세계적으로 의료산업은 21세기 최대 산업이 되었으며, 노령화의 급속한 진전과 웰빙 현상의 확산으로 최대의 성장 산업으로 부각되고 있다.

대한민국이 이러한 세계 최대의 산업에서 경쟁력을 가질 수 있을 것인가에 대한 답변이 바로 신성장동력으로서 의료산업이다. 의료산업은 크게 의료서비스, 약품, 의료기기와 소모품 등으로 구성되어 있으며, 대략 75%, 15%, 10%의 비중이다. 의료산업은 본질적으로 인체를 다루기에 매우 보수적인 속성으로 신규 진입이 어렵고 선진국의 과점체제가 형성되고 있다. 예컨대 의약품의 경우 노바티스, 머크, 파이저 등이, 의료기기의 경우 GPS라 일컫는 GE, 필립스, 지멘스 등이, 소모품의 경우 J&J, 박스터, 니프로 등이 시장을 견고하게 지키고 있어 후발 국가와 기업들의 진입장벽이 엄청나게 높다. 즉, 기존의 의료기기 기술 혹은 의약품 및 소모품 기술로 세계시장을 공략하는 것은 성공 가능성이 낮다는 것을 의미한다.

정부에서도 의료산업의 중요성을 인식해 많은 연구 지원을 하고 있으나 절대 금액이 일개 선진기업 연구비의 수 %에도 미치지 못한다. 돈보다는 차별화전략이 우선이다. 디지털기기, 평판 TV, 인터넷서비스 등 한국의 현 성장동력을 검토해보면, 기술의 변화 시기를 활용해 진입에 성공했듯이 의료 기술의 변화 패러다임을 포착해 블루오션을 창출해야 한다.

이제는 개발비를 시장 규모로 나누는 지식 원가경쟁 시대이기에 세계시장의 1~2%라는 한국시장 규모로서는 명백한 경쟁력 한계가 있다. 세계화를 통한 시장 확대가 돌파구가 되어야 한다. 따라서 새로운 블루오션전략으로서 병원 자체의 경쟁력을 확보해 병원 자체의 수출산업화를 제시한다. 병원 수출은 자원 보유국 등에 방대한 잠재 시장이 있다. 5조 달러 규모의 세계 의료시장의 5% 이상으로 확대가 예상된다.

이에 비해 경쟁 상대는 다른 산업 분야에 비해 매우 적기에 우리의 대응에 따라 반도체, LCD 이상의 신성장산업이 될 수 있다. 병원 수출은 부족한 한국시장 규모를 확대하는 견인차가 된다. 이를 통해 의료기기, 의료 소모품, 의약품, 각종 서비스시장의 지속적인 확대가 가능하다. 일본의 의료산업은 공공차관 제공^{OECF}을 통해 세계화의 길로 들어선 예가 있음을 상기하자.

결국 병원 자체의 경쟁력 확보가 가능한가가 최종적인 질문이 된다. 의료산업의 75%는 의료서비스산업이다. 인텔의 전 CEO 바렛의 지적대로 의료산업은 지금까지 가장 IT 융합화가 낙후된 분야다. 한국의 IT 경쟁력을 접목하면 병원 전체의 생산성을 10% 이상 상승시킬 수 있다. 이는 의료기기 전체 산업 규모의 2배가 넘는 블루오션인 것이다.

즉, 디지털병원이라는 IT 융합 의료시스템을 경쟁전략으로 세계 병원 수출시장의 강자로 부상해 각종 의료산업의 견인차 역할을 수행하는 것을 한국 의료산업의 세계화 경쟁전략으로 제시한다.

디지털병원전략

디지털병원은 IT 융합 의료로서 Filmless, Paperless, Slipless를 기본으로 환자 중심의 효율적 서비스를 가능하게 한다. 병원의 모든 장비는 PACS 장비 네트워크에 연결되고, 모든 환자 정보는 EMR 병원 전자차트에 연동되고, 모든 물류의 흐름은 SCM 병원 물류망에 연동된다. 이러한 기본 3대 IT 융합에 진료를 지원하는 CDSS라는 임상진단 지원, 유헬스라는 관리의료의 새로운 패러다임 등이 융합되어 진화해 나간다. 융합 의료 기술의 발달에 첨단 의료 복합단지 활용도 중요한 전략적 대안이 될 수 있다.

이미 한국은 PACS 보급률 세계 1위이며, 개인병원의 EMR 보급률도 세계 1위다. 대규모 SCM 분야도 한국이 세계 선두권이며, 유헬스는 한국이 개념을 창안한 분야다. 즉, 이미 한국이 많은 가능성을 보여주고 있으며, 기술적으로 세계를 이끌 가능성은 충분하다. 그러나 성공의 절반은 영리법인, 민간병원, 원격진료와 같은 제도의 몫인데, 이 점이 병원수출전략의 발목을 잡고 있다. 의료는 복지와 산업의 두 가지 측면에서 접근이 가능하다. 결국 복지의료의 바탕 위에 산업의료가 접목되는 것이 세계적인 추세이므로 제도의 세계화는 거스를 수 없는 것이다.

병원 수출 프로젝트

병원 수출은 유형에 따라 세 가지로 나눌 수 있다. 하나는 200~400병상 규모의 일반 병원 수출이며, 상대국 정부 혹은 지방정부와의 B2G 사업 성격을 가지고 있다. 이 사업의 성공은 병원의 원가경쟁력과 금융에 달려 있으며, 공적 차관의 역할이 크다. 이를 GH1$^{\text{Global Hospital 1}}$ 프로젝트라 한다. GH2는 전문 병원을 중심으로 일반 B2C 혹은 B2B 성격의 프로젝트이며, 경쟁의 핵심은 차별화된 의료 기술이다. 척추수술, 성형, 치과 임플란트, 비뇨기 등의 한국의 경쟁우위 의료 기술을 세계화하는 과제이며, 특히 투자자금 확보를 위한 영리법인의 허용이 절실히 요구된다.

GH3는 의료관광이라 일컫는 국제 간 의료 프로젝트다. 의료관광이라는 용어보다는 CBM$^{\text{Cross Border Medicine}}$이란 용어를 제안한다. 이미 태국, 싱가포르 등이 세계적인 산업으로 육성하고 있으며 한국도 복지부를 중심으로 개발하고 있으나 차별화된 전략이 아직은 없다. 이 분야의 경쟁력은 마케팅과 원가우위에 있으며, 영리법인과 민간보험 같은 국가제도가 산업의 경쟁력을 좌우할 것이다.

이 세 과제는 상호보완적으로 작동한다. 예를 들어 GH1, GH2의 해외 병원들은 상호 시너지가 존재하며, 국가 간 의료인 GH3는 해외 진출한 병원들이 현지 마케팅과 사후관리센터 역할을 수행하게 되는 것이다. 따라서 세계 최대 산업인 의료산업을 한국의 신성장동력화하는 전략으로서 디지털병원 수출전략을 제시한다. IT 융합 기술로 병원 전체의 경쟁력을 확보하고 이를 견인차로 병원 수출시장의 강자로 부상한다. 수출 병원을 활용해 개별 의료기기, 의약품, 서비스 수출시장을 확대해 전체 의료산업을 성장시킨다는 것이 시나리오다.

디지털병원 수출조합 설립

디지털병원 수출전략에 날개를 달다

2010년 메디슨의 인도 지사장을 맡고 있던 김태형 군의 주도 아래 본격적인 디지털병원 수출조합의 구성이 시작되었다. 여러 가지 우여곡절을 겪고 드디어 55개 회사가 참여한 디지털병원 수출조합이 2월 24일 발대식을 갖고 3월 24일 공식 출발했다. 출범했을 때 꿈이라면 한국의 미래산업으로서 디지털병원 수출이 조선산업 못지않은 신산업이 되기를 바라는 것이었다.

창립총회에 모인 회원들과 함께

정주영 명예회장이 조선산업을 시작할 때의 울산의 허허벌판 환경보다는 2011년 한국의 디지털병원의 산업 환경이 훨씬 좋지 않은가! 한국이 나름대로 경쟁력 있는 준종합병원급의 의료장비, 한국이 지금까지 세계적 경쟁력을 유지해온 건축, 여기에 IT 융합 의료 기술이 도입되면서 세계 최고의 병원 경쟁력을 가질 수 있지 않은가.

조선산업 수출은 2010년 기준 500억 달러에 달한다. 전 세계 조선시장이 800억 달러 규모인 것에 비해 엄청난 경쟁력을 한국이 보유하고 있는 것이다. 병원 수출시장은 이보다 훨씬 큰 3천억 달러 시장이다. 거기에 뚜렷한 강자가 없다. 오스트리아의 바메드^{VAMED} 정도가 유력한 경쟁자다. 이 사업의 어려운 점은 단독 기업으로서는 불가능하고 수십 개 이상의 의료장비회사, 적어도 10개 이상의 의료 소프트회사, 의료서비스를 제공하는 병원 그리고 정부 지원 등이 결합되어야 가능하다는 점이다. 결과적으로 전 세계적으로 이 산업을 잘 꾸려갈 만한 경쟁자는 쉽지 않아 보인다. 바로 한국의 새로운 기회인 것이다.

그러나 남들에게 어려운 것은 우리에게도 어렵다. 우선 뜻을 같이하는 기업, 병원, 기관들을 묶어 플랫폼을 구축하는 일이 대단히 어렵다. 전 세계 네트워크를 확보하는 것 또한 어렵다. 새로운 조직이 상대국 정부로부터 수주를 받아내는 것은 역시 녹녹하지 않은 일이다. 그렇기에 도전할 만한 가치가 있지 않은가. 55개의 회사는 그렇게 뭉쳤다.

여기에 세계 최고 수준의 병원 소모품 물류관리 기업인 이지메디컴(과거 메디슨이 설립했던 메디링스의 후예)의 실질적 창업자라 할 수 있는 최재훈 사장이 조합의 전무로서 백의종군해주었다. 김태형 군의 탁월한

청계산에서 동료들과 함께

관리역량에 힘입어 영업의 날개를 달게 되었다. 여기에 신수진, 이장현, 이승진 등 전생의 인연을 가진 멤버들이 가세하고 메디슨의 특수영업을 담당했던 황한웅 군이 기획을 맡았다. 하반기 들어서는 꿈에 그리던 간호사 출신의 에콰도르식 스페인어에 유창한 박지욱(그녀는 실제 에콰도르에서 근무했다), 또 스페인 현지 인턴생활을 마친 스페인어 전공인 송지애가 가세했다.

    2012년 초까지 25여 개의 프로젝트를 추진하고 있으며 78개의 회원사로 확장되었다. 서울대병원 등 다수의 병원과 대구, 부산 등 지방 조직까지 확장되었다. 정부에서는 적극 지원한다는 의미로 인증서를 발부해주고 무엇보다 2011년 10월에는 한국을 이끌어갈 미래의 생태계형 '국가 신성장동력 10대 동력' 중 하나로 선정했다. 한국의 미래를 이끌어갈 열 가지 품목 중 하나가 바로 디지털병원 수출이라는 것은 정말 중요한 의미가 있지 않은가.

　10년 안에는 디지털병원 수출이 한국 IT로 융합된 서비스 수출산업의 새로운 모델을 정립해 적어도 10조 원 매출까지 도달하는 새로운 산업의 역사를 세우고자 한다. 2015년에 10억 달러를 달성하고자 한다. 다행스러운 것은 한국의 해외의료 원조 규모도 2015년 10억 달러 규모에 달하게 될 것이라는 점이다.

　디지털병원의 성공은 조합 하나의 가치에 머무르지 않는다. 한국의 IT 융합 서비스 수출의 길을 열어준다는 점에서 미래 성장동력의 시금석이다. 중소기업조합의 협력을 통한 해외 진출의 새로운 모델도 제시하게 된다. 지금까지 중소기업조합은 내수에서 동일 업종의 경쟁 제한적 요소가 많았으나 이제는 해외에서 시너지 창출형으로 변모하는 모델을 제공하는 것이다.

＊ 디지털병원 수출조합KOHEA의 정보는 별도의 인터넷 사이트에 소개되어 있다. http://kor.kohea.co.kr/kohea_overview/

Interview

공학자의 책장엔 인문학 서적뿐이었다

3호선 양재역 근처에 위치한 한국과학기술원^{KAIST} 도곡캠퍼스에서 이민화 교수를 만났다. 1953년생. "나이는 숫자에 불과하다"는 말을 몸소 입증하듯 그의 외모와 말투만으론 나이를 짐작하기 어려웠다. 그는 의료계에선 초음파진단기 전문기업인 메디슨의 창업자로 더 유명하다. 벤처업계에서는 '벤처의 대부'로 통한다. 지금은 카이스트 기술경영대학원과 과학영재교육연구원에서 차세대 영재기업인 양성을 위한 교육 프로그램에 매진하고 있다.

2009년 7월~2010년 11월까지 정부가 추진하는 규제 완화정책의 일환으로 출범시킨 기업호민관실(중소기업 옴부즈만실)의 초대 기업호민관을 맡기도 했다. 기업호민관은 차관급 직위였다. 올해 2월부터는 디지털병원 패키지형 수출사업을 전담하기 위해 출범한 '한국디지털병원 수출사업협동조합(디지털병원 수출조합)'의 초대 이사장도 맡고 있다. 그런 그가 왜 인물 인터뷰를 불편해하는지 궁금했다. 혹시 언론 인터뷰와 관련된 트라우마가 있는 건 아닌지 농담처럼 물었다.

"그것은 아닙니다. 트라우마라는 것은 별로 없습니다. 나는 기억력이 그다지 좋지 않아 자주 까먹고 잊어버립니다. 시대에 따라 자기 역할이 있다고 생각합니다. 자신의 역할이 사회 전체의 구성과 맞아 들어

가야 건전한 사회가 되는 것이죠. 지금은 벤처협회에도 잘 가지 않습니다. 가서 '감 놔라 배 놔라' 하면 젊은 사람들이 일하는 데 걸림돌이 되니까요. 지금 내가 해야 할 역할은 젊은 사람들이 일하는 데 걸림돌이 되지 않고 뒷받침하는 것입니다."

지금 그가 가장 중요하게 여기는 역할은 다음 세대를 위한 인재 양성이란 것을 짐작하게 만든다. 직접 전면에 나서 주목받기보다는 한 걸음 물러서 '배경 역할'을 하고 싶다는 의미로 받아들이면 되지 않을까 싶다. 메디슨 창업자로서 '벤처 황금기'를 일궜던 그가 아닌가. 한때 '이민화=메디슨'으로 인식될 정도였다. 그렇다면 지금의 삼성메디슨을 어떻게 바라보고 있는지 궁금했다.

"삼성메디슨은 좋은 일이지요. 한국의 의료산업이 세계화하려면 필요한 것이 글로벌 네트워크와 브랜드, 자금력 등 세 가지입니다. 삼성은 그 세 가지를 모두 갖춘 기업이고요. 한국의 의료산업이 단독으로 세계에 진출해 역할을 수행하는 것은 쉽지 않습니다. 그런 측면에서 삼성이 글로벌 파워와 브랜드를 앞세워 (의료산업을) 밀고 나가는 것은 바람직한 일입니다."

현재 그가 애정을 쏟고 있는 역할은 한국디지털병원 수출사업협동조합의 이사장 업무다. 비상근 이사장이지만 조합에 쏟는 열정은 만만치 않다. 조합은 현재 IT 플랫폼 기반의 병원 설계 단계부터 의료기기, 의료서비스 등 병원 설립의 모든 과정을 토털 패키지로 수출하는 일을 하고 있다. 이 조합에는 주요 의료기기 기업, 의료정보 전문 기업, 병원 등 70개가 넘는 회원사가 가입돼 있다. 최근에는 서울대병원도 회원사로 가입했다. 지난달에는 페루와 에콰도르 등 중남미 지역에서 10건의 디지털병원 수출 건을 발굴하는 성과도 올렸다.

다시 시작하는 '디지털병원 수출'

메디슨이 전 세계적으로 한창 선전하던 때, 그는 한 가지 난관에 부딪혔다. 장비 위주의 전략의 의료사업으로 세계시장을 석권하는 데 한계가 있음을 느낀 것이다. 2500억 원 이상의 매출을 올리는 대한민국 유수의 의료기 회사로 성장했지만 이미 세계적인 대기업으로 성장해 있는 의료기 회사들에 비하면 1/30 이하 규모의 변방 기업일 뿐이었다.

"정말 고심에 고심을 거듭했습니다. 그렇게 해서 완성한 것이 바로 디지털병원이지요. 개별 의료기 판매가 아닌, IT 융합으로 효율성이 극대화된 병원을 통째로 수출하자는 전략이었습니다. 의료기기, 의료정보시스템, 병원관리시스템, 건축 등을 모두 융합시켜 복합산업화로 경쟁하면 승산이 있을 것이라 생각했습니다. 병원산업에서 의료기기는 5% 정도 차지하는 데 비해 의료서비스 영역이 전체의 75%를 차지합니다. IT 융합이 가장 되어 있지 않은 의료서비스를 IT화함으로써 병원산업의 경쟁력을 극대화할 수 있을 것이라 생각했습니다. 바로 의료산업의 블루오션인 거죠."

디지털병원 수출을 위해서는 메디슨이 가지고 있는 의료기기에 관한 부분만으로는 부족했다. 그와 동료들은 기업가정신으로 그 외 여러 의료 관련 분야를 개척해나갈 회사를 키우고자 여러 사업을 벌였다. 하지만 IT 버블 붕괴와 함께 가치가 하락한 메디슨이 법정관리에 들어가면서 부가 사업들을 모두 접어야 했다.

"2000년 초에는 이 사업의 가치가 1조 5,000억 원이었습니다. 하지만 2002년에는 가치가 없다고 보고 법정관리에 들어간 것이지요. 그러나 지금은 1조 5,000억 원이 넘습니다. 그뿐만이 아닙니다. 이후에 만들어진 회사들은 계속해서 코스닥에 상장했습니다. 가치가 없는 사업이 아니었던 거죠. 디지털병원 사업 역시 2008년까지 잠정적으로 중단했습니다만 다시 시작하기로 마음먹었습니다. 먼저 사전 작업에 들어가 금년에 디지털병원 조합을 만들었죠. 조합이 출발하고 6개월 만에 에콰도르에서 2억 달러, 페루에서 2억 달러를 발굴했습니다. 사전에 계속 준비했던 부분이 있기 때문에 가능한 일이었지요."

이 교수는 앞으로 우리나라를 먹여 살릴 신성장동력으로 의료산업이 중요한 역할을 할 것이란 믿음에 가까운 '확신'을 갖고 있었다.

"우리나라가 급성장하는 과정에서 반도체와 조선의 역할이 컸습니다. 전 세계 메모리 반도체시장의 규모가 1,000억 달러 정도인데 한국이 그중에서 500억 달러를 점유하고 있습니다. 또 조선업의 글로벌시장 규모가 1,000억 달러인데 그중에 한국이 500억 달러(50%)를 점유하고 있지요. 그리고 의료산업은 전 세계시장 규모가 5조 달러에 달합니다. 반도체와 조선업의 수십 배 규모죠. 그 산업을 우리가 잡을 수 있느냐 없느냐는 한국 전체 문제입니다. 앞으로 의료산업에서 반도체와 조선업 정도의 수출이 가능하다고 봅니다."

의료산업을 이른바 수출효자 품목으로 육성하는 것은 선택의 문제가 아니라 생존의 문제라는 말이다.

"우리가 할 수 있겠느냐는 수동적 입장보다 그렇게 만들지 않으면 한국의 미래가 없다고 생각해야 합니다. 우리나라가 의료와 교육 부문에서 경쟁력을 확보하지 않으면 미래경쟁력이 있을까요? 한국은 이제 의료와 교육 같은 지식산업 분야에서 강자가 되어야만 미래가 있습니다. 교육과 의료 분야를 못 키우면 한국의 미래는 없습니다."

확신. 일말의 망설임도 없는 확신이 느껴졌다. 문제는 우리나라의 의료산업 수준이 과연 반도체와 조선업만큼 해외시장에서 통할 수 있는 경쟁력을 갖췄느냐는 것이다.

"의료산업 분야 가운데 의료 IT는 세계적 경쟁력을 갖고 있습니다. 의료장비는 가격대 성능비를 볼 때 나름대로 경쟁력을 갖고 있는데, 다만 400병상 이상의 병원급에서만 그렇습니다. 1000병상 이상 대형병원은 한국의 의료장비가 들어가기 쉽지 않지요. 중소 규모 병원에서 한국 의료장비가 경쟁력을 갖고 있습니다. 의료 기술 역시 분명 경쟁력이 있는데 의료인 자체가 나가서 하는 것은 어렵습니다. 전체적으로 볼 때 우리나라 의료산업이 탁월한 경쟁력이 있다고 보기는 어렵지요. 가장 중요한 것은 의지입니다. 한국의 수출 효자품목인 반도체, 조선, 건설, 자동차 등은 처음 시작할 때 미미하기 짝이 없었지만 의지를 갖고 덤벼들었기에 여기까지 왔습니다. 그런데 그 덕을 계속 볼 수는 없습니다. 그래서 우리가 의료산업을 육성하지 않으면 안 됩니다."

의료산업 수출은 '죽느냐 사느냐'의 문제지 '할 것인가 말 것인가'의 소극적 문제가 아니라는 것이다. 의료산업이 한국의 미래 성장동력으로서 역할을 해야 할 때가 왔다는 생각이 확고했다.

"우리가 의료 수출을 할 수 있냐고 물어서는 안 됩니다. 어떻게 하면 할 수 있는지를 물어야 합니다. 그것을 하지 않으면 미래가 보장되지 않기 때문이죠. 한국의 최고 인력이 IT 분야로 가서 IT산업이 컸습니다. 이제는 최고 인력들이 의료 분야로 들어가 의료산업이 한국을 못 키운다면 누가 키울 수 있을까요? '소는 누가 키우나'라는 유행어처럼 이제는 그렇게 할 때가 되었습니다."

뛰어난 공학자이자 해박한 인문학도로 널리 알려진 것처럼 그는 국내에서 최초로 초음파진단기를 개발한 공학자다. 초음파진단 기술과 유헬스케어기기와 관련해 170여 개의 특허를 출원한 테크놀로지스트 Technologist다.

"지금까지 특허출원한 것이 170여 개 정도인데 그중에서 1/3이 유헬스케어 관련 특허입니다. 유헬스란 용어도 내가 2001년에 처음 만들었지요. 처음에 만들 때는 '유비쿼터스 헬스케어 네트워크'였습니다. 유헬스는 한국의 의료산업이 전 세계 헬스케어 부문을 석권할 수 있는 큰 분야 중 하나로 보고 출발한 것입니다."

그는 유헬스케어 기술이 상용화되고 실제 의료서비스에 적용되면 의료비 부담이 크게 줄어들 것으로 확신했다. 그의 말을 듣고 있자니, 마치 국내 의료서비스가 유헬스와 의료-IT 융합 기술을 기반으로 한 '스마트 케어'로 전환하지 않으면 큰일이라도 날 것 같았다. 그만큼 그의 말과 표정은 단호했다.

"앞으로 유헬스가 상용화되지 않으면 늘어나는 의료비를 감당할 수 없습니다. 현재 의료비 부담이 가장 큰 것이 고혈압, 당뇨, 천식 등의 만성질환인데 관련 환자들이 대부분 노인이죠. 병원이 이들 환자를 모두 관리하는 것은 어마어마한 낭비입니다. 당뇨만 놓고 볼 때 혈당관리만 제대로 하면 의료비의 10%를 줄일 수 있습니다. 혈당관리를 제대로 할 수 있는 유일한 방법이 유헬스입니다. 유헬스가 상용화되지 않는 이유는 법 규제 때문이 아니라 건강보험 적용이 되지 않기 때문이죠. 만약 건강보험에서 유헬스를 커버해주면 확산은 시간 문제입니다. 이미 많은 연구에서 유헬스가 보급되면 보험재정이 줄어들 것이란 점이 입증됐습니다. PACS 의료영상 저장전 송신시스템를 보면 알 수 있지요."

『열하일기』, 『고조선 문자』, 『유라시아 유목제국사』……. 그의 어깨 너머로 보이는 책장에 꽂혀 있는 책들이다. 전공 분야의 책은 거의 찾아볼 수 없었고 대부분 인문학 관련 서적이었다. 의외였다. 그런데 나름의 이유가 있었다. 요즘 관심을 갖고 있는 '스마트혁명이 인류를 어디로 끌고 갈 것인가' 하는 다소 철학적인 주제와 무관치 않았다. 그는 2010년에 『스마트 코리아로 가는 길 : 유라시안 네트워크』라는 책을 썼다. 그는 이 책에서 유라시아 유목민족(몽골리언)의 역사를 끌어와 한국이 앞으로 나아갈 방향으로 '디지털 노마드'가 되어 개방적 무역국가로 나아가야 한다고 강조했다. 또한 '초유기체 Super-Organism' 개념을 근거로 인류가 앞으로 어떤 식으로 진화할 것인가 하는 주제를 다뤘다.

"유라시안 네트워크엔 결론만 제시해놓았습니다. 결론은 두 가지입니다. 인류가 슈퍼맨이 되어야 한다는 것과 개미처럼 집단생명으로 변한다는 것입니다. 개미 집단은 마치 하나의 생명체처럼 움직이지만 각 개미마다 역할이 있지요. 이런 생명체를 초유기체$^{Super-Organism}$라 합니다. 초유기체는 생물학에서 굉장히 중요한 연구 과제입니다. 현재 초유기체에 관한 많은 연구가 인간에 적용되기 시작했지요."

어렵다. 대략 정리하자면 이렇다. 앞으로 인류는 첨단 디지털 기술의 결정체인 스마트폰을 이용해 지금보다 훨씬 뛰어난 능력(원격 투시, 초감각, 동시성)을 지닌 슈퍼맨처럼 진화한다. 또 소셜네트워크를 통해 하나의 신경망처럼 얽혀 마치 개미 집단 같은 초유기체로 나아갈 것이란 일종의 미래 예측이다. 그는 앞으로 등장할 신인류를 '호모 모빌리언스'라 명명했다. 조만간『유라시안 네트워크』후속 편에 해당하는 책을 통해 이런 내용을 더 구체적으로 저술하겠다고 말했다.

"앞으로 쓸 책에 들어갈 내용은 주로 철학과 과학 등에 관한 것입니다. 지금은 주로 기술적 측면, 즉 현재에 관해 저술했다면 앞으로 쓸 책에는 그 밑에 깔려 있는 변화의 본질을 생각해보자는 화두를 던지려 합니다."

한 시간도 채 안 되는 짧은 인터뷰를 마치고 카이스트 건물을 빠져나오는데 갑자기 두통이 왔다. 오른쪽 관자놀이가 지끈거렸다. 머릿속 곳곳에서 개미떼가 까맣게 무리를 지어 옮겨 다니는 것 같은 기분이 들었다.

— 〈라포르시안〉 'The 만나다'

> 어둠은 새를 낳고, 돌을
> 낳고, 꽃을 낳는다.
> 아침이면,
> 어둠은 온갖 物象을 돌려주지만
> 스스로는 땅 위에 屈服한다.
> _ 박남수 '아침 이미지' 중

창업 활성화 09

창업국가 형성에 도전하다

- 성장과 고용을 동시에 창출하는 청년창업
- 스타트업이 희망이다

청년창업 활성화는 대한민국 미래 발전의 가장 중요한 전략이다. 성장과 고용의 두 마리 토끼를 잡는 유일한 대안이며 혁신경제로 진입하는 유일한 국가전략이다. 스마트혁명이라는 인류사적 변화에 대응하는 유일한 전략이다. 고품질 창업 활성화가 벤처 1.0을 이어받는 벤처 2.0의 또 다른 이름인 것이다.

성장과 고용을 동시에 창출하는 청년창업

다시, 벤처창업의 붐을 꿈꾸다

스마트혁명의 결과로 2011년에 창업 붐이 일었다. 1995년 벤처기업협회가 출발할 때 불과 500개였던 벤처기업이 2000년 10,000개를 돌파했고 2011년에 12,000개에 달한 이후 한때 7,000개까지 내려갔으나 다시 2,5000개를 넘어서고 있다. 새로운 벤처 시대가 도래하고 있는 것이다. 고용과 성장을 뒷받침할 유일한 국가전략은 고품질 창업 이외에는 없다는 국가적 컨센선스가 이루어지고 있다.

이러한 창업을 뒷받침하는 정리된 정책들을 제시한 한 해였다. 언론의 많은 기고 활동, 특히 〈머니투데이〉와 〈전자신문〉 기고가 큰 의미가 있었다. 연대보증제도의 개선, 엔젤 활성화를 포함한 많은 벤처 재도약정책을 제언했고 상당 부분이 반영될 것으로 기대된다. 호민관 시절 제시했던 기술탈취 등에 관한 제도적 개선이 법제화되어 2011년에 시행에 들어간 것은 벤처생태계에 대단히 의미 있는 일이었다. 2011년에 지펴진 벤처창업의 붐이 2012년에는 활짝 꽃필 것으로 본다. 〈전자신문〉에 기고한 13편의 글과 창업세미나 정리 자료인 벤처생태계 재편 기고문이 창업정책을 뒷받침하리라 생각한다.

청년창업포럼

이러한 창업 활동을 가속화시키기 위해 청년창업포럼을 가동시켰다. 청년창업포럼은 2011년 9월부터 시작한 새로운 엔젤 활성화, 창업 활성화를 위한 전문가들의 모임이었다. 고벤처를 이끄는 고영하 회장님을 비롯해 이콥월드의 김이숙 사장님, 소호협회의 김광회 회장님, 일인창조협회 김희정 회장님 등 창업의 리더들이 모인 자발적 조직이었다. 신수진 님은 이 포럼에서도 적극적인 역할을 했다. 전국적으로 창업과 기업가정신 모임이 많고 그 모임의 강연에 참여하는 사람들이 점차 늘어가는 현상은 바람직한 변화라 생각한다.

청년창업포럼을 마치고

선도 벤처 연구

2008년부터 4년에 걸쳐 연구한 한국의 성공 기업들이 120개를 돌파했다. 그동안 모인 120여 개 기업 분석 자료들은 한국에서는 물론이고 전 세계적으로도 대단히 희귀한 자료가 아닌가 생각한다. 이 연구를 통해 글로벌벤처포럼이 탄생했고 개별 기업의 소생태계 형성이 촉진되어 새로운 기업 발전의 모델이 되지 않을까 예측했다. 이 내용은 『스마트 자본주의 5.0』이라는 책으로 발간되었다.

OBS 방송 MC

청년창업 활성화를 위한 활동은 호민관 시절부터 준비되었으나 퇴임 직후 방송에서부터 시작했다. 2011년 2월부터 팔자에 없는 방송 MC 생활을 반년 동안 하게 되었다. 경인방송OBS의 〈기업프로젝트〉라는 프로

OBS 〈기업프로젝트〉 출연진과 함께

그램에서 공동 MC를 맡은 것이다. OBS의 아나운서 김원경 MC는 방송 도중 툭하면 눈물을 흘릴 만큼 벤처기업에 감수성이 예민한 미인이었다.

〈기업프로젝트〉는 젊은이들에게 기업가정신을 북돋우기 위해 이미 성공한 기업, 미래에 성공할 기업들의 좋은 사례들을 소개해주는 프로그램이었다. 여기에 한국을 대표하는 벤처기업가들을 "그냥 할래? 맞고 할래?" 하는 협박으로 포섭해 같은 시간대에 백지연 아나운서가 진행하는 토크 프로그램보다 시청률이 높게 나오기도 했다. 주요 출연진은 안연구소의 안철수, 휴맥스의 변대규, 비트컴퓨터의 조현정, 티켓몬스트의 신현성 등 이름만 대면 모두 알 수 있는 대단한 분들이 출연했다. 이 지면을 빌려 출연한 모든 분에게 감사의 뜻을 표한다.

성공한 기업인과 새로 창업한 기업인들 사이의 대화 시간은 소통이라는 단어의 의미가 무엇인지 적나라하게 보여주는 시간이었다. 그러나 현실적으로는 일주일에 하루 이상의 시간이 투입되어 워낙 여러 가지

안철수 교수와 녹화를 마치고

일을 벌이고 있는 내 입장에서는 감당하기 어려워 팔자에 없는 방송 MC는 물러나고 말았다. 덕분에 방송 화장이 무엇인가에 대해서는 감을 잡을 수 있었던 좋은 경험이었다. 환갑을 앞둔 사람이 방송에서는 30대로 보았다는 사람도 있을 정도니 화장이 아니라 변장 수준이 아니었나 싶다.

스타트업이 희망이다*

벤처인증 패러독스

전국 300여 개 창업보육센터에 5,000여 개 새내기 벤처들이 둥지를 틀고 있다. 이들이 보육 후 졸업해 벤처빌딩으로 가려면 벤처인증이 필요하다. 창업벤처는 엔젤투자가 주된 자금원인데, 한국의 엔젤투자는 벤처기업에 한해 인정받는다. 그런데 많은 창업벤처는 벤처인증을 받지 못하고 있다.

엔젤투자자들이 사라진 이유 중 하나다. 벤처기업협회가 주도해 세계 최초의 벤처특별법을 만든 정신은 기술개발을 열심히 하는 창업벤처의 지원이었다. 그런데 현재의 벤처인증을 받는 시기는 창업 후 평균 8년으로 시장에서 이미 영업이 활성화된 성장 벤처들이다. 지원이 절실한 창업벤처에는 벤처인증이 안 된다는 패러독스가 발생하고 있는 것이다. 왜 이러한 제도가 만들어진 것인가?

---

* 본 글은 2011년 하반기 〈전자신문〉에 연재한 글로, 창업과 경영 전반에 관한 다양한 이슈들을 다뤘다. 청년창업가와 기업인들에게 도움이 될 만한 글들이라 여기에 담는다.

특별법 제정 당시 벤처인증은 연구개발 투자를 중심으로 이뤄졌다. 연구개발을 통해 핵심역량을 확보한 벤처들이 기술사업화에 성공하면 시장 개척에 돌입한다. 시장 개척을 통해 해당 시장의 상위권에 올라서면 코스닥에 상장한다. 이러한 3단계 벤처발전 주기상 벤처특별법에 의한 지원제도가 가장 필요한 단계는 초기 창업 단계로 보고 연구개발 투자 등 핵심역량 확보 노력을 벤처인증 요건으로 설정했던 것이다.

2001년 미국의 IT 버블이 붕괴하면서 한국의 벤처 버블도 동시에 꺼져 들어갔다. 여기저기서 마녀사냥이 시작됐다. 이른바 '무늬만 벤처'를 없애기 위한 작업이 진행됐다. 시장 중심적 제도라는 명목으로 벤처인증도 연구개발이 아니라 영업 실적을 중심으로 이상하게 개선된 것이다. 지금 90% 이상 벤처가 벤처캐피탈투자 또는 기술신용보증을 통해 벤처인증을 받고 있다. 이렇게 해서 무늬만 벤처는 줄었는지 모르나 창업 활성화는 확실하게 위축됐다. 2001년 1만, 1000개가 넘던 벤처는 2004년에 8,000개 미만으로 줄어들었고 스타벤처도 나오지 않고 있다.

이제 스마트와 소셜네트워크 붐에 기반을 둔 벤처 2.0 기회를 맞아 벤처 철학에 걸맞은 벤처인증제도 복원이 시급하다. 벤처와 창업만이 한국의 성장과 고용을 이끌 원동력이다.

엔젤 활성화를 위한 세제 개선

21세기 한국의 미래는 청년창업에 달려 있고, 청년창업은 엔젤투자 활성화에 달려 있다. 2000년 5천억 원이 넘던 엔젤투자 규모는 2010년에는 1/15 수준인 320억 원대로 위축됐다. 벤처캐피탈의 창업기업 투자도 2000년에 비해 1/3로 축소됐다.

코스닥 상장에 평균 12년이 걸리는데, 누가 창업벤처에 투자하겠는가. 미국에서도 창업벤처에 대한 벤처캐피탈의 투자는 원활하지 않다. 기술이 완성되지 않은 고위험의 창업벤처 투자는 조직보다 개인의 판단에 의존할 수밖에 없어, 80% 이상의 창업 투자는 개인과 기업 엔젤이라는 비공식 자본으로 구성된다. 미국의 엔젤투자 규모는 벤처캐피탈 규모에 상응하는 20조 원 규모며 엔젤투자자는 30만 명에 육박한다. 창업정책의 핵심은 바로 엔젤투자자 양성에 있다 해도 과언이 아니다.

2002년 2월 '벤처 건전화 방안'이라고 발표된 신벤처정책은 이른바 '묻지마 투자'는 축소시켰을지 모르지만 벤처생태계를 황폐화시킨 교각살우였다. 엔젤투자자들은 절대로 천사가 아니다. 그들은 궁극적으로 투자를 통한 수익 창출을 목표로 한다. 벤처 건전화 방안은 엔젤투자의 소득공제 비율을 30%에서 10%로 대폭 축소했다. 기술기업의 벤처인증을 어렵게 해 엔젤투자 적격 업체에서 제외시켰다. 적자 기업의 코스닥 상장을 원칙적으로 불허해 투자 회수를 어렵게 만들었다.

현재 추진되고 있는 모태펀드 확대 등의 제도적 접근도 한계가 있다. 창업벤처의 불확실성으로 인해 조직 차원의 제도적 투자 의사결정은 어렵기 때문이다. 개인의 판단에 근거하는 것이 엔젤이다. 따라서 소득공제를 30%로(일본은 40%) 환원하고 투자 손실 공제, 투자 수익의 재투자 시 과세이연 등 개인 차원의 조세정책이 핵심이다. 조세정책과 더불어 투자회수를 할 수 있는 중간 회수시장 활성화가 정부자금 공급의 확대보다 본질적인 생태계적 접근이다. 초기 벤처정책의 패러다임으로의 복귀가 창업 활성화의 관건이라 할 수 있다.

주식옵션제도의 부활

벤처기업 성장의 핵심인 우수 인력 영입의 유일한 수단이 주식옵션이다. 같은 조건이라면 누가 대기업을 마다하고 중소벤처를 선택하겠는가. 미국에서 벤처에 인재가 몰리는 가장 큰 요인은 주식옵션제도에 있다. 벤처 1.0 시대 벤처기업의 주식옵션을 통해 백만장자가 된 인재들이 등장하면서 우수 인력들이 벤처로 몰려들어 315개에 달하는 1천억 벤처의 기초를 닦았던 것이다.

그러나 코스닥, 엔젤과 더불어 초기 벤처정책의 3대 핵심 제도 중 하나인 주식옵션제도가 유명무실화하면서 유망 벤처에 우수 인력의 공급이 중단되었다. 휴맥스 등 대표적인 벤처기업에도 이른바 SKY 대학 출신이 지원하지 않는 것이 작금의 현실이다. 2002년 벤처 건전화 대안으로 개선된 주식옵션제도는 더 이상의 인재 영입 역할을 상실했다. 상장 벤처기업들이 회계 문제로 더 이상 주식옵션을 제공하지 않기 때문이다.

주식옵션 문제의 핵심은 세금 문제보다도 주식가치 상승 시 옵션가와 시가의 차액을 손실로 반영하는 회계제도의 오류에 있다. 예를 들어주당 1만 원이었던 주가가 2만 원으로 상승하면 옵션 발행이 10만 주인 회사는 10억 원의 장부 손실이 발생하는 것이다. 실제로 흑자인 회사가 적자로 보이게 돼 주주들에게 나쁜 반응을 촉발시킨다. 기업이 당연히 기피하게 된다.

신주 주식 액면가와 발행가의 차이는 재무제표상 자본 조정이 돼야 하나, 현재의 회계 기준은 손익에 반영하는 우를 범하고 있다. 미국에서는 무 액면가 주식이 가능하므로 창업 시 구주를 발행해 주식옵션을 제공하므로 손익에 반영할 수 있다. 한국에서도 구주 교부형 옵션은 손익 반영이 정당하지만 신주 발행형 옵션은 자본조정이 돼야 하는 것이다.

국제회계기준^{IFRS}에서도 이에 대해 각국에 유연성을 제공해 국가전략에 따른 선택이 가능하다. 한국의 유일한 성장과 고용의 대안인 벤처 육성을 위한 인재 공급 대안은 벤처 1.0 정책으로 주식옵션의 원상복귀에 달려 있다 해도 과언이 아닐 것이다.

M&A 중간 회수시장의 활성화

창업 활성화 관건인 엔젤투자 활성화는 엔젤투자자의 수익 창출에 달렸다. 엔젤은 수익을 창출하기 위해 투자하므로, 이익 실현이 가능한 중간 회수시장 육성이 활성화를 위한 생태계적 접근이다. 모태펀드를 통한 투자재원 공급이 문제 해결의 본질적 대책이 아닌 것이다.

벤처 1.0 시대에 아무리 정부에서 자금 공급을 늘려도 요지부동하던 벤처캐피탈 투자가 코스닥이란 최종 회수시장 육성으로 비로소 활성화

됐음을 상기하자. 현재 코스닥 상장에 필요한 평균 기간이 12년이다. 과연 12년 후를 보고 지금 당장 투자할 사람이 얼마나 있을까. 코스닥은 엔젤투자 회수시장으로서 역할에 명백한 한계가 있다.

미국도 엔젤투자 회수시장은 대부분 M&A라는 중간 회수시장이 차지한다. 미국은 M&A로 회수되는 자금이 나스닥의 10배에 달한다. 벤처 1.0의 핵심정책이 코스닥이라면 2.0의 핵심정책은 M&A 중간 회수시장이라 할 수 있다.

창업 5년 전후인 기술의 완성 단계가 중간 회수시장이 필요한 시점이다. 창업자는 시장 진입까지 할 것인지를 판단하는 시기다. 아직 시장에서 영업 실적이 미비한 상태여서 재무기준으로 기업가치 평가는 어렵다. 따라서 객관적 가치평가가 필요한 3부 시장 등 주식 거래보다는 M&A 거래가 세계적으로도 일반적이다.

미국은 투자은행과 엔젤네트워크가 거래시장 역할을 하고 있다. 그러나 한국에서의 대안이 되기에는 많은 시간이 소요된다. 한국은 이제 M&A시장의 압축성장이 필요하다. M&A 활성화를 위해 팔려는 기업과 사려는 기업의 수가 일정 규모 이상 확보돼야 한다. 이를 위해 공공 차원의 거래소가 비밀 유지를 보장하며 기업정보를 확보할 필요가 있다.

한편, 실제의 M&A 중개는 공공조직이 수행하는 데 명백한 한계가 있다. 민간조직이 이익 추구의 목적으로 몰입해야 거래가 성사된다. 이런 문제를 융합해 공공 차원의 정보관리와 민간 차원의 딜러가 공존하는 M&A거래소가 현실적인 M&A 활성화 대안이다.

개인엔젤과 기업엔젤의 육성

미국의 초기 창업투자시장은 개인과 기업 엔젤투자자로 양분된다. 개인엔젤과 기업엔젤의 구체적인 성격이 어떠한지를 보는 것이 효과적인 엔젤정책 수립의 전제조건이 아닐까 한다.

개인엔젤은 대체로 성공한 기업을 매각해 현금을 확보하고 성공 경험을 바탕으로 새로운 창업기업에 투자만 하는 것이 아니라 적극적인 멘토링을 하는 투자자들이다. 자금뿐만 아니라 경영 노하우를 전수하는 벤처생태계의 중요한 허브 역할을 담당한다. 한국 벤처생태계는 이니시스 창업자인 권도균 대표, 한게임 창업자인 김범수 대표 등 성공한 기업을 매각하고 자금을 선순환할 수 있는 벤처인들이 이제 막 나타나고 있다.

성공 벤처인들의 개인엔젤생태계 참여를 확대하는 국가제도가 바로 '과세 이연제도'다. 미국은 성공 기업인들이 수익을 창업벤처에 엔젤투자하는 때는 최종 투자수익 회수 시점까지 과세를 이연한다. 당장의 씨암탉보다는 투자의 선순환으로 국부 배가를 추구하는 효과적인 정책이다. 한국에서도 이런 과세 이연제도 도입이 막 싹트고 있는 개인엔젤 활성화를 위한 최우선 제도개혁이 아닌가 한다.

그러나 한국은 일천한 벤처 역사로 인해 미국과 같은 30만 개인 엔젤 육성은 불가능한 목표다. 한국에서 좀 더 현실적인 대안은 바로 기업엔젤이다. 기업엔젤은 이미 300개를 넘어선 1천억 벤처를 포함해 다수의 선도 벤처들이 참여할 수 있다. 개별 기업이 자기 기업의 미래전략에 입각해 관심 분야에 투자하고 멘토링으로 육성해 나가는 소벤처생태계가 한국 벤처의 발전 모델이 되어야 한다.

기업 전용펀드^{Captive Fund}가 생태계 형성의 촉진책이 될 수 있다. 기업 전용펀드는 특정 선도벤처가 관리하고 투자 결정하되 투명하게 운영하는 펀드를 의미한다. 현재의 모태펀드 제도를 조금만 손을 보면 즉각적으로 활성화가 가능한 가장 효과적인 한국적 엔젤 활성화 대안이 될 수 있다.

연대보증제도의 개선

고품질 청년창업이 선진국 진입의 유일한 대안이다. 이에 따라 창업선도대학, 창조캠퍼스 사업, YES 리더, 산학협력 교수, 소액보증 면제 등 청년창업 활성화를 위한 많은 정책이 도입되고 있는 것은 이런 관점에서 매우 바람직하다.

그러나 창업벤처에게 재도전 기회가 없다면 이 모든 창업 지원제도는 결국 신용불량자 양산제도로 지탄받게 될 가능성이 높다. 벤처는 혁신적 기술로 사회에 가치를 창출하며, 혁신은 도전을 통해 이뤄진다. 도전이 모두 성공하지는 않는다. 미국 실리콘밸리에서는 20%만이 성공하나, 실패해도 다시 도전이 가능하기에 창업은 지속된다. 실패에 대한 지원이 없는 사회는 한 번 실패한 청년들을 영원히 사회에서 격리하게 되고 후배들은 창업을 하지 않게 된다. 바로 지금 한국의 현실이다.

미국처럼 엔젤투자가 활성화되면 이러한 연대보증 문제는 사라지만 한국에서 M&A 등 엔젤투자 회수시장 활성화는 많은 시간이 소요된다. 결국 장기적으로는 M&A 회수시장 활성화를, 단기적으로는 연대보증제도 개선이 창업정책의 핵심이 될 것이다.

당분간 한국에서는 사업에 필요한 자금은 융자로 조달한다. 융자는 연대보증을 하게 된다. 현재 한국 연대보증제도에서는 10만 명이 창업할 경우 3년 후 5만 명의 신용 불량자를 만드는 결과를 초래한다. 연대보증제도 효과에 비해 국가가 지불하는 기업가정신 저하의 기회손실이 벤처협회 연구에 의하면 100배 이상이다. 국가 차원에서 연대보증제도 개선이 시급한 이유다.

그러나 아무리 국가 차원에서 필요해도 참여자 이익이 저해되면 제도는 헛돌게 된다. 우선 정책기관인 신보와 기보의 경우 총보증금액 중 연대보증으로 회수하는 비중보다 높은 보증료를 가산한다면 기관 차원의 손해는 없게 된다. 다음으로 보증에 대한 감사원 등의 감사면책이 돼야 실무진의 적극적인 동참이 가능해진다. 스마트 시대를 맞아 모처럼 고조되는 창업 열기를 살리기 위해 이른 시일 내에 연대보증제도 개선이 이뤄져야 한다.

좋은 M&A, 나쁜 M&A

벤처 문제의 핵심은 M&A의 활성화다. 창업 활성화는 엔젤 활성화, 엔젤 활성화는 회수시장 활성화, 회수시장은 결국 M&A시장 활성화에 달려 있다. 그런데 M&A 활성화는 수많은 정책적 시도에도 불구하고 지지부진하다. 그 저변에는 M&A에 대한 부정적 시각이 깔려 있기 때문이다.

그러면 좋은 M&A와 나쁜 M&A를 나눠 생각해봐야 하지 않을까. 통상적으로 M&A는 구조조정을 연상시킨다. 연산 1억 톤의 철강회사와 2억 톤 회사가 합병해 증대되는 이익은 판매 확대보다는 비용절감에서 비롯된다. 통합 이후 구조조정을 통해 인력을 감축하고 그 비용이 이익으로 환입되는 것이다. 이러한 규모경제형 M&A는 가치 창출이 아니라 원가절감으로 이익을 내므로 사회적으로 부정적인 이미지를 형성해 나쁜 M&A로 인식된다.

그러나 구글의 구글보이스 M&A처럼 기술을 가진 기업을 시장을 가진 기업이 합병하는 경우 고용은 오히려 증대된다. 혁신적인 기술이 시장효율성과 결합해 글로벌시장에 확산되므로 새로운 가치가 창출되고 결과적으로 고용이 확대된다. 대기업은 혁신을 얻고 벤처기업은 시장을 얻고 엔젤투자자는 투자회수를 하고 창업기업에는 엔젤투자가 확대되는 윈-윈-윈-윈 게임이다. 기술·시장 결합형 M&A는 원가절감이 아니라 가치 창출을 통해 수익을 증대시키는 좋은 M&A라 할 수 있다.

가치 창출형 M&A는 새로운 창조경제 시대 패러다임에 부합한다. 창조경제 원가구조는 '연구개발비/판매수량'인데, 단일 기업이 이를 만족하지 못하는 창조경제 패러독스가 발생한다. 결국 창조경제 시대에는 단일 기업의 전략에서 기업생태계의 전략으로 이동한다. 이러한 패러독스 극복의 가장 중요한 대안이 바로 기술·시장 결합형 M&A다. 삼성전자가 기술벤처를 M&A하면 수많은 기술벤처의 창업이 활성화된다.

이제 시장을 가진 대기업이 기술을 가진 벤처기업을 제값을 지불하고 M&A하는 것을 박수치는 문화가 필요한 이유다.

공정거래와 기술탈취

벤처기업은 크게 대기업에 납품하는 B2B 기업과 직접 시장에 판매하는 B2C 기업이 있다. 이 중 기술 창업이 많은 벤처는 그 특성상 B2B 기업이 전체의 70%에 달한다. 이 때문에 벤처정책에서 대·중소기업 공정거래의 중요성은 아무리 강조해도 지나치지 않는다.

공정거래 핵심은 협상력의 균형이다. 대기업의 시장장악력에 대항할 수 있는 벤처의 무기는 기술뿐이다. 차별화된 기술 없이 대기업 호의에만 기댈 수 없다는 것은 이미 입증됐다. 창업정책 핵심 중 하나가 벤처기업의 기술보호가 돼야 하는 이유다.

그런데 많은 벤처기업이 대기업에 사업 설명을 하고 기술을 뺏겼다는 호소를 한다. 대기업과 거래를 하려면 특허 공유가 전제조건이다. 이들 기술과 특허로 다른 경쟁 기업을 육성해 가격 인하 수단으로 사용한다. 기업을 제값 주고 인수하는 대신 핵심 인력을 빼간다. 이런 다양한 기술탈취를 방지하지 못하면 벤처기업의 협상력은 사라지고 공정거래는 물 건너간다.

2010년 중소기업옴부즈만(호민관)실 주도로 진행된 공정거래 프로젝트 결과 기술탈취 입증책임을 대기업으로 전환, 기술탈취에 징벌적 배상제 도입, 비밀유지각서 체결 원칙, 기술 에스크로제 도입 등이 추진되고 있다.

　이런 제도가 제대로 시행되면 벤처 협상력은 획기적으로 개선되고 대·중소기업 공정거래 문제가 상당수 개선될 것으로 기대된다. 제도의 원활한 정착을 위해 중소기업청 등 관계 부처의 적극적인 운영 노력이 필요하다. 물론 벤처기업도 기업가치 핵심이 특허로 이동한다는 패러다임 변화에 적극 대응해야 한다.

　추가적으로 핵심 인력 유출방지책이 정책의 빈틈으로 남아 있다. 회사를 사는 것보다 사람을 빼오는 것이 더 경제적이라면 굳이 공정한 가격을 지불하고 M&A에 임할 이유가 없다. 벤처 성공의 열쇠인 M&A시장 활성화를 저해하는 벤처기술 유출을 막기 위한 기술탈취 입증책임과 징벌적 배상제 적용이 시급한 이유다.

M&A 거래소와 엔젤 활성화

창업 활성화를 위해 중요한 정책 하나를 꼽는다면, M&A 거래소 설립이다. 논리는 다음과 같다. 성장과 고용의 핵심 정책은 고품질 창업이다. 창업 활성화를 위해 엔젤투자 활성화가 필수다. 엔젤투자는 중간회수시장 육성으로 확대 선순환된다. 중간회수시장은 결국 M&A시장이다. 그런데 M&A시장 활성화를 위한 뚜렷한 대안이 없다. 문제는 그동안 M&A 활성화를 위해 정부가 제도 개선 노력을 많이 했음에도 불구하고 현재까지 결과는 기대 이하다. 앞으로도 큰 희망이 보이지 않는다.

M&A 활성화는 생태계적 접근이 필요하다. 판매자, 구매자, 중계자의 3요소가 임계질량을 넘어서는 일정 규모 이상이 돼야 한다. 꽃과 나비처럼 생태계 구성요소들은 서로 공진화$^{co\text{-}evolution}$한다. 생태계 모델의 주춧돌 역할을 미국에서는 대규모 투자은행들이 담당하고 있다. 그런데 한국에서는 이런 투자은행 역할은 없다. 이론적으로 정부는 시장 플랫폼 구축과 시범 사업이라는 점에서만 그 역할이 필요하다. 바로 M&A 거래소 설립이 매우 시급한 이유다.

세계적으로 전례가 없다는 이유로 M&A 거래소 설립의 정책적 판단이 어려울 수도 있다. 그러나 앞선 사례 없이도 한국은 벤처기업협회 주도로 세계 최초로 벤처기업특별법을 만들어 큰 성공을 거뒀다. M&A 거래가 일반 주식 거래에 비해 특수한 점인 '비밀 유지'와 '정보의 신뢰성'은 미국의 투자은행 역할을 벤치마킹하면 어렵지 않게 구현 가능하다. 미국의 M&A 거래 규모가 나스닥 상장 규모의 10배다. M&A 거래소 활성화를 통해 연간 수조 규모 엔젤투자도 가능하다. 반면 설립에 따르는 리스크는 불과 수백억 원 이하로 추정된다.

벤처 1.0의 코스닥에 비견할 벤처 2.0의 핵심 정책이 바로 M&A 거래소다. 이를 통해 혁신 국가에 필요한 대기업 시장 플랫폼과 벤처 혁신역량이 결합하므로 국가 전체의 가장 중요한 정책이 아닌가 한다.

개방혁신 플랫폼

창업벤처가 성공하기 위한 3대 조건은 기술, 시장, 자금이다. 이 중에서 시장과 자금을 동시에 해결하는 대안이 바로 창업벤처와 성공벤처의 개방혁신 플랫폼이라 할 수 있다. 기술은 시장을 만나야 꽃을 피우고 기술과 시장이 결합되는 단계에서 외부 자금이 공급된다. 따라서 창업벤처에 절실한 지원은 건물임대료 지원 등 자원 공급보다 시장의 창을 열어주는 것이다.

그런데 현실은 대부분의 창업보육센터들은 창업기업들에 시장 개척 파트너 연결에 손을 놓고 있다. 기술개발이 시장과 결합되지 못한 채 갈라파고스적 진화를 하고 있는 것이다. 개방혁신Open Innovation이 중요한 이유다.

성공벤처들도 새로운 성장동력을 갈구하고 있다. 신제품 개발역량은 기업 성장에 반비례해 감소한다는 것은 철칙에 가깝다. 많은 코스닥 기업이 성장 한계를 노출하고 있는 이유다. 이들 기업은 자신이 개척한 시장에 새로운 성공동력을 외부에서 구하고 싶어 한다. 성공벤처와 창업벤처 요구가 일치하고 있는데, 이를 중계해주는 역할은 극히 미미하다. 따라서 성공벤처와 창업벤처를 중계해주는 개방혁신 플랫폼 구축이 창업정책의 우선 과제라 할 수 있다.

애플 앱스토어처럼 플랫폼은 개별 앱을 활성화한다. 전국창업보육센터, 테크노파크, 벤처빌딩에 산재해 있는 기술벤처는 1만 개를 넘는다. 매출 1천억 원이 넘는 천억 벤처가 400개에 육박한다. 이들은 서로를 갈구한다. 그런데 중개센터가 없다는 것은 정책의 빠진 연결고리라 할 수밖에 없다. 미국의 벤처 발전에는 이노센티브, 나인시그마와 같은 개방혁신 중개기관의 역할이 지대했음을 상기하자.

다행스러운 것은 이러한 개방혁신 플랫폼 구축에 큰 비용이 투입될 필요가 없다는 것과 그 결과는 너무도 기대된다는 것이다. 정부 역할은 시장을 만드는 것이 아닌가. 개방혁신 플랫폼은 창업 중인 수많은 청년의 복음이 될 것이다.

창업교육의 혁신

청년창업 활성화에서 교육은 사실상 사각지대에 놓여 있다. 교육을 통한 기업가로서의 역량 구축이 필요하다는 총론은 무성하나, 각론에 들어가면 현장은 초라하다 못해 실망스럽다. 물론 창업선도대학, YES리더 프로그램 등 정책 당국의 노력 결과로 창업에 대한 긍정적인 인식은 괄목할 만큼 좋아졌다. 창업을 하겠다는 대학생들이 1년 전에 비해 몇 배는 증가했다. 그러나 이들이 실제로 창업해 성공할 수 있는 역량은 매우 빈약하다.

창업 활성화의 가장 큰 저해 요소는 교육이라고 단언한다. 창업교육은 크게 기업가정신교육과 첨단 융합 기술교육으로 나뉜다. 현재 두 가지 모두 교육 현장에서 절대 부족하다. 더구나 기업가정신과 첨단 기술 융합의 교육은 이제 시작이라고 볼 수밖에 없다.

문제는 교육 의지와 자원의 절대 부족이다. 교수 요원이 절대적으로 모자란다. 제대로 된 콘텐츠도 없다. 미국의 선도대학에는 20개 이상 기업가정신 과목이 제공되는데 한국에는 1개 이상 제공하는 대학이 전체의 10% 미만으로 추정된다. 교수 요원의 절대 부족을 해소하는 대안으로 우수한 멀티미디어 콘텐츠를 공유하는 방안이 유력하다. 물론 외국의 콘텐츠도 활용 가능하다.

융합기술 교육은 더 심각하다. 첨단 융합기술에서 미래의 차별화된 사업 분야가 나올 수 있다. 이를 화두로 제공하고 팀을 구성해 문제를 풀어가는 교육이 진정으로 필요한 창업교육이다. 이를 위해 TED와 같은 자료를 포함해 국내 석학들의 강연을 대학들이 공유하는 열린교육이 절실하다. 바로 교육 3.0이 추구하는 지향점이다.

프로젝트 중심 교육은 산학협력을 촉진한다. 학계와 산업계의 점점 멀어지는 거리가 창업교육의 저해 요인으로 보아야 한다. 이러한 프로젝트의 결과물로서 상용화 제품이 아니라 특허를 지향하는 가상 프로젝트는 산학협력을 촉진하고 기업가정신을 고양시켜 산업계·학계·창업의 공생 발전 촉매제가 될 것이다.

지재권 중심의 산학협력

창업 활성화를 위한 교육혁신의 핵심은 프로젝트 중심 교육이다. 프로젝트로 배양된 문제해결 능력과 창조성이 성공 창업으로 이끄는 핵심역량이 된다. 산학협력 프로젝트의 중요성은 국가 연구와 인재 개발 측면에서 아무리 강조해도 지나치지 않다.

그런데 산학협력은 발전되기는커녕 날이 갈수록 괴리가 발생하고 있다. 기업은 학교를 신뢰하지 않고 학교는 기업을 탓하고 있다. 산업계는 당장 수익을 창출할 산업 기술개발에 치중하고 학계는 평가에 필요한 논문에 집중하고 있다. 두 가지 목표는 사실상 통합되기 쉽지 않다.

크리스텐슨은 산업 역사에서 기존 기업이 와해적 혁신에 성공하는 경우는 매우 드물다는 것을 입증했다. 대부분의 기업은 점진적 혁신을 추구하고 투자 대비 수익 분석에 입각해 프로젝트를 추진하다가 새로운 와해적 기술 파도에 쓸려간다. 그래서 기업들은 와해적 혁신의 씨앗을 기업 외부에서도 추구해야 한다는 결론에 도달한다. 산학협력의 새로운 대안이 절실한 이유다.

이제 눈을 돌려 기업 가치사슬 변화를 살펴보자. 기업가치 창출 원천이 생산에서 기술개발을 거쳐 이제 특허 등 지식재산권으로 이동하고 있다. 구글의 모토로라 인수와 애플과 삼성의 특허전쟁을 보라. 이미 S&P 500대 기업가치에서 특허 비중이 건물, 토지, 설비를 합친 유형자산 전체보다 커졌다. 이제 특허전쟁으로 상징되는 특허경제 패러다임으로 진입하고 있는 것이다.

그렇다면 산학협력 패러다임을 산업화개발이 아니라 특허개발로 바꾸는 것을 고려할 때가 된 것이 아닐까. 산업화개발에서는 밀려난 학교의 경쟁력이 특허개발에서는 살아날 수 있지 않겠는가. 기업은 특허 확보로 와해적 혁신에 대비가 가능하지 않겠는가.

특허 중심의 산학협력은 적은 비용으로 미래 기술을 확보하는 연구인 동시에 창업역량을 배양해주는 최선의 교육전략이다.

진정한 창업이란?

기업 목표는 부가가치 창출이다. 수많은 창업 기업가에게 창업 목표가 무엇인가 질문을 던져보면, 돈 버는 것보다 자아실현이 목표라는 사람들이 훨씬 많다. 입에 발린 얘기가 아니라 실제로 이 세상에 새로운 가치를 창출하는 것을 목표로 한 기업가정신이 사업의 성공 확률을 높이고 있음을 알 수 있다. 가치를 창출하고 분배하는 선순환 과정이 바로 기업의 역할인 것이다. 창업을 꿈꾸는 젊은이들에게 꼭 전하고 싶은 메시지인 것이다.

기업 목표를 순이익 극대화에 두는 순간 세금·급여를 줄여야 하므로 기업경영은 국가·임직원과 갈등구조에 들어간다. 노조 운동은 기존의 기업평가 방식에서는 어쩌면 필연적인 결과일 수도 있다. 한마디로 기업 목표가 순이익의 극대화라는 생각은 주주 자본주의에서 탄생된 것이다. 그러나 실제 기업경영은 주주·임직원·경영진·고객의 노력의 합체이기에 새로운 기업평가지표가 필요하게 되었다.

새로운 기업평가지표를 부가가치의 극대화에 둔다면 기업은 비로소 갈등구조에서 벗어날 수 있다. 부가가치 극대화는 주주·임직원·국가 모두의 공동 목표가 될 수 있다. 부가가치는 이익·매출액·자산·고용을 포괄하는 기업의 가치평가지표라 할 수 있다.

창출된 부가가치 분배는 장기적으로 부가가치 극대화 원칙에 입각하면 된다. 지나치게 높은 임금과 낮은 임금은 부가가치 선순환을 저해한다. 지속 가능한 부가가치 선순환을 위한 분배 원칙이 모두에게 장기적이익이 된다. 여기에서 임금은 비용이 아니라 부가가치 우선 분배라 인식된다. 부가가치에서 임금을 분배하면 통상적인 손익계산서의 경상이익과 일치한다. 벤처기업에 노조가 없는 이유는 개방과 참여의 경영 방식에 기인하기 때문이다.

이 사회에 가치를 창출하고 분배를 통한 선순환 과정을 만드는 것이 창업의 진정한 목표가 되어야 한다. 기업 목표가 이윤을 넘어서야 하는 이유다. 기업가정신은 인생과 사회를 살찌게 한다.

• 그대의 생활은 그대 자신이 거기에 의미를 부여하려 노력하는,
그 노력에 따라서 꼭 그만큼의 의미를 갖는다.
__ 헤르만 헤세

삶의 단상들

생활의 발견, 진정한 행복을 마주하다

•기부 활동 •다양한 사회 활동 •수상 •취미

기부 활동

나눔 그리고 재능 기부

크게 내세울 수준은 아니지만 약간의 기부 활동도 정리해본다. 나는 개인적으로 사회에 기여하는 가치 창출이 중요하지, 기부가 더 중요한 것은 아니라고 생각한다. 단지 경제적 가치의 선순환 과정에서 소외된 사회적 가치를 보완하는 것은 필요하다고 생각한다. 지나친 기부 우선주의는 기업 활동의 가치를 왜곡할 우려가 있다는 의미로 받아주기를 바란다. 기업인의 목표는 기업을 통한 가치 창출이지, 기부가 우선은 아니라는 것을 다시 한 번 강조하고자 한다.

    나의 가장 중요한 기부는 국가장학금으로 나를 공부시켜 준 자랑스러운 모교 카이스트의 창업 활성화를 위한 기여다. 그중 핵심은 카이스트에 동문창업관을 지어준 것이다. 2000년 벤처 붐 시절 벤처나눔 운동을 주장하면서 성공 벤처인들에게 출신 학교의 후배들이 창업할 수 있는 공간을 만들어주자는 동문창업관 운동을 전개했다. 휴맥스의 변대규 대표, 비트컴퓨터의 조현정 대표, 주성엔지니어링의 황철주 대표 등 많은 분이 참여했고 나와 안영경 핸디소프트 대표, 장흥순 터보텍 대표, 김광태 퓨처시스템 대표가 함께 카이스트 동문창업관을 기증하게 되었다. 후배 동문들의 창업을 지원해 미래의 카이스트 벤처를 이끌어갈 공간을 마련해준 것이다. 이와 동시에 세계 최초로 MIT를 앞서 OCW$^{Open\ Course\ Ware}$를 제공할 사이버 카이스트도 설립해주었다(불행히도 사이버 카이스트는 제공된 50억의 자본을 소진하고 현재 휴면 중이다).

당시 카이스트 출신 벤처기업들의 기업가치는 10조 원이 넘었다. 2012년 현재는 40조 원에 달한다. 이것만 해도 카이스트 설립 이후 투입된 비용의 10배가 넘는 가치다! 이외에도 학생들의 모임 공간인 태울관 건립에도 기부한 바 있다.

현재 카이스트 동문창업관 1층에 이민화홀이 있다. 건물 기증 이후 10년이 지난 2010년 7월 이광형 석좌교수의 주선으로 이민화홀을 만들어 헌정해주었다. 홍석우 중소기업청장, 서남표 카이스트 총장님 등이 참여해 꽤나 성대한 이민화홀 개관식을 거행했다. 아마 이광형 교수로서는 동문 중에서 학교에 건물을 기증한 사람들이 있다는 것을 카이스트 대부분의 학생이 모른다는 사실을 우려했던 것 같다. 반면 카이스트 출신이 아닌 정문술 미래산업 회장이 기증한 정문술회관은 모든 학생이 알고 있다. 경우에 따라서는 이름을 붙이는 것이 필요하다는 생각을 이광형 교수가 문득 한 것이 아닌가 생각한다.

기증 당시에도 그러한 의논이 있었으나 이름은 붙이지 말자는 합의를 했다. 묘하게도 현재 내가 소속되어 있는 기술전문대학원 및 경영과학과가 동문창업관에 자리하고 있다. 지금은 창업 활동을 뒷받침하는 창업보육센터가 문지동 캠퍼스(카이스트가 정보통신기술대학원과 통합되면서 인수한 곳)로 이동해 있고 그 자리에 내가 거처하는 공간이 자리한 것이다.

2000년에 또 다른 작은 활동을 시작했다. 한국의 인터넷 시대의 문화를 뒷받침할 시詩 사이트를 만드는 일이었다. 지금은 이전했으나 인사동에 자리하고 있던 '시와시학사'의 발행인인 김재홍 경희대 교수님과 상의해 시 사이트를 만들자는 합의를 했다. 아쉽게 사라진 천상병千祥炳 시인의 미망인이 운영하던 찻집 귀천歸天에서의 합의였다. 지금도 한국을 대표하는 시 사이트 포엠토피아(www.poemtopia.co.kr)는 성공적으로 운영되고 있다.

사실, 문학의 세계는 그때나 지금이나 정말 빈곤하다. 시와시학사(www.dbpia.co.kr)가 만든 포엠토피아는 2001년 3월 8일 사이트가 열렸다. 그때로서는 문학예술이 전무한 인터넷 공간의 신선한 충격이었다. 지금까지 300만 명 이상이 다녀갔고 이곳에서 한국의 모든 시가 검색되고 새로운 우리 한국 시어 사전, 우리 시 오디세이가 제공된다. 그리고 포엠스쿨poem school을 통해 문학 지망생을 가르치고 있으며 매년 포엠토피아 신인상을 시상한다.

만해卍海 한용운 축제는 시와시학사가 어려운 형편에도 계속 주관하는 행사다. 만해 축제는 만해가 머물던 설악산 백담사에서 개최되고 있다. 한동안 김진선 강원도지사님이 시인 자격으로 참여하기도 했다. 지금 만해축제가 강원도를 대표하는 성대한 축제로 자리 잡은 이면에는 초기 주도자들의 희생이 있었기 때문이다. 지금도 한국의 전문 시 잡지로는 〈시와시학〉이 있고, 시와시학의 인터넷 사이트로서 포엠토피아가 한국의 시문학을 주도하고 있음을 자랑스럽게 생각한다.

금전적 기부보다 일생 동안 더 중요한 가치를 창출하는 것은 재능 기부가 아닌가 생각한다. 연간 수십 회 이상의 강연 중 상당수는 무료 강연이다. 특히 학생들에게는 더욱 그렇다. 연간 상당수의 기업자문도 무료로 해준다. 특히 창업기업에게는 더욱 그렇다.

아내가 항상 핀잔하듯이 내가 소유한 것은 없다. 그러나 삶의 세월에서 나오는 약간의 경험은 후학들에게 도움이 될 부분이 많으리라 생각하고 앞으로도 재능 기부를 지속하고자 한다. 청년창업 모임, 개방혁신 모임, 창조경제 모임 등 대부분은 자원봉사자들의 모임이다. 누군가에게 쓰임이 있다는 자체가 삶의 가치 아니겠는가.

아내 이사랑도 천호동으로 이사한 후 근처의 아산병원에서 5년째 자원봉사 활동을 하고 있다. 유라시안 네트워크 활동도 창업포럼 활동도 재능 기부의 일환이다.

다양한 사회 활동

다양한 사회 활동은 나의 운명

나는 대학에 입학한 1972년 이후 과외선생으로 사회 활동을 시작한 이후 40년이 지난 지금까지 무수히 많은 사회 활동을 해왔다. 선생님, 창업가, 기술인, 기업인, 교수, 정부 관리, 강연가, 컨설턴트, 무역인 등 거의 모든 분야를 아울렀으니 사회 활동은 나의 운명이지 않았나 싶다. 심지어 대학생 때는 155mm 곡사포에 관계된 일까지 했다. 단지 예술 분야와 정치 일만 하지 않았을 뿐이다. 바둑을 예술 분야로 친다면 공인 아마 5단이니, 예술 활동도 했다고 볼 수 있다. 단, 정치 활동에 대한 생각은 전혀 없다.

그 다양한 사회 활동을 정리해보고자 한다.

1995년 12월 벤처기업협회를 설립한 후 중소기업청이 만들어졌다. 중기청은 정부의 핵심 사업으로 자리를 잡았으며 DJ정부 들어 장관급 중소기업특별위원회를 만들고 나는 위원으로 참여했다. 1998~1999년까지 중소기업특별위원회는 DJ정부의 핵심 사업인 벤처 진흥을 위해 여러 가지 역할을 했다.

그러나 벤처 진흥에 더 큰 역할을 하게 된 활동은 1998~2000년까지 재임했던 규제개혁위원회였다. DJ정부는 민간경제의 활성화를 산업 발전의 핵심 키워드로 삼았다. 그 방향 설정은 지금 생각해도 너무나 적절한 설정이었다. 여기에 중소기업 대표로 내가 선임되었고, 나 자신도 실제 벤처기업협회 회장으로 활동하면서 겪은 수많은 규제를 해소하기 위한 목적으로 규제개혁위원회에 참여했다. 위원장은 당시 실세 총리였던 김종필 총리였다. 위원장이 총리니 위원들의 절반은 장관이었고 절반은 이진설 공동위원장님 등 민간위원들이었으나 민간위원들도 장관급 대우를 받았다. 그 시절 한국을 이끌던 주요 멤버들은 거의 다 참여하지 않았나 싶다.

김일섭 회계연구원 원장님과 이윤호 LG경제연구소장(MB정부 들어 지경부 장관을 지냈다)과 가깝게 지내면서 규개위를 통해 대한민국의 규제 절반을 줄이는 엄청난 활동을 했다. 1998년에는 일주일에 세 번씩 회의를 열고, 한 번 열면 반나절씩 회의를 해나갔다. 그야말로 강행군이었다. 규제를 없앤 뒤 문제가 발생하면 다시 살린다는 생각으로 케케묵은 규제들을 절반으로 줄여나갔다.

특히 내가 주장했던 핵심은, 이제 선진경제는 사전통제에서 사후평가로 이전하고 이를 위해 사전규제는 없애되 사후에 발각됐을 경우 더 큰 벌을 물린다는 것이었다. 요즘의 지하철을 떠올리면 이 말을 쉽게 이해할 것이다. 사전에 표 검사를 하진 않지만 걸리면 20배를 물린다. 당시 국가 체제는 사전규제가 엄격했으나 사후 발각이 되어도 피해금액 정도만 보상하는 개념이었다. 일단 피하고 보자는 생각을 만들어주는 후진적 제도였다(아직도 이런 제도가 각 분야에 잔존하고 있다).

1998년 벤처기업정책에 가장 획기적인 정책이 실험실 창업 운동 활성화를 위한 규제 철폐였다. 이 철폐는 송종호 과장(2012년 현재 중소기업 청장)이 많은 노력과 정성을 기울였다. 일본도 꿈꾸지 못한 획기적인 조치였고 중국이 그대로 벤치마킹해 실현하고 있다. 지금도 규개위 위원들의 열과 성을 다한 무보수 봉사 활동을 생각하면 대한민국의 희망이 보인다.

규제개혁 운동을 하면서 동시에 느낀 점은, 법 그 자체가 바로잡히지 않으면 사후규제 해소로는 한계가 있다는 생각이다. 그것이 사법기업위원회가 만들어지면서 기업 대표로 참여하게 된 동기다. DJ정부의 핵심 사업으로 출발한 사법개혁위원으로도 1999~2000년까지 많은 활동을 했다. 참여한 면면을 보면, 신승남 전 검찰총장, 양승태 대법원장님, 김황식 국무총리님, 전 민주당 상임고문을 지낸 이재정 님, 송보경 소비자모임 대표 등등이다. 그 외에도 대한민국 사법 분야에서 쟁쟁한 분들은 다 모였다. 아마도 내가 유일한 '공돌이'였던 것으로 기억된다. 그분들과 법률정신과 산업 논리에 대해 날선 토론을 한 기억이 지금도 생생하다. 법이 사회 발전과 더불어 진화한다는 나의 주장에 대해 법은 논리에 따라야 한다는 주장이 팽팽했다.

사법개혁위원회의 활동은 곧 그 결과들이 쏟아져 나왔다. 사법정원 확대, 로스쿨 등을 대표로 들 수 있다. 이제 변호사의 공급이 확대되면서 법률의 개방이 가속화될 것이라 생각한다. 지금도 아쉬운 것은 불구속 수사원칙을 관철하지 못한 것이다. 이 쟁점을 제기했을 때 많은 분은 이렇게 반박했다.

"그러면 검찰 출신 변호사들은 어떡하라고?"

이 문제는 다각도로 뿌리 깊은 문제라 생각한다. 또 하나의 주장은 한국 사법부의 핵심 문제인 '기수 중심의 문화'를 철폐하고 사법개혁을 해야 한다는 주장이었다. 특히 배심원제 도입을 통한 재판 개방이 닫힌 사법 문화를 개선하는 가장 중요한 계기가 될 것이라고 보았다. 그런 관점에서 검찰의 기소독점주의도 분명히 개선되어야 될 상황이라고 판단했다. 덕분에 사법계에도 많은 안티 세력을 만드는 계기가 되었다.

해외 활동으로는 1996년부터 2년간 활동한 APEC의 기업인 모임이 있다. '아시아 태평양 경제회의'의 기업가들 모임이 ABAC이다. 동양그룹의 현재현 대표 등과 함께 한국의 대표 3인 중 한 명으로 참여했다. APEC 각국에서 파견된 대표 3인이 모여 APEC의 발전을 위한 수많은 토의를 했다. 핵심은 개방과 이를 반대하는 논리였다. 이 과정에서 피부로 느낀 것은 모두가 개방을 주장하지만, 사실은 차이니즈 네트워크와 앵글로색슨 네트워크 등이 첨예하게 대립하는 양상이었다.

거기에 반해 한국 대표는 친구가 없었다. 홍콩, 싱가포르도 친구가 있고, 인도네시아, 베트남도 친구다. 그러나 한국과 일본은 외톨이다. 한일관계가 강화돼야 된다는 절실한 필요성을 APEC 회의에서 느꼈다. 나중에 유라시안 네트워크를 조직하게 된 직접적인 이유이기도 하다. APEC 회의 장소는 매번 바뀌었다. 홍콩, 한국, 필리핀 등에서 열렸고 한 번은 파푸아뉴기니에서 개최되었다. 파푸아뉴기니는 생각보다 살 만한 나라라는 느낌을 받았다. 적어도 잡아먹히지 않는 것은 확실한 나라다.

수상

내 인생을 공인한 상들

기업 활동과 사회 활동을 많이 하다 보니 나의 의도와 관계없이 때로는 상을 받기도 한다. 상을 바라고 한 행동은 아니었으나, 상이란 나의 노력을 객관적으로 인정하는 것이기에 사실 우쭐해지기도 한다. 조금은 쑥스럽지만 상 받은 얘기를 해보자.

최초의 상은 1991년 과학기술처 장관에게서 받은 제1회 벤처기업대상으로 기억된다.

1995년에는 전자공학대상을 수상했으며 역시 같은 해에 생산성본부로부터 생산성대상을 수상했다. 1995년은 나에게 매우 뜻 깊은 해다. 대상을 두 차례나 받은 해이고 메디슨이 상장한 해다. 또 벤처기업협회가 탄생한 해이기도 하고 메디슨 창업 10년이 되는 해였다. 창업 10년 만에 증권거래소 상장과 더불어 주요한 상을 수상한 것은 벤처기업의 선두주자로 인정받았던 것이 이유가 아닌가 생각한다. 벤처도 돈을 번다는 것을 보여준 사례인 것이다. 중간에 철탑산업훈장, 동탑산업훈장도 받았다.

1997년에는 중소기업 최고경영자상을 받았다. 그러나 객관적으로 가장 중요한 상은 1997년에 수상한 금탑산업훈장이다. 1997년 11월 30일 무역의 날에 첨단 의료기기 수출 공로로 40대로서는 최초로 금탑산업훈장을 받은 것이다. 선정위원회에서 상당한 논란이 있었다는 얘기가 후문으로 들려왔다. "40대에 과연 최고 훈장인 금탑산업훈장을 수여해도 되는가?" 라는 논란이었단다. 금탑산업훈장 이후에는 추가적인 훈장이 없으니 그럴 만도 했으리라.

　금탑훈장에 대해서는 웃지 못할 에피소드도 있다. "훈장을 받으면 음주운전에 걸려도 봐준다"는 낭설이 있었다. 해서는 절대 안 되는 게 음주운전이지만 나는 딱 한 번 음주운전을 했고 다행히(?) 단속에 걸렸다. 경찰관에게 "금탑산업훈장을 받으면 봐준다고 그러던데……"라고 말했지만 경찰은 어이가 없다는 듯 피식 웃고 말았다. 낭설은 분명 낭설이었다. 앞으로도 훈장 받는 분들은 각별히 조심하길 바란다.

　1998년에는 공학한림원이 수여하는 젊은공학인상을 수상했다. 이후 이 상은 안영경, 변대규, 조현정 등 벤처인들이 지속적으로 수상하게 되었다.

　1999년에는 능률협회가 주관하는 한국경영자대상을 수상했다. 이 상은 대기업들이 받는 상인데 그해에는 윤종용 삼성 부회장, 나응찬 신한은행 회장과 함께 받은 것이다. 이후 〈아시아위크〉가 선정한 '아시아 밀레니엄리더 20인', 2000년에는 〈비즈니스위크〉가 선정한 '아시아 스타 50인'에 선정되었다.

　2006년에는 〈매일경제〉에서 선정한 '한국을 일으킨 60인의 엔지니어'에 선정되고 2010년에는 '한국의 100대 기술인'으로 선정되었다.

    훈장과 상을 얘기하는 것은 조금 머쓱하기는 하지만 지나온 삶의 기록을 남기기 위함임을 이해하고 용서해주기 바란다.

취미

길 없는 길을 가는 것이 곧 나의 취미

어렸을 때부터 조용한 성격이었고 책을 가까이했기에 내세울 만한 취미 생활은 별로 없는 편이다. 누가 취미가 뭐냐고 물으면 흔히 "바둑"이라고 대답한다. 앞서 이야기한 것처럼 바둑은 꽤 둔다. 한국기원 공인 아마 5단이니 아마추어 중에서는 제법 한다고 보아도 좋다. 모교 대표로 시합에도 몇 차례 나갔다. 중앙고등학교 기별대회를 비롯해 서울공대 시절과 카이스트 시절에도 자주 바둑대회에 대표로 참가했다.

다행인 것은 내 주변의 많은 사람이 바둑을 둔다는 점이다. 바둑은 여러 장점이 있지만 특히 어른들과 어울릴 때 상당한 역할을 한다. 나이 들어서도 그런 대로 괜찮은 취미가 될 것이라 생각한다. 공부와 바둑 같은 정적인 취미만 잘한 것은 아니었다. 한때는 탁구도 조금 쳤다. 카이스트 시절, 과 대표로 시합에서 뛰었으니 그리 나쁜 수준은 아니다. 젊은 시절, 단학丹學과 한의학에도 심취한 바 있다. 메디슨에서 설립된 회사 중 메디코어와 메리디안이라는 한의학 회사가 있는 이유다.

한때는 역사 공부에 깊이 빠져들었다. 물론 전공은 아니며 그저 취미다. 역사에서 납득이 안 되는 부분이 있으면 자료를 찾아 추리소설 파헤치듯이 풀어보는 재미에 빠져들기도 했다. 세계사의 중심은 17세기까지 몽골리안이었다는 사실, 유럽의 르네상스가 십자군 운동이 아니라 팍스 몽골리아의 결과라는 점, 신라의 삼국통일은 티베트의 발흥 결과라는 점 등등 많은 수수께끼를 풀어나갔다. 졸저『스마트 코리아로 가는 길 : 유라시안 네트워크』는 절반 정도가 역사책이다. 단, 내가 추구하는 역사는 남들보다 한민족이 잘났다는 역사가 아니라 유라시안 대륙 사람들이 상호교류하면서 융합되어 왔다는 사실을 증명하려는 역사다.

한때는 특허를 내는 것도 취미였다. 그 결과 170개의 발명특허를 가지고 있다. 물론 소유권은 대부분 소속 회사의 것이다. 메디슨에 있을 때는 메디슨, 이후에는 헬스피아 이름으로 등록되어 있다. 그중 일부는 상당히 중요한 특허도 있다. 특허를 내는 것도 역사와 마찬가지로 엉킨 실타래를 푸는 것과 같다. 그러고 보니 나의 삶은 대체적으로 추리소설 풀어가는 것처럼 문제를 해결해 나간 과정이 아닌가 생각한다. 복잡한 현상에서 단순한 본질을 찾아내는 것이다.

메디슨에서 사임한 후에는 골프도 쳐보았다. 2003~2009년까지 6년 동안은 시간이 남아 골프를 꽤 쳤다. 한 번도 레슨으로 배우지 않고 완전 독학이라 폼과 실력 모두 엉망이다. 필드에 나가면 모두 포복절도할 폼이기에 그 폼으로 공이 맞는 걸 보고 사람들은 모두 놀란다. 평소 실력은 형편없지만 그래도 이글을 네 번이나 하고, 홀인원도 한 번 하고, 싱글도 한 번 했다. 2009년 기업호민관을 맡으면서 중단한 후 아직까지 골프채는 손에 잡아보지 못했다.

우리 주변에는 독서가 취미라고 얘기하는 사람들이 많다. 나는 독서와 더불어 강연도 취미다. 시간만 허락되면 대부분의 강의 요청을 수락한다. 나는 강연을 '공연'이라 부른다. 모든 강연은 달라야 된다. 강연 주제는 큰 분류로 나누면 열 가지가 넘고, 작게 나누면 수십 가지가 넘는다. 나의 대표 강연을 꼽는다면 유라시안 네트워크, 호모 모빌리언스, 혁신, 기업가정신, 공정사회, 벤처산업 발전사, 21세기 벤처대국을 향해, 한경영, 목표관리, 메디슨 문화, 특허 중심의 연구개발, 창조경제, 창조적 교육혁명, 카이스트의 IP-CEO, 그리고 메디슨 이야기 등이다.

여기까지 얘기하니 내 취미가 엄청 많은 것처럼 보인다. 그러나 나의 취미는 딱 하나로 요약할 수 있다. '새로운 일을 하는 것'이 나의 취미다. 하던 일을 반복하는 것에는 별 흥미가 없다. 소유하는 것도 반갑지 않다. 아내가 나를 향해 힘주어 비판하는 부분이다. 그럼에도 계속해서 새로운 일을 만들어가는 그 모든 과정이 나의 취미다. 내 취미가 세상에 도움이 된다면 더욱 즐겁지 않겠는가. 길 없는 길을 가는 것, 답이 없는 답을 찾아가는 것이 결국 삶의 궁극적 목적이 아니겠는가.

사랑하는 것은
사랑을 받느니보다 행복하나니라.
오늘도 나는
에메랄드 빛 하늘이 훤히 내다뵈는
우체국 창문 앞에 와서 너에게 편지를 쓴다.
__ 유치환 '행복'

가족 이야기 11

언제나 사랑과 헌신으로, 나는 산다

- 삶의 영원한 동반자, 이사랑
- 세 딸들에게 보내는 글
- 추억의 가족여행

삶의 영원한 동반자, 이사랑

내 사랑, 이사랑

카이스트 생활에서 가장 중요한 성과(?)는 아내 이사랑을 만난 것이다. 아내의 오빠인 이재성(현대중공업 사장)은 중앙고등학교 선배이기도 하고 엘리트클럽의 선배이기도 했다. 그런데 카이스트 2학년 때 룸메이트로 재회해 가족의 인연을 만든 것이다. 이 선배는 나의 룸메이트였지만 실제로 기숙사를 사용하지 않아 내 방은 '민화 살롱'이라 불리는 차와 술이 넘치는 아지트였다.

이 선배가 군사훈련(과학원생은 3주간 군사훈련을 받는다)을 마치고 기숙사로 돌아오자 한 여학생이 오빠의 새 옷을 들고 찾아왔다. 바로 이 선배의 여동생이었다. 우리는 그날 처음으로 만났지만 다음해인 1978년 4월 18일에 결혼식을 올렸다. 1년 반 만에 웨딩마치를 울렸으니 내가 아내에게 얼마나 눈에 콩깍지가 씌웠는지 짐작이 갈 것이다.

이 선배의 후배들 중에서 이사랑을 만난 사람은 내가 '꼬래비'였다. 모두들 알고 지냈는데, 나만 몰랐다. 그녀는 서울대 출신으로 그만큼 뛰어난 재원이었다. 실제 기숙사에서 조우할 때 한창 만나고 있는 사람

웨딩마치를 울리며

도 있었다. 그중에는 의대생도 있었고 한 명은 훗날 검사장까지 지낸 법대생도 있었다. 대체로 음대생들은 공돌이를 좋아하지 않는다. 우선 입고 다니는 옷 자체가 한심하지 않은가. 만나도 레스토랑을 가는 게 아니라 포장마차로 간다. 신데렐라의 세계가 아니라 밑바닥의 현실에서 공돌이들은 그렇게 살고 있었다.

왜 전화했냐고 나름대로 능청을 부려 첫 데이트를 했다. 한참을 걷는 '재건 데이트' 후 기껏 모셔간 곳이 꼼장어를 파는 경희대 앞 포장마차였다. 지금도 아내는 징그러운 것은 먹지 못한다. 돼지고기, 닭고기, 오리고기, 장어는 물론 그러한 것들이 담긴 국물도 먹지 못한다. 먹는 것이 별로 없다고 보면 된다. 이러한 현저히 불리한 조건에서 최종 간택을 받은 것은 지금 아흔 가까이 된 정말 착하디착한 아내의 고모님 덕분이다. 그때 장인어른은 대전 목원대에 계셨고, 처고모님께서 서울

제주도 신혼여행 중에 한 컷

집을 맡아 애들을 뒷바라지했다. 공돌이치고는 순수하게 보였는지, 그만 고모님 눈에 들어버린 것이다.

거기에 막강한 중앙고 엘리트클럽의 일원인 이 선배님이 후원사격을 한 것이 큰 힘이 되었다. 그렇게 얼렁뚱땅 결혼식으로 이어졌다. 석사학위도 아직 못 받았는데 결혼식을 올리고는 제주도로 신혼여행을 갔다. 한라산에 올라가야 한다고 우겨서 등반을 시작했는데 준비가 안 된 상태로 올라간 결과는 혹독했다. 때는 4월이라 한라산의 정취는 아름다움 그 자체였다. 봄의 철쭉밭, 중턱의 고사목枯死木의 을씨년스런 미학, 백록담의 고즈넉한 정취, 하산 길에 만난 노부부의 아름다운 모습 등이 우리를 매혹시켰다. 그러나 무리한 산행은 신부에게 큰 상처를 남기고 말았다. 발톱이 빠져버린 것이다. 아내는 엄지발톱이 한동안 거의 없었다. 무모한 신혼여행의 후유증이지만 나는 '사랑의 기념품'이라 주장하고 산다.

신혼여행 민박집은 아내의 돌아가신 어머니의 동생, 즉 외삼촌의 집이었다. 우리 부부는 그곳에서 정말 극진한 대접을 받았다. 그러나 새 신부는 민박을 좋아하지 않는다는 것을 나는 몰랐다. 어쩔 수 없는 공돌이였던 것이다.

아내 이사랑은 이름 그대로 사랑스러운 여인이다. '여호와는 나의 목자'라는 성가로 유명하신 성악가이셨던 장인어른(이동범(李東範), 목원대 교수, 1927~1993)께서 당시로서는 획기적인 한글 이름을 지어주신 것이다. 한글학회 주최 2회 한글 고은 이름 경진대회에서 상도 받았다지만, 청소년 시절에 얼마나 놀림을 받았을지 짐작이 간다(1회 수상자는 지휘자 금난새 님이다). 아내는 서울사대부고를 24회로 졸업하고 서울대 음대에서 바이올린을 전공했다. 어머니가 일찍 돌아가셨기에 대학도 혼자 아르바이트로 벌어서 다녔다.

중학교 때부터 바이올린을 배웠다는데, 아버지가 음악선생이라 곁다리로 배웠다고 겸손해한다. 그러나 나는 아내의 바이올린 덕분에 큰 덕을 보았다. 특히 카이스트 박사과정을 밟는 동안에 나의 장학금은 가장 훌륭하다는 '마누라 장학금'이었다. 그 시절에 아내가 한 고생은 지금도 눈에 선하다. 큰딸 수정이, 둘째 혜정이를 옆에 두고 하루 종일 애들을 가르쳤다. 이 지면을 빌려 다시 한 번 노고에 대해 깊은 감사를 드린다.

카이스트 기숙사에서 나를 처음 보았을 때, 아내는 내가 굉장히 조용하고 술, 담배도 안 하는 사람일 것이라 생각했다고 한다. 그러나 알고 보니 완전히 반대였으니, 사람은 겉으로 판단하지 말라는 교훈이 딱 이지 싶다. 데이트 코스도 낭만이라곤 눈곱만큼도 없고, 식사도 허술하기 짝이 없는 곳에서 먹었다. 그녀가 만났던 법대생, 의대생들은 늘 호텔 레스토랑이었는데 포장마차라니! 그래도 그녀는 나를 선택했다. 시집살이도 1년 동안 했으며, 특히 내가 군사훈련을 받는 동안 혼자 쥐와 함께 지내기도 했다.

그러다가 1979년 분가를 하게 되었다. 내가 대학 1학년 때 과외선생으로 이름을 떨치며 모은 돈 안에서 집을 구하기로 했다. 서울 곳곳에 안 가본 데가 없을 정도로 여기저기를 돌아다녔다. 그중 예산에 맞는 집은 신당동 시장바닥 안에 있는 코스코 신당 아파트였다. 집을 보고 오면서 아내는 눈물을 글썽거렸다. 어떻게 연탄을 갈고 시장바닥에서 애를 키우냐고……. 나는 큰맘 먹고 아버지께 돈을 빌렸다. 그렇게 해서 대치동 청실아파트의 제일 싼 집을 구했다. 동향 구석자리 2동 108호.

그 집은 겨울이면 낮에도 수도가 얼었다. 집 안은 햇볕이 거의 들지 않아 너무나 추웠다. 그래도 우리 집이 있다는 것에 얼마나 감격스러웠는지……. 아내는 대치동으로 이사한 후 나의 대한전선 월급에 더해 부지런히 바이올린 과외수업을 해서 아버지께 빌린 돈을 2년 만에 모두 갚았다. 그러고는 다시 돈을 모아 1983년 같은 청실아파트의 제일 큰 평수로 이사 갔다. 남향의 햇볕 드는 집이었다. 그런데 사실은 돈이 많아서 큰 평수로 옮긴 것은 아니었다. 아내가 계약을 잘못해서 원래 계획보다 큰 집으로 간 것이었다. 부동산 아저씨가 "풍수가 좋은 집이라 모든 가족이 잘돼서 나갔다"라고 말했는데 그 말을 그대로 믿어 단지에서 가장 좋은 남향집에서 살게 된 것이다.

그 집이 훗날 메디슨을 설립할 때 기반이 되었다. 그 집을 담보로 5천만 원을 대출받아 메디슨을 설립했기 때문이다. 그 5천만 원이 수천억 원에 달하는 회사의 씨앗이 될 줄은 아내는 몰랐으리라. 메디슨을 세운 후 회사는 나날이 발전했지만 나는 항상 돈이 부족했다. 모자란 운영자금은 초기에는 아내의 손에서 나왔다. 아내는 바이올린을 가르친 집들과 음대 친구들을 통해 돈을 구해왔다. 생각보다 아내는 영업력이 출중한 것 같다. 대한전선 근무 시절, 수시로 있는 가전제품 사내판매 캠페인에서 1위가 된 것은 순전히 아내 덕분이다.

아내의 전성시대는 1997년 압구정동 현대아파트로 이사하면서부터 시작되었다. 큰 아파트를 마음대로 수리도 해보고 보석도 사곤 했다. 그 자금은 아래한글 살리기 운동에 투자한 아내의 쌈짓돈이 크게 불어난 덕분이었다. 아내는 지금도 그때를 가장 화려한 시절로 회고한다. 아내는 술을 한 방울도 하지 않기 때문에 내가 술만 먹으면 와서 운전을 해주었다. 한번은 신입 직원이 대리기사인 줄 알고 아내에게 전화를 건 사건은 유명하다.

그러나 '빛 좋은 개살구'라고 소위 잘나가는 메디슨 대표이사로 있었음에도 아내는 항상 돈을 빌리기에 바빴다. 나는 애초부터 돈이 없었기에 회사가 증자를 할 때도 일부는 기존 주식을 매각하고 일부는 빌려서 증자를 했다. 많을 때는 40억 원이 넘는 개인 빚이 있었다. 물론 주식을 팔면 되겠지만 한국 상장회사의 대표이사는 실제로 주식을 팔 수 없다. 그래서 지금도 아내는 현금출납에 대해서는 탁월한 능력을 가지고 있다. 여하튼 그 집은 메디슨 부도 이후에 남의 손으로 넘어갔다. 아내는 지금도 그 시절을 잊지 못한다. 13동 1101호. 화려한 시절은 그것으로 끝이었다.

    2002년 1월, 부도 이후 집은 넘어가고 우리 가족은 같은 동네에서 월세로 살았다. 압구정동을 떠나지 못한 것은 막내딸 다정이가 고등학생이라 학군을 옮길 수 없다는 이유 때문이었다. 막내가 대학에 들어간 후 우리 가족은 천호동 지금 집으로 이사했다. 나는 대단히 만족스럽다. 집값도 싸고 주변에 식당도 많고 근처에 마트, 시장, 백화점도 있고, 전철역도 있다. 그나마 천호동 집을 지니게 된 것은 메디슨 주식의 아주 일부를 아내가 가지고 있었기 때문이다. 물론 아내가 모은 돈으로 투자한 것이다. 메디슨 대표이사로서 나의 개인 지분은 모두 소각되고 없다.

    2002년 이후 한동안 백수생활을 할 때, 아내는 나의 절친한 친구가 되어주었다. 메디슨에 근무할 때는 골프장 근처에도 가보지 않았다. 그런 내가 골프를 배우고 심지어 아내와 골프여행도 다녀왔다. 늘 바쁜 일상에서 벗어나 가족들과 여행도 다니게 된 것이다. 세상에 이런 삶도 있었구나! 이른바 생활의 발견이었다. 백수 시절의 생활비는 벤처 후배들과 메디슨에서 창업한 사장들의 도움이 컸다. 자문료라는 명목으로 그들은 나에게 십시일반의 도움을 주었다. 어찌되었건 운동할 시간도 많았고 책 읽을 시간도 많았으니, 내 인생에서 가장 여유로운 시절이었다.

2008년 기술거래소 이사장으로 부임할 때까지 백수로서 가장 자유로운 생활을 했다. 그 와중에 메디슨에 관계된 몇 건의 재판이 있었고, 한국에서는 사업은 절대로 그만둬서는 안 된다는 현실적 한계를 뒤늦게 깨달았다. 그 시간에 역사 공부를 다시 해서, 앞서 언급했듯 『스마트 코리아로 가는 길 : 유라시안 네트워크』라는 책을 펴내고 사단법인도 만들었다. 또 몸무게를 14kg이나 뺐으니(지금은 다시 50% 원상복구 되었다), 모든 시간은 다 나름대로 쓰임새가 있는 모양이다. 아내 덕분에 의미 있는 백수생활을 했으니, 이래저래 감사할 따름이다.

아내는 지금 보험설계사로 활동한다. 2010년에 한화보험에 들어갔는데, 아마도 최고령 신입사원이었을 것이다. 그런데 예상을 깨고 지점에서 나름 최고의 실적을 올리고 있다. 남의 이야기를 잘 들어주는 타고난 품성이 큰 역할을 한 것 같다. 덕분에 가정경제가 조금은 나아졌

나와 아내는 분명 닭살 커플이다

다. 혹자는 아내의 보험 활동에 고개를 갸웃거린다. 그러나 달리 생각하지는 말기를 바란다. 그저 순수하게 집안경제를 위한 일이다. 남편이 주변머리가 없기 때문이다. 그런 현실적인 아내가 아산병원에서 봉사 활동을 시작한 지도 5년째 되는 것은 남편을 흉보면서 배운 결과가 아닌가 한다.

아내는 나와 전혀 다르다. 현실감이 있고, 복잡하게 생각하지 않고, 그야말로 보통 사람이다. 그래서 나의 부족한 부분을 언제나 메워준다. 아내와 나는 주변에서 닭살이라 할 정도로 붙어 지낸다. 당연한 얘기지만 편하기 때문이다. 비록 가사일도 음식도 서툴지만 우리는 마음이 통한다. 정말 감사한 일이다.

세 딸들에게 보내는 글

철없는 큰딸, 차가운 둘째 딸, 살가운 막내딸

아내는 우리 세 딸들에게 늘 미안해한다. 남편 쫓아다니느라 자식들에게는 그다지 시간 투자를 하지 않은 것이 사실이다. 적어도 극성 엄마는 아니다. 어쩌면 딸들에게 더 좋은 일일 수도 있다. 막내 다정이를 2011년에 유학 보냈을 뿐 위의 두 딸은 해외 유학을 보내지 않았다. 사실, 믿거나 말거나 메디슨 대표 시절에도 개인적으로 돈이 없었기 때문이다. 무엇을 크게 강요한 적도 없다.

큰딸 수정이는 어렸을 때 은행 포스터 모델로 출연하기도 했다. 지금은 없어진 조흥은행의 유아예금이었다. 덕분에 나도 덩달아 모델이 되었다. 경희대 전산과를 졸업하고 NHN, 엠게임 등을 거쳐 게임업계

큰딸과 함께한 유아예금 모델

에서 일한다. 그런데 아빠는 큰딸이 빨리 시집가기를 바랄 뿐이다.

둘째 혜정이는 서울대 경제학과를 졸업하고 아빠 닮은 왕고집으로 출판업계에 투신했다. 강무성 님이 운영하는 느린걸음에서 근무하다가 회사가 합병되면서 열린책들로 옮겼다. 지금은 미술사에 필이 꽂혀 서울대에서 서양미술사 석사과정을 밟고 있다.

막내 다정이는 다들 대학 입학을 걱정했으나 무난히 경희대 디자인과에 합격하고 본인 말로는 우수한(?) 성적으로 졸업한 뒤 영국 브루넬 대학 디자인 이노베이션 전공으로 1년 과정 유학을 떠났다.

큰딸은 철없고, 둘째 딸은 차갑고, 막내딸은 살갑다. 환갑을 앞두고 한 명이라도 시집을 가는 것이 아빠인 나와 엄마의 가장 큰 바람이다. 우리 딸들은 아마도 아빠를 가장 잘 모르는 사람이지 않나 싶다. 세 딸

내 인생의 버팀목, 나의 가족

들은 아빠의 활동에 거의 관심이 없다. 아내가 나의 모든 것을 알고 싶어 하는 것과 비견된다.

　나는 평소 딸들에게 이러쿵저러쿵 말하는 아빠는 아니지만 이 지면을 빌려 꼭 한 가지는 말하고 싶다. 이 세상에 기여하는 가치 있는 일을 하고, 사회를 선순환시키는 활동을 하기 바란다는 점이다. 그 시작은 감사하는 마음이다. 생명의 탄생 자체가 감사할 일이기 때문이다. 감사는 다시 돌려주는 베풂으로 연결되고 이 과정이 선순환될 때 진정한 즐거움이 있다는 것을 깨닫기를 바란다. 남들에게 피해를 주는 삶은 바람직하지 않다. 그렇다 해서 나 혼자 잘사는 삶이 진정한 행복을 주는 것은 아니다. 남들과 더불어 잘사는 것이 더 큰 행복을 가져온다. 소유보다는 진정한 삶으로 가기를 바라는 것이 아빠로서의 바람이다.

　또 하나는 아빠가 쓴 글들과 저술한 책들, 언론에 실린 기사들을 주의 깊게 읽지는 않더라도 간직하기만은 바라는 마음이다. 모두가 아빠가 지나온 삶의 과정이기 때문이다. 삶은 개체로서가 아니라 가치 자체가 전달됨으로 연속되는 것이 아닌가 한다. 개개인이 백세를 사는 세상은 인류 전체에는 재앙이 된다. 암 세포는 오래 사는 세포다. 부분이 죽어야 전체가 강건해진다. 건강하게 오래 사는 것이 사람들의 희망이다.

　내가 오래 사는 것보다 더 중요한 것은 나의 자손이 번성하는 것이다. 그러나 그보다 더 중요한 것은 내 생각이 더 많은 사람에게 전파되는 것이다. 개체로서의 삶을 떠나, 육체적 자손을 떠나 마음의 자식들이 삶을 더욱더 가치 있게 하는 일이 진정한 삶이다. 모두 행복하게 살기를 바라며 행복을 나누는 노력을 지속하기를 바란다.

추억의 가족여행

2002년 여름, 첫 해외여행을 떠나다

나의 세 딸들은 어린 시절 아빠가 바빴다는 기억밖에 없다고 말한다. 그래도 막내는 나이 차이가 있는 만큼 나와 함께 여행 다닌 기억을 많이 가지고 있다. 세 딸과 아내를 포함해 가족 모두가 떠난 해외여행은 메디슨을 그만둔 후인 2002년 여름이 처음이었다. 그 전에는 하루 이틀 시간을 내 부여를 다녀오면서 백제기행, 경주를 다녀오면서 신라기행 등으로 이름 붙인 여행밖에 없었다. 물론 이 여행들도 우리에게는 소중했다.

2002년 여행은 그리스, 터키로 떠났는데 박노해 시인이 이끄는 나눔문화 운동에서 기획한 여행이었다. 메디슨 부도 이후 복잡한 마음을 달랜다는 핑계로 박노해 시인의 꼬임에 넘어간 것이었다. 멤버들이 화려했다. 문화평론가로 활동하는 강훈, CEO포럼 대표이자 GE코리아 회장이었던 강석진 회장님, 이슬람 전문가 이희수 교수님, 출판에 내공이 깊은 강무성 님, 대덕넷 이경수 전 회장, 박 시인의 부인 진주 씨 등등 화려한 멤버들로 무려 10일 동안 동반여행을 했다.

터키 이스탄블의 술탄아흐메드 모스크 앞에서

　이스탄불에 도착해서부터 터키를 떠날 때까지 신화와 역사가 꿈꾸는 터키의 정취에 흠뻑 빠져들었다. 아마 평생을 살아도 가족들과 그토록 많은 시간을 함께 보내는 것은 불가능할 것이다.

　기독교, 역사, 동서양의 관문으로서 터키는 아름다운 풍광과 전통 깊은 음식, 다양한 역사 문화는 아무리 높이 평가해도 지나치지 않을 것이다. 불과 1세기 전 오스만투르크 시절, 유럽 전체와 비교해도 터키의 부가 앞섰다고 하지 않는가. 널리 유라시아 대륙에 향신료, 비단, 차, 유리, 가죽 제품 등 온갖 동서양의 진기한 무역품들은 이스탄불로 모여들었다. 오스만투르크 제국의 그랜드 바자르 Grand Bazaar에서 물건을 떼어 유럽 전역으로 판매한 상인들이 베니스 제노아 상인들이다. 그들의 상관商館은 지금도 이스탄불에 남아 있다. 톱카프 궁전의 보물을 팔면 터키 인구 9천만 명이 10년은 먹고 산다고 하지 않는가. 우리로서는 뿌리를 같이하는 알타이 인종으로 터키와의 네트워크는 아무리 강조해도 지나치지 않다. 터키는 이슬람 국가의 관문이요, EU 가입국으로서 우리의 친구요, 2억 명이 넘는 터키연방의 종주국이다.

마침 월드컵이 끝난 직후였기 때문에 터키는 월드컵 3위의 흥분을 가라앉히지 못하고 있었다. 3, 4위전에서 우리가 2 : 1로 졌기 때문에 터키인들은 한국을 너무도 좋아했다. 심지어 안탈리아에서는 무료 숙박도 했다. "우리가 남이가?", 피를 나눈 혈맹, '칸 카르데쉬'였다.

터키 여행을 끝내고 강석진 회장과 우리 가족만 그리스 여행에 나섰다. 커다란 밴을 한 대 빌려 직접 운전을 했다. 해외 70여 나라를 다니면서 내가 그 나라를 이해하는 방법으로 택한 것이 운전이다. 운전을 하면 그 도시가 친근해진다. 아테네에서 올림피아를 거쳐 코린트 운하를 지나 펠로폰네소스 반도 등 그리스 전역을 운전하면서 세 딸을 모셨다. 그리스는 온통 올리브의 나라였다. 빛바랜 올리브 색깔이 그리스 이미지로 뇌리에 박혀 있다. 앞으로 그리스를 또 갈 일이 있을지는 모르지만, 지금도 기억나는 것은 올림피아 제우스 신전 아래의 동네 식당에서 먹은 양갈비 맛이다. 중동을 수십 차례 다니면서 먹어본 어떤 양갈비보다 기억에 남는다. 터키, 그리스 여행은 우리 가족 최초의 해외 여행 기록이었다.

이후 세부 여행을 한 번 더 다녀왔다. 아이들은 터키보다 세부를 더 좋아했다. 마젤란이 상륙해서 원주민과 싸우다 죽은 세부는 그야말로 열대 바다의 휴양지 자체다. 스쿠버 다이빙을 배우고 실제 다이빙을 같이 했다. 물론 겁 많은 아내는 빼고……. 중간에 나의 지병인 심방 세동 증상으로 먼저 나오는 해프닝으로 내 짝인 막내만 세부의 아름다운 바

고모, 삼촌, 어머니와 하와이에서

다를 제대로 구경하지 못했다. 두 딸들은 평생에 남을 기억이 될 것이다. 아내는 아이들이 나올 때까지 한 시간 가까이 마음을 졸이고 있었다. 세부 여행은 오롯한 가족만의 쉬는 여행이었다.

그 후에는 어른들을 모시고 온 가족과 함께 하와이 크루즈 여행을 떠났다. 메디슨을 그만둔 덕분에 아내와 딸, 어머니, 누님, 삼촌, 고모님 등을 모시게 되었다. 하와이 크루즈는 완벽한 준비를 하고 어른들을 모신 여행이었다. 기항지마다 대형 렌터카를 이용해 직접 운전하며 안내했다. 원래 처음 가는 나라도 거의 완벽하게 안내하는 것이 내 해외여행의 내공이다. 차 안에는 노래방도 설치했다. 사진도 그날 저녁이면 컴퓨터로 보여주었으며 비디오도 찍었다. 어머니, 삼촌, 고모님 오래오래 사세요!

아내와는 메디슨을 그만둔 덕분에 여행을 많이 다닌다. 동남아 골프 여행은 기본이고, 우즈베크, 몽골, 실크로드 등으로도 떠났다. 아내는

스웨덴 고틀란드에서

나와의 여행을 좋아한다. 아니, 단체여행을 잘 못한다. 개인 가이드의 편리함을 누리는 여행의 대가다. 나만 한 가이드는 사실 드물다. 기실, 아내는 메디슨 근무 때도 여비는 본인 부담의 조건으로 해외에 많이 따라다녔다. 러시아, 남미, 유럽, 중앙아시아 등 아마도 또래 여인들 중 가장 많은 국가를 다니지 않았을까 싶다. 참고로 내 개인 마일리지는 2000년에 250만 마일이다.

마치면서

이 땅의 청년들에게,
행복하기 위하여 가치 있는 목표에 도전하라

독일의 시인이자 소설가 한스 카로사는 말했다.

"영혼이 깃든 청춘은 쉽사리 사라지지 않는다."

젊음이 아름다운 것은 청춘의 영혼을 담보로 한 도전에 따른 희생이 있기 때문이다. 젊음의 정열로 아름다운 도전을 하고, 그 결과가 자신과 세상을 더욱 이롭게 한다면 보람 있는 삶이 아니겠는가. 그것이 바로 홍익인간의 정신이다. 젊은이들의 도전이 살아 있는 국가는 발전하고, 젊은이들이 안정을 추구하고 도전이 사라진 국가는 퇴보한다. 역사는 지키려는 만리장성 사상과 도전하는 노마드 사상의 결과를 보여준다. 열린 국가가 세상을 이끌어간다는 것은 역사적 진실이다.

이 땅의 젊은이들에게 바라는 것은 '행복을 향한 도전'이다. 행복은 불행하지 않은 것과는 다르다. 불행은 외부에서 오나, 행복은 내면에서 발현한다. 행복의 발현 조건은 바로 도전이다. 도전을 위한 가치 있는 목표를 설정하자. 누구나 똑같은 도전을 하는 것은 가치가 떨어진다.

내가 가장 잘할 수 있고, 그 결과가 사회에 보탬이 될 수 있는 일에 도전하자. 내가 가장 재미있고, 즐길 수 있고, 그리고 그 결과가 나에게 도움이 되는 일에 도전하자.

도전의 첫 번째 관문인 가치 있는 목표를 설정하자. 많은 사람이 뛰어난 재주를 갖고 학업을 마치는 것을 보았다. 그들의 보람된 삶의 가치는 좋은 학교, 좋은 스펙이 아니라 꾸준히 가치 있는 목표를 추구했는가 하는 데 있었다. 뛰어난 재주를 믿고 현실에 안주하는 사람은 큰 일을 하지 못했다. 가치 있는 목표는 삶의 재미요, 동기부여를 위한 강력한 수단이다.

이러한 가치 있는 목표가 꾸준히 유지되기 위해서는 중간 중간의 이정표들이 설정될 필요가 있다. 그렇다고 지나치게 빈틈없는 삶을 살 필요는 없다. 확고한 목표 설정과 과정의 유연성은 상반되는 것이 아니라 오히려 보완되는 것이다.

수단의 유연성이 없는 사람 역시 큰일을 하지 못한다. 가치관은 확고하되 전술적 수단에 대해서는 지나친 고집을 부리지 말아야 한다. 설정된 목표를 추진하는 과정에서 많은 사람은 현실과 타협한다. 수단의 유연성이 아니라 목표의 가치를 상실해간다. 그리고 스스로 자기합리화를 한다. 살아남는 것이 가장 강한 것이라고……. 그러나 장기적으로 보았을 때는 지나치게 현실에 순응하는 사람은 중요한 삶의 가치를 상실한다. 우직하고 융통성이 없어 보일지라도 가치 있는 목표를 통해 가시밭길을 헤쳐나가겠다는 의지가 반드시 필요하다.

목표에 대한 믿음이 있으면 과정의 희생을 감내할 수 있다. 목표에

혼이 실려 있지 않으면 조금만 어려움이 닥쳐도 목표를 잃어버린다. 모든 생명의 탄생은 아픔으로부터 시작한다. 가치 있는 삶은 편한 삶이 아니다. 가치 있는 삶은 가치 있는 목표에 굳건한 의지로 도전해 이룩되는 것이다. 간혹 피투성이가 되기도 하고, 커다란 상처를 입기도 한다. 이러한 아픔 속에서 새로운 가치와 새로운 길이 만들어진다. 도전하는 청년만이 행복을 추구할 자격이 있는 것이다. 이기심이 승화하면 이타심이 되며 최선의 경쟁은 협력이 된다.

세 번째는 목표의 길을 갈 때 동행할 동지가 있어야 한다는 것이다. 아프리카 속담에 '빨리 가려면 혼자 가고, 멀리 가려면 함께 가라'고 하지 않는가. 뜻을 같이하는 동지가 있을 때 힘든 과정에서 서로 의지가 된다. 목표는 그 자체가 끝없는 방랑이다. 목표를 통한 가치 있는 삶은 목표를 소유하는 데 있지 않다. 목표에 이르는 과정이 중요하다.

그러나 과정만을 즐기면 더불어 가는 동지들에게 나누어줄 것이 없다. 특히 가족들이 그러하다. 그래서 소유와 삶은 서로 순환되어야 한다. 세상은 혁신과 유지관리가 순환하고, 성과와 역량이 순환하고, 일과 놀이가 순환하고, 사회가치와 경제가치가 순환하고, 목표와 과정이 순환하고, 소유와 삶이 순환한다. 이 순환의 과정은 상극이기도 하고 상생이기도 하다. 상극과 상생이 서로 순환할 때 생명이 생긴다는 오묘한 진리는 언젠가 몸으로 체득할 것이다.

우리 민족의 전통적인 홍익인간 사상은 타아실현의 사상이다. 매슬로우의 욕구 5단계설에서 생존의 단계, 안정의 단계, 사회적 단계, 명예의 단계를 거친 다음이 자아실현의 단계다. 그러나 홍익인간은 이를 뛰어넘은 타아실현의 단계다. 누구든지 삶을 살면서 앞의 단계를 무시하고 다음으로 나갈 수는 없다. 생존에 허덕이는 사람이 명예를 추구한다면 웃음거리가 된다. 수신修身도 못하는 사람이 제가齊家를 하는 것도 어렵지만 이미 제가를 한 사람이 제가에만 머문다면(사회적으로 성공한 사람이 가족만 챙긴다면 노블리스 오블리제를 망각한 것이다), 그것 역시 바람직하지 않다.

삶의 아름다움은 적절한 균형이 있기에 가능하다. 안정의 욕구를 달성했다면 사회적 욕구를 추구해야 되고, 사회적 욕구를 달성했다면 명예를 추구하고, 명예를 달성했다면 자아실현을 향해 나아가야 한다. 그러나 자아실현에 머무르는 것은 진정한 순환의 삶이 아니다. 더불어 살아가는 이 세상의 수많은 사람에게 자아실현의 기회를 주는 훌륭한 멘토가 되는 것이 타아실현의 홍익인간 사상이다.

아름다운 젊음은 나의 가치와 세상의 가치를 융합시키는 가치 있는 도전을 통해 이루어진다. 도전, 정열, 용기, 선순환 그리고 홍익인간의 실현이 이 땅의 젊은이들에게 진정으로 하고 싶은 이야기다.

도전하였으므로 행복하였노라

지나온 60년, 나의 삶을 숫자로 정리해본다. 메디슨과 메디슨에서 창업한 기업들의 기업가치는 1조 원은 훨씬 넘을 것이다. 벤처기업협회 설립을 통해 세워진 벤처기업들의 기업가치는 200조 원은 될 것이다. 기업호민관 활동을 통해 이룩한 국가경쟁력 향상은 공정거래 부분을 빼고도 연 2조 원 정도로 추정된다. 대략 누계 20조 원의 가치로 볼 수 있다고 생각한다. 영재기업인 운동을 통한 교육혁명에서 이룩되는 가치는 앞으로 얼마일까? 유라시안 네트워크 활동의 가치는 과연 얼마일까? 새로운 창업 운동을 통해 얻어지는 가치는 또 얼마나 될 것인가? 60년 동안 도전하면서 우리 사회의 가치창출에 일부 기여했다고 자부하며 앞으로도 그 도전은 지속될 것이다. 그러나 내가 소유하고 있는 것은 없다.

이제 60년 동안의 도전 과정을 살펴보자. 나는 학창 시절부터 새로운 것을 추구했다. 한국 최초의 벤처기업 메디슨을 설립했으며 이를 바탕으로 한국 의료산업의 생태계를 형성했다. 그 경험으로 한국 벤처기업협회를 만들고 벤처생태계를 구축하는 일에 앞장섰다. 코스닥을 만들고 벤처기업특별법을 만들었다. 세계 최초의 개방혁신 거래소인 기술거래소를 만들고 세계 최초로 유헬스를 제안했다. 세계 최초로 중등 과정의 IP-CEO교육을 만들고 국가의 미래전략인 유라시안 네트워크를 제시했다.

한국 최초의 기업호민관으로서 미래 성장의 핵심 키워드인 공정을 뒷받침할 대 · 중소기업 문제의 화두를 제시했다. 그리고 한국의 차세대 먹거리로서 융합 서비스산업의 결정체인 디지털병원 수출을 추진하고 있다. 이러한 일련의 활동에 보람을 느낀다. 그러나 나는 아직도 배가 고프다. 나의 역할이 필요한 범위에서는 지금도 도전은 끝나지 않았다.

내가 미래 한국을 이끌 젊은이들과 함께할 끝없는 도전의 다음 키워드는 네 가지다.

첫째, 한반도의 한국을 넘어 유라시안 네트워크의 허브 국가로서 대한민국의 정체성을 위한 유라시안 인문학 운동이다. 이러한 유라시안 네트워크 운동을 젊은이들과 함께 이끌고 싶다.

둘째, 국가의 혁신역량을 극대화할 수 있는 왕성한 벤처창업의 토양을 닦고 수많은 벤처기업이 한국을 이끌어가는 모습을 보고자 한다. 젊은이들의 벤처창업 도전을 적극적으로 환영한다.

셋째, 영재교육 혁신이다. 교육은 한국의 희망이다. 특히 특허 기반의 창조영재를 길러내는 일은 한국의 미래 국가경쟁력이다. 미래의 영재들과 꿈을 나누고자 한다.

넷째, 한국의 미래 먹거리인 디지털병원 수출을 통해 연간 조선업 수출에 해당되는 병원 수출을 500억 달러 달성하는 것이다. 당연히 청년들이 뛰어주지 않으면 안 된다.

꿈은 아름답지만 내가 마무리하지는 못할 일들이다. 나의 뒤를 이어 이 땅의 청년들이 이 가치 있는 일을 꽃 피우기 염원한다. 항상 과거보다는 미래를 바라보며 사는 삶이 되고자 한다. 몸의 나이는 예순이지만 마음은 청년으로 살고자 한다. 그런 의미에서 사무엘 울만이 78세에 쓴 시 '청춘'을 인용하며 길고 긴 이 책을 마친다.

청춘이란 인생의 어떤 한 시기가 아니라
마음가짐을 뜻하나니
장밋빛 볼, 붉은 입술, 부드러운 무릎이 아니라
풍부한 상상력과 왕성한 감수성과 의지력
그리고 인생의 깊은 샘에서 솟아나는 신선함을 뜻하나니

청춘이란 두려움을 물리치는 용기,

안이함을 뿌리치는 모험심,

그 탁월한 정신력을 뜻하나니

때로는 스무 살 청년보다 예순 살 노인이 더 청춘일 수 있네.

누구나 세월만으로 늙어가지 않고

이상을 잃어버릴 때 늙어가나니

세월은 피부의 주름을 늘리지만

열정을 가진 마음을 시들게 하진 못하지.

근심과 두려움, 자신감을 잃는 것이

우리 기백을 죽이고 마음을 시들게 하네.

그대가 젊어 있는 한

예순이건 열여섯이건 가슴 속에는

경이로움을 향한 동경과 아이처럼 왕성한 탐구심과

인생에서 기쁨을 얻고자 하는 열망이 있는 법,

그대와 나의 가슴 속에는 이심전심의 안테나가 있어

사람들과 신으로부터 아름다움과 희망,

기쁨, 용기, 힘의 영감을 받는 한

언제까지나 청춘일 수 있네.

영감이 끊기고

정신이 냉소의 눈[雪]에 덮이고

비탄의 얼음[氷]에 갇힐 때

그대는 스무 살이라도 늙은이가 되네.

그러나 머리를 높이 들고 희망의 물결을 붙잡는 한,

그대는 여든 살이어도 늘 푸른 청춘이네.

이민화가 걸어온 길

1985년 카이스트에서의 연구 결과와 수많은 발표 논문을 바탕으로 한국 최초의 벤처기업인 ㈜메디슨을 설립해 세계적 의료기기 회사로 성장시켰다. 이 경험을 바탕으로 30여 개의 의료 전문회사 설립을 촉진시켜 우리나라 의료기기 수출의 70%를 기여했다.

1995년 벤처기업협회 설립을 주도하고, 〈벤처비전 2005〉를 발표하고, 벤처기업특별법을 제정했으며, 코스닥 설립, 주식옵션제 도입, 벤처빌딩, 실험실 창업제도 등 수많은 벤처정책을 입안해 한국의 벤처대국 입지 형성에 기여했다. 이 경험을 바탕으로 『한경영』, 『한국벤처산업발전사』, 『21세기 벤처대국을 향하여』, 『초생명기업』 등을 저술하는 한편, 아래한글 살리기 운동을 주도해 한국 소프트웨어의 자존심을 지켰다.

기술적으로 디지털 초음파진단 기술, 3차원 초음파진단 기술에 결정적인 논문을 저술하고 관련 특허를 취득했다. 한국이 주도하여 세계 3차원 초음파학회를 설립했다. 그 외에도 의료·통신 분야의 특허 170여 건을 발명하여 새로운 유헬스케어, 모바일 혁명의 초석을 만들었다.

포상으로는 금탑산업훈장, 철탑산업훈장, 벤처기업대상, 대통령표창, 중소기업 최고경영자상, 한국능률협회 한국경영자상, 한국공학기술상 등이 있다.

1998년 이후 중소기업 특별위원회, 규제개혁위원회, 사법개혁위원회, 한국과학기술원 동창회 회장을 역임했고, 벤처나눔활동의 활성화에 기여했다. 2007년 '한국을 일으킨 60인의 엔지니어'에 선정되었다.

한국의 선진국 진입전략으로서 유라시안 네트워크 운동을 주창하고 있으며 (사)

유라시안 네트워크를 설립해 인문연구소의 유라시안 인문학 연구를 지원하고 있다. 한국의 성장동력으로서 벤처의 새로운 도약을 위한 벤처 2.0 운동을 2008년부터 제안해 벤처 소생태계, 공정거래, 엔젤 활성화, 연대보증 개선, M&A 거래소 프로젝트 등을 주창하고 있다. 현재는 선도벤처를 중심으로 세계적 기업생태계를 만드는 '1조 벤처 프로젝트'를 통해 벤처의 미래전략을 제시하고 있다.

 2009년 카이스트에서 벤처기업 선구자로 우리나라 벤처산업 육성에 크게 기여한 공헌을 기리고자 '이민화홀' 명명식을 가졌으며, 카이스트 초빙교수로 임용되어 기술경영대학원과 과학영재교육연구원에서 차세대 영재기업인 양성을 위한 교육 프로그램에 기여하고 있다. 2009년 7월 23일부터 정부가 추진하는 규제완화정책의 일환으로 출범한 기업호민관실(중소기업 옴부즈만실)의 초대 기업호민관(차관급)으로 임명되어 중소기업 관련 규제 발굴 및 불합리한 규제 해소를 위해 활동했다.

 2011년 2월 17일에 지식경제부가 디지털병원 패키지형 수출 사업을 전담하기 위해 출범한 민간 주도 조직인 한국디지털병원 수출사업협동조합의 초대 이사장을 맡아 현재 활동하고 있다.

학력

 1969. 3 ~ 1972. 2 서울 중앙고등학교
 1972. 3 ~ 1976. 2 서울대학교 공과대학 전자공학과 학사
 1976. 3 ~ 1978. 2 한국과학기술원 전기 및 전자공학 석사
 1982. 3 ~ 1986. 2 한국과학기술원 전기 및 전자공학 박사
 2000.   순천향대학교 경영학 명예박사

경력

 1978. 3 ~ 1982. 3 대한전선 주식회사 연구원
 1985. 7 ~ 2001. 10 주식회사 메디슨 대표이사
 2006. 7 ~ 2009. 4 기술거래소 이사장

2008. 10 ~ 현재   (사)유라시안 네트워크 이사장

2009. 6 ~ 현재   카이스트 교수

2009. 7 ~ 2010. 11 기업호민관실(중소기업 옴부즈만실) 호민관(차관급)

2011. 2 ~ 현재   한국디지털병원 수출사업협동조합 이사장

주요 업적 요약

- 한국을 일으킨 엔지니어 60인, 한국의 100대 기술 등 한국 기술개발의 주역으로 선정
- 한국경영자대상, 공학인상 등과 아시아 스타 등에 선정
- 산업계 최고 훈장인 금탑산업훈장을 최초로 40대에 수상
- IEEE 등에 게재된 논문 대부분이 실제 메디슨의 초음파 기술에 적용
- 170여 건의 특허 중 초음파, 유헬스 등 다수 사업화 완료
- 『21세기 벤처대국으로 가는 길』 등 10권의 저서 집필
- 코스닥 설립 주도, 벤처기업특별법 제정 주도. 한국의 주요 벤처제도 확립
- 카이스트 동문창업관 기증, 강당은 이민화홀로 명명

주요 업적

1978   한국 최초 한글터미널(Terminal) 상용화

1985   한국 최초 초음파진단기 개발

1985   벤처 효시 메디슨 창업

1990 ~ 2000   30여 개 의료 벤처기업 설립

1995   한국벤처기업협회 설립, 초대 회장 취임

1996   코스닥(KOSDAQ) 설립 주도

1997   벤처기업특별법 제정

1997   실험실 창업 운동 전개, 디지털 3차원 초음파진단기 세계 최초 상용화

1998   세계 3차원 초음파학회 설립 주도

2000　한국기술거래소 설립, 초대 이사장
2009　차세대 특허 영재기업인 양성 과정 설립
2009　기업호민관실 설립, 초대 호민관
2010　연대보증제, 공인인증서와 대·중소기업 공정거래정책 개선
2011　디지털병원 수출조합 설립, 초대 이사장

주요 활동

1995. 12 ~ 2000. 2	벤처기업협회 회장
1996, 1997	APEC Business Advisory Council Member
1998. 4 ~ 1999	중소기업 특별위원회 위원
1998. 4 ~ 2000. 3	규제개혁위원회 위원
1999. 2 ~ 2000. 2	한국의료용구협동조합 이사장
1999. 2 ~ 2002. 1	경제사회연구회 민간이사
1999. 5 ~ 2000. 3	사법개혁위원회 위원
2000. 6 ~ 2002. 1	한국과학기술원 총동창회 회장
2000. 7 ~ 2002. 3	한국과학기술원 이사장
2006. 6 ~ 2009. 5	한국기술거래소 이사장
2008. 10 ~ 현재	(사)유라시안 네트워크 이사장
2009. 6 ~ 현재	카이스트 교수
2009. 7 ~ 2010. 11	기업호민관
2011. 2 ~ 현재	한국디지털병원 수출사업협동조합 이사장

논문

1. "Development of ultrasound B scanner-digital scan converter," J. of Korea Soc.Med. Bo Eng., vol. 5, no. 1, pp.77-84, June 1984.
2. "Development of ultrasound B scanner II -digital scan converter," J.

of Korea Soc.Med. Bo Eng., vol. 5, no. 1, pp.85-92, June 1984.(3) M. H. Lee and S. B. Park, (3) "A new scan conversion algorithm for real time sector scanner" in Proc. of IEEE Symp. on Ultra sonic, pp. 723-727, Dallas TX, USA, Nov.1984.

3. M. H. Lee and S. B. Park, "New continuous dynamic focusing technique in ultrasound imaging," Electronics Letters, vol. 21, no. 17, pp. 749-751, Aug. 1985.

4. M. H. Lee, J. H. Kim, and S. B. Park, "Analysis of a scan conversion algorithm for a real time sector scanner," IEEE Trans. Medical Imaging, vol.MI-5, no. 2, pp.96-105, June 1986

5. S. W. Lee, M. H. Lee, and S. B. Park, "A high-performance variable sampling clock generator for the nearest neighbor sampling technique," IEEE Trans. Instrumentation and Measurement, vol.IM-36, no.3, pp. 707-710, Sept. 1987.

6. H. S. Chang, M. H. Lee, and S. B. Park, "Ultrasound attenuation estimation using the LMSE filters and median filter," Ultrasound in Medicine and Biology, vol. 14, no. 1, pp. 51-58, Jan. 1988.

7. "Development of Ultrasound B-scanner", Journal of Biomedical Engineering Research, an extra issue, vol. 5, No.1, 1984.

이외 다수.

저서

『TTL IC의 설계와 응용』 이민화 역, 1975

『한경영』 이민화 · 이장우 공저, 김영사, 1997. 12

『21세기 벤처대국을 향하여』 이민화 · 이광형 공저, 김영사, 2000. 3

『한국벤처산업발전사』 이민화 · 김명수 공저, 김영사, 2000. 9

『초생명기업』 이민화 · 이장우 공저, 김영사, 2000. 9

『생명경영』 이민화 · 이장우 공저, 김영사, 2000. 11

『스마트 코리아로 가는 길 : 유라시안 네트워크』 이민화 저, 새물결, 2010. 10

『한글 교육의 미래』 이민화 外 공저, 학지사, 2011. 12

『호모 모빌리언스』 이민화 저, 북콘서트, 2012. 6

수상

1986. 9	'기술진흥확대회의'에서 '산업포장' 수상
1991. 4	'제1회 벤처기업대상' 수상(과학기술처)
1992. 12	29회 무역의 날 행사에서 '철탑산업훈장' 수상
1995. 2	전자공업대상 수상(전자공업진흥회)
1995. 5	생산성향상 전국 촉진대회 및 생산성대상의 '대통령상' 수상(한국생산성본부)
1996. 3	인사조직학회 '창업기업인상' 수상
1996. 5	한국산업기술대전에서 '국무총리상' 수상
1997. 2	제1회 기술경영인상(산업기술진흥협회) '중소기업 최고경영자 부문' 수상
1997. 11	제34회 무역의 날 행사에서 '금탑산업훈장' 수상
1998. 3	제2회 '한국공학기술상 특별상 젊은 공학인상' 수상(한국공학원)
1998. 11	가치경영 최우수 기업상에서 '가치증진 대상' 수상
1999. 5	'한국경영자 대상' 수상(한국능률협회)
1999. 6	〈아시아위크〉 선정 '아시아 밀레니엄리더 20인' 선정
2000. 6	〈비즈니스위크〉 선정 '아시아스타 50인' 선정
2006. 11	'한국을 일으킨 60인의 엔지니어' 선정
2010. 7	카이스트 이민화홀 헌정
2010. 12	'한국의 100대 기술인'에 선정

특허

Ultrasound Technology, Mobile Technology and u-Health 등에 걸친 다양한 국내외 특허가 170여 건에 달하고 있으며, 특히 아래 특허들은 실제로 사업화된 것들로서 메디슨과 한국 유헬스산업의 근간이 되었다.

- 초단스티어링을 하기 위한 초음파 영상처리장치-1019850003824
- 균일사다리 방식에 의한 초음파 섹터 스캔변환 방식-1019850001506
- 누적오차 수정에 의한 펄스 발생기-1019850001505
- 동심정방형 래스터 샘플 방법에 의한 초음파 섹터복합 스캔변환 방식-1019850004360
- 샘플링-지연에 의한 초음파영상 신호의집 속방법-1019850003848
- 초음파 영상화 시스템에서의 신호집속 방법-1019980053976
- 휴대용 란셋장치 10-2003-0095502
- 혈당관리장치와 혈당관리용 통신 단말기 및 혈당관리 시스템(BLOOD SUGAR MANAGEMENT SYSTEM) 10-2004-0027161

기여 봉사

- 카이스트 동문창업관 기증 등 카이스트 발전에 기여
- 인터넷 詩 사이트 포엠토피아(www.poemtopia.co.kr) 설립 기금 지원
- 사단법인 유라시안 네트워크를 통해 서울대 인문연구 지원